SPARK

스파크

세계 최강 미국 해병대의 리더십 전략

스파크 : 세계 최강 미국 해병대의 리더십 전략

초판 발행 2019년 5월 15일

지은이 앤지 모건, 코트니 린치, 션 린치
옮긴이 이정란

펴낸이 이성용
책임편집 박의성   **책디자인** 책돼지

펴낸곳 빈티지하우스
주 소 서울시 마포구 양화로11길 46 504호(서교동, 남성빌딩)
전 화 02-355-2696   **팩 스** 02-6442-2696
이메일 vintagehouse_book@naver.com
등 록 제 2017-000161호 (2017년 6월 15일)

ISBN 979-11-89249-15-1 13320

SPARK : How to Lead Yourself and Others to Greater Success
by Angie Morgan, Courtney Lynch and Sean Lynch
Copyright © 2017 by Lead Star, LLC
Jahari Window, page 25: After a design by Lead Star. © 2016 Houghton Mifflin Harcourt
Publishing Company. Maslow's Pyramid, page 129: © 2016 Houghton Mifflin Harcourt
Publishing Company.
All rights reserved.
This Korean edition was published by Vintage House in 2019 by arrangement with Houghton
Mifflin Harcourt Publishing Company through KCC(Korea Copyright Center Inc.), Seoul

SPARK

스파크

세계 최강 미국 해병대의 리더십 전략

당신의 회사에는 불가능을 가능으로 만드는 스파크가 필요하다

앤지 모건, 코트니 린치, 션 린치 지음 / 이정란 옮김

빈티지하우스
VINTAGE HOUSE

페덱스의 가장 소중한 자산은 페덱스의 기업문화다. 기업문화가 회사의 대차대조표에 기재되는 항목은 아니지만, 그럼에도 매우 중요한 자산임은 분명하다.

페덱스의 구성원들은 기업문화를 근간으로 협력업체와 고객들과 교류한다. 각 팀 구성원 간의 교류에서도 마찬가지다. 우리의 기업문화는 리더가 모범을 보임으로써 직원을 이끌고, 헌신과 팀워크의 원칙을 증명할 것을 장려한다. 우리는 단지 전 세계로 물건을 배달하는 사람이 아니다. 우리의 고객은 전자상거래로 구입한 제품뿐 아니라 생명을 구해줄 약품이나 예술품까지 우리가 전달해주기를 기대한다.

우리는 고객의 막중한 기대를 진지하게 받아들이고 있다. "페덱스를 이용한 모든 고객이 탁월함을 경험하도록 만들겠다"는 '퍼플 프라미스Purple Promise' 원칙은 고객의 기대에 대한 우리의 대답이다.

뛰어난 조직은 갑자기 만들어지지 않는다. 페덱스의 기업문화 또한 '한 번에 한 명의 리더'를 목표로 한다. 이와 같은 목표는 세계 최고의 리더십 양성소라고 할 수 있는 미국 해병대에서 상당 부분 영향 받아 만들어졌다.

나는 예일대학교를 졸업하고 1966년 해병대에 지원했다. 당시 해병대에서 배운 리더십 원칙들은 헤아릴 수 없을 정도로 귀중한 가치를 지닌 것들이었다. 경영대학원에서조차 배우지 못한 것을 내게 가르쳐준 리처드 잭슨 중사와 알렌 소라 중사는 해병대에서 만난 진정한 스승이었다. 이들은 리더십이란 권한이 아니라 영향력을 쌓아가는 것임을 가르쳐줬다.

이후 베트남으로 두 차례 파병되어 나보다 훨씬 더 많은 인생 경험과 다양한 배경, 관점을 가진 군인들을 이끌면서 군대에서 배웠던 모든 리더십 원칙들(여전히 내 기억 속에 남아 있어 줄줄 외울 수 있는 원칙들)을 실제로 적용해볼 수 있었다. 이 원칙들은 매우 효과적이었기 때문에 위험한 상황에서 부대를 이끌어가는 데 큰 도움이 되었다.

군복을 벗은 지 50년 가까이 되었지만 해병대가 내 인생에 상당한 영향을 미쳤다는 사실에는 의심의 여지가 없다. 해병대 복무 경험은 대학 시절 구상했던 항공과 육상 배송 시스템을 통합하는 사업 아이디어를 구체화하는 데 큰 힘이 되었다.

페덱스는 바로 여기에서 시작되었다.

기업가가 되거나 혁신적인 벤처사업을 시작한다면 반드시 위험을 감수해야 한다. 운 좋게도 나는 위험에 대처하는 균형감각을 군대에서 익혔고, 그 가르침은 사업 초기의 불확실한 상황을 버텨내는 힘이 되어줬다. 또한 팀 리더십에 투자한다면 페덱스가 가진 잠재력은 내 기대를 훨씬 뛰어넘을 것이라는 확신도 심어줬다.

우리는 의식적으로 사람 중심의 문화를 조성했다. 우리가 직원을 중시할 때 직원들 또한 최고 수준의 서비스를 고객에게 제공할 것이라고 믿었다. 수익이 뒤따르는 것은 당연하다.

실제로 우리는 팀원들의 리더십 스킬을 부지런히 향상시켜나가면서 급변하는 시장 상황에 대응할 만반의 준비를 갖췄고 불확실한 환경에 민첩하게 대응하며 위태로운 상황을 무사히 헤쳐나갈 수 있었다.

만약 여러분이 페덱스의 리더십 센터에 방문한다면, 우리의 기업문화에 해병대 DNA가 살아 있음을 분명 느낄 수 있을 것이다. 또한 더 많은 기업들이 우리가 입증한 리더십 원칙을 공유함으로써 도움을 얻을 수 있을 것이다.

리더십은 팀원들 각자가 기여하고 싶은 만큼의 노력에 의해 만들어진다. 팀 구성원의 노력이 기본인 것이다. 하지만 안타깝게도 많은 조직이 그럭저럭 일하는 것만으로도 충분하다는 식으로 직원들을 관리하고 있다.

페덱스와 다른 기업의 이러한 차이가 잠재적으로 수백만 달러의 차이를 만들어낸다.

리더십은 이해하기 어려운 개념이 아니다. 리더십은 직원들을 보살피고, 공정하게 대하며, 성공하기 위해서 어떻게 해야 하는지 알려주고, 일을 잘해냈을 때 칭찬을 아끼지 않는 것이다. 간단해 보이지만 그렇다고 직감에 의존해서는 안 된다. 반드시 배우고 연습해야만 실천할 수 있다.

앞으로 읽게 될 페이지에서 당신은 직업과 지위, 조직의 형태와 상관없이 훌륭한 리더가 되는 리더십 원칙을 배우게 될 것이다. 이 책의 저자들이 배우고 적용해왔던 리더십 원칙은 내가 1966년 해병대에서 배웠던 리더십 원칙과 동일하며, 오늘날까지도 여전히 유효하다.

이 원칙들은 최악의 상황에서도 항상 효과를 발휘했다. 당신이 노력하기만 한다면 분명 이 원칙들을 당신의 것으로 만들 수 있다. 당신의 리더십 능력은 (자신에게든 팀을 위해서든 조직을 위해서든) 앞으로 당신이 만들게 될 결과에 커다란 차이를 가져다줄 것이다.

목차

서문   스파크란 무엇인가

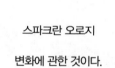

스파크란 오로지

변화에 관한 것이다.

'스파크'란 자신에게 주어진 상황을 그대로 받아들일 필요가 없다는 사실을 깨달은 사람들이다. 이들은 남들과 다른 행동으로 변화를 만들어낸다. 남들과 다른 행동이 곧 이들의 미래를 형성하며, 무슨 일이든 더욱 잘해낼 수 있다.

'스파크'란 또한 자기 스스로가 자신이 찾고 있던 해답이 될 수 있다는 사실을 깨닫는 순간을 뜻한다. 해결책을 만들어줄 사람을 기다릴 필요가 없다. 당신 스스로 해결책을 만들어내면 된다.

스파크가 번쩍이는 순간, 당신은 개인과 조직을 변화시키는 촉매제가 된다.

스파크는 "지금까지의 방식을 그대로 유지할 필요가 없습니다. 항상 해왔던 것보다 훨씬 더 잘해낼 수 있습니다"라고 단언하는 용기를 지닌 사람들이다. 이들은 용기와 기질을 배양해 자신과 다른 이들 모두가 바라는 결과를 얻고자 노력하고, 결국 목표점에 도달한다.

스파크는 조직도의 특정 위치에 있는 사람이 아니다. 이들은 조직 어디에든 존재한다. 스파크의 기준은 직위나 직책이 아니라 이들이 보이는 행동, 헌신, 의지다. 이들은 항상 "제가 앞장서겠습니다", "제가 책임지겠습니다" 혹은 "어렵겠지만 잘 마무리하도록 하겠습니다"라고 말하는 사람들이며, 결국 그 일을 제대로 완수해내고야 만다.

스파크를 발견하는 것은 쉬운 일이 아니다. 이들의 독창성과 인내심은 이력서에 드러나지 않고, 입사면접으로도 가려내기 힘들다. 이들은 조직에서도 눈에 잘 띄지 않는다. 몸담고 있는 조직이 이들의 역량과 딱 들어맞지 않기 때문일 수도 있고, '재능 있는' 사람으로 알려질 정도의 경력이 아니기 때문일 수도 있다.

하지만 스파크의 노력을 통해 훌륭한 아이디어가 실제로 실행되고 조직이 변화하며 회사 또한 계속해서 인재를 유지할 수 있다.

이 세상은 그 어느 때보다 스파크를 절실하게 필요로 한다.

근무 환경의 극심한 변화, 시시각각 등장하는 신기술, 수시로 바뀌는 인력. 산업 분야의 혼란은 뷰카VUCA 상황을 야기했다. 뷰카는 변동성Volatility, 불확실성Uncertainty, 복잡성Complexity, 모호성Ambiguity의 머리글자를 딴 용어다. 우리가 뷰카라는 단어를 처음 들었던 곳은 군대였는데, 흥미롭게도 최근에는 기업 전문가들이 근무 환경을 이야기할 때 자주 사용하고 있다.

우리는 리더십 스킬을 개발하는 데 수많은 시간을 투자했고, 덕분에 뷰카 상황에 대응할 수 있었다. 우리는 훈련을 통해 내면의 자신감을 강화했고, 책임을 다할 수 있었으며, 무슨 수를 써서라도 원하는 결과를 얻어냈다. 마침내 스파크로 진화한 것이다.

이러한 리더십을 갖지 못한 대부분의 전문가들은 어려움과 변화에 맞닥트리면 제대로 대응하지 못하고 만다. 기업에서 이뤄지는 교육은 대체로 실무 기술을 가르치는 데 그치고 있으며, 리더십 교육은 관리자급 직원으로 한정된다. 그마저도 코칭이나 커뮤니케이션, 프로젝트 매니지먼트 기술을 하루나 이틀에 걸쳐 교육하는 커리큘럼이다.

모두 중요한 주제인 것은 확실하다. 하지만 이러한 교육 과정으로는 개인의 역량을 개발하기도 힘들고 영향력을 강화하거나 다른 사람들에게 영감을 불어넣고 성과를 창출하는 행동을 이끌어낼 수도 없다. 이것은 일종의 행사지 교육 과정이라고 할 수 없다.

게다가 이러한 방식으로 리더십에 접근하면 조직의 민첩성을 만들어낼 기회마저 잃게 된다. 단 한 명의 리더 혹은 선택된 소수의 리더가 지배하던 시대는 이미 오래 전에 끝났다. 산업의 지형은 이제 전 세계에 걸쳐 있다. 의사결정 권한은 분산되었으며 책임은 한 명에게 집중되지 않는다. 개인 간의 협업에 의존하는 업무도 많아졌다.

변화에 발맞추지 못한다면 협업에 참여하는 개인의 의지는 꺾이게 되고, 결국 조직은 주도권을 잃게 된다. 스파크가 될 수 있는 리더가 조직의 각 레벨에 필요한 이유가 바로 이것이다.

스파크의 재능을 가진 이들만이 영향력을 만들어낼 수 있다. 지금 사회에서 리더십은 중요한 가치를 지닌다. 하지만 정규교육 과정에서는 제대로 된 리더십 교육이 이뤄지지 않는다. 학생을 리더로 키운다고 호언장담하는 대학도 있지만 실상을 들여다보면 리더십 프로그램조차 운영하지 않는 곳이 많다.

리더십은 학위로 얻을 수 있는 것이 아니다. 오직 자신만이 스스로를 리더로 만들 수 있다. 스스로의 리더십을 행동으로 증명할 때 비로소 당신은 스파크가 된다.

자신의 커리어를 책임지고 주변 사람들 또한 더 나은 환경으로 이끌어가고 싶다면 이 책이 큰 도움이 될 것이다. 특히 기업 관리자라면 이 책을 통해 재능에 대한 새로운 접근 방식을 다시 생각하고 조직의 성과를 높이는 데 도움을 받을 수 있을 것이다. 기업 관리자라면 조직의 성장을 위해 특정한 개인을 찾아내기보다는 직원 각자가 자신의 능력을 최대한 발휘해 일하는 모습을 기대해야 하기 때문이다.

《스파크》는 직업이 무엇이든 조직에서 어떤 위치에 있든 실천할 수 있는 리더십 행동을 자세히 설명한다. 이 책을 통해 당신은 리더십의 주요 원칙들(성품, 신뢰성, 책임감, 비전, 남에게 도움주기, 자신감 등)을 알게 될 것이며 이 원칙들을 어떻게 하면 지속적으로 실천해나갈 수 있는지 배우게 될 것이다.

스파크는 조직에서 반드시 필요한 이들로, 일단 찾아내기만 하면 조직의 성공을 위해 달려 나갈 것이다. 적절한 상황과 기회가 주어지기만 한다면 스파크는 조직을 분명히 차별화시킬 것이다. 만약 당신이 바로 스파크이고 빠르게 전진해나갈 용기를 가지고 있다면 당신은 지금 당장 목표를 달성할 수 있는 패스트트랙에 서 있는 것이다.

스파크가 되는 일은 각자의 선택에 달렸다. 스파크는 위급한 문제를 늘 새로운 방식으로 생각하는 이들이다.

문제를 해결할 수 없다고 가정하고 굴복해버리는 사람인가? 기존 방식으로 접근하면서 다른 결과를 기대하는 사람인가? 아니면 적극적인 태도로 상황을 이끌어가는 사람인가? 이 질문들에 답하기 전에 심사숙고하라. 당신의 대답이 당신 스스로와 당신을 믿고 의지하는 사람들과 당신이 속한 조직을 바꾸어놓을 수도 있기 때문이다.

깨달음의 순간

션의 사례 나는 예일대학교를 다니면서 전공을 공학에서 철학으로 바꿨고, 졸업 후 미 공군 입대를 결정했다. 인생에서 가장 중요하고 어려운 결정을 내린 후에야 나는 주도적 삶의 중요성을 깨달을 수 있었다.

당연히 부모님은 이러한 결정에 크게 화를 냈다. "너를 아이비리그에 보내려고 들인 돈이 얼만데 전공을 철학으로 바꾸더니 이제는 또 군에 입대하겠다고?" 친구들 역시 나를 바보라고 생각했다. "네가 외딴 섬으로 가서 훈련받고 있을 때 우리는 월스트리트에 진출해서 큰돈을 벌게 될 거라고. 너 정말 왜 그러는 거야?"

주변 사람의 시선 때문에 내 결정을 확신할 수는 없었지만, 내게는 그 선택이 최선이었다.

바로 이때가 내 인생에서 처음으로 내 열정이 추구하고자 하는 목표에 따라 살게 된 순간이다. 어렸을 적 꿈이 비행기 조종사였다는 것도 슬슬 떠올랐다.

대학을 졸업한 뒤 나는 장교 후보생이 되었고, 곧바로 공군 문화에 적응해야 했다. 강의실에서는 '리더십 개발'과 같은 표현과 '책임감', '통합'과 같은 단어들이 귀가 따갑도록 반복되었다. 분명 이 용어들은 공군 생활 내내 매우 중요한 개념이었으나 그전에는 단 한 번도 진지하게 생각해본 적이 없었던 것들이었다.

지금은 이 개념을 분명히 안다고 말할 수 있다. 하지만 당시에는 리더가 된다는 것이 무엇을 의미하는지 잘 몰랐다. 머지않아 리더가 될 예정이었고 책임감이나 통합과 같은 낯선 용어는 공군으로서 내가 반드시 발현시켜야 하는 것들이었다.

장교후보생학교를 졸업한 뒤 항공훈련학교로 갔다. 드디어 목표 지점에 다다른 기분이었다! 첫 훈련은 F-16 뒷좌석에 앉아 이 전투기와 친숙해지고 비행기를 조종하는 법을 배우는 것이었다. 비행복을 처음 입었던 그날 아침의 흥분된 감정은 그 어떤 말로도 형용할 수 없었다.

격납고에 도착해 하루 동안 나의 스승이 되어줄 조종사와 만났다. 소령은 나이가 많았고 화를 잘 내는 타입이었다. 하지만 그가 얼마나 자신의 일을 진지하게 여기는지 말투만 듣고도 단번에 알아챌 수 있었다. 그는 우리가 잠깐 동안 출격하는 일에 대해 매우 자세히 설명해줬다. 그의 설명이 흥미롭긴 했지만, 솔직히 말하면 내 관심은 전투기를 탄다는 데 쏠려 있었다.

드디어 전투기가 이륙했다. 우리는 비행장이 공격받는 상황을 시뮬레이션했는데 속도가 너무 빨라 숨이 멎는 것 같았다. 머릿속이 빙빙 도는 것 같았고 뜨거운 태양빛에 얼굴이 화끈거렸다. 다른 전투기들이 스쳐 지나가며 내는 굉음, 무선통신 소음까지 정신이 하나도 없었다. 비행하는 90분 내내 전투기 뒷좌석에 매달려 있는 것이 다였지만 정말이지 너무나 멋진 경험이었다.

비행을 끝내고 모든 조종사들이 상황실에 모였다. 그곳에서 우리는 자신의 퍼포먼스를 보고하고 배운 점들을 논의했다. 사실 논의가 이뤄지는 동안 나는 그들의 대화 내용을 하나도 이해하지 못했다. 나를 제외한 모든 이들이 수많은 약어를 사용했기 때문이다. 하지만 자신의 퍼포먼스를 솔직하게 평가하는 분위기는 확실히 느낄 수 있었다.

하급 장교들은 상급 장교들이 비행 중 실수한 부분을 지적했고, 상급 장교들은 그들의 의견에 귀를 기울였다. 심지어 비행에 도움이 될 만한 충고가 더 없는지 재차 물어보기까지 했다. 계급 문화가 공고한 군대에서 이렇게나 솔직한 피드백이 오고갈 수 있다니 전혀 생각조차 못한 광경이었다. 상급 장교들뿐 아니라 상황실에 모인 비행중대의 모든 일원이 자신의 퍼포먼스를 분석하고 부족한 점은 무엇이었는지 파악하고자 했다.

보고가 끝나고 상황실을 나오는데 소령이 나를 불렀다. 소령은 내게 이렇게 물었다. "중위, 어떻게 임무 보고 중에 아무 말도 없이 가만히 있을 수 있지? 분명 자네도 함께 비행을 했고, 어떤 일이 있었는지 보지 않았나? 왜 한 마디도 하지 않았나?"

신입이라 어떻게 해야 할지도 몰랐고, 단지 실습을 위해 전투기에 탔던 것이라고 솔직하게 말하려는 순간 소령의 말이 이어졌다. "신입이라는 핑계는 그만 두게. 공군에서 자네를 그냥 뽑은 게 아니야. 변명은 집어치우고 기여할 만한 일을 찾아. 나가서 머리부터 깎으라고!" 나는 아무 말도 꺼낼 수가 없었다.

도망치듯이 격납고를 빠져나왔다. 내 얼굴은 당혹스러움에 점점 더 빨개졌다. 차에 올라타고 난 뒤 당혹스러움은 분노로 바뀌었다. '대체 공군이 뭐라고? 내가 어떤 걸 포기하고 이 자리에 온 건지 알지도 못하면서? 어마어마한 재산을 축적할 수도 있는 성공 가도를 포기하고 여기에 온 거란 말이야. 그런데 신입을 보잘 것 없이 여기는 이런 바보 같은 조직에 몸담게 되다니. 도대체 그 소령은 뭐가 문제라는 거야? 자기가 대체 뭐라고? 좀 전에 했던 것처럼 목소리 높여 고함을 치면 누구라도 가르칠 수 있다고 생각하는 거야? 소령이란 사람이 뭐 그런 식으로 이야기하는 거야!'

하지만 분노가 잦아들면서 나의 잘못이 보이기 시작했다. 이 일은 공군의 탓이 아니었다. 소령 때문은 더더욱 아니었다. 나 자신의 문제였다. 상황실에 모였던 모든 사람들이 열띤 의견 교환을 하는 동안에도 나는 그 자리가 편안해 보였다. 하지만 나는 왜 비판을 받아들일 수 없었던 걸까? 나는 왜 질문조차 던지지 못했던 걸까? 왜 임무 보고 시간에 아무런 기여를 하지 못했던 것일까?

소령의 말이 맞았다. 내가 신입이라 할지라도 말은 할 수 있었다. 여기서 내가 성공할 수 없을 것만 같았다. 어쩌면 내가 잘못된 선택을 했던 것일지도 몰랐다.

그날 내내 분노와 수치심, 부끄러움과 절망의 감정이 수차례 교차했다. 그러다 밤이 되자 다음과 같은 결론에 다다랐다. 선택은 내 몫이다. 나는 소령에게 들었던 충고를 받아들여 교훈을 얻을 수도 있었고 충고를 무시할 수도 있었다. 만약 내가 소령의 충고를 무시한다면 앞으로의 공군 생활은 매우 험난할 것이다. 나는 6년간 복무하기로 계약했기 때문에 그만둘 수도 없었다.

바로 그때, 현재 내가 처한 상황을 극복하기 위해서는 지금껏 해오던 것과는 다른 방식으로 생각할 필요가 있다는 것을 깨달았다.

그 순간이 내게는 스파크의 순간이었다.

이때까지만 해도 나는 문제에 봉착하면 단순히 노력을 기울여 문제를 해결했다. 강의가 어렵게 느껴질 때는 공부를 더 많이 했고, 수영 레슨을 받기 전에는 더 많이 연습했으며, 대학 학자금이 필요했을 때는 아르바이트를 구했다. 하지만 이런 구태의연한 근면성만 가지고서는 이 문제를 풀 수 없었다. 나는 어떻게 삶을 주도적으로 이끌어야 할지 알아내야 했다.

내가 공군의 문화에 반기를 들고 시간을 낭비하길 바라지 않다는 것은 이미 알고 있었다. 나는 공군의 문화를 받아들이는 내 반응을 바꿔야 했다. 그러한 상황에서 내 반응을 의식적으로 제어하기 위해 노력해야만 하는 시기이자 장교후보생학교에서 배웠던 리더십 교훈들을 적용시켜야 했던 시기였다. 책임감과 통합성 같은 원칙들이 내게 필요했다.

군에 오기 전 강의실이라는 환경에서 리더십을 배웠을 때는 리더십이라는 것 자체가 그렇게 복잡하게 느껴지지 않았었다. 그러나 지금과 같은 불안정한 상황에서는 리더가 된다는 것이 갑자기 매우 어려운 일처럼 보였다.

나는 본능을 넘어 더 나은 결과를 만들어야 했다. 본능에 따른다면 내 자존심을 지킬 수는 있을 것이다. 하지만 부정적이며 자기파괴적인데다 무책임한 행동을 하게 만들 것이다. 게다가 이러한 행동은 내가 공군에서 성공하는 데 전혀 도움이 되지 않는다.

나는 현실을 직시해야만 했다. 소령의 말이 맞았다. 나는 전투기 조종을 배우기 위해 전투기에 올랐지만, 사실 제대로 배웠다고 할 수 없었다. 오로지 나는 전투기에 탑승했다는 기쁨에 휩싸여 있었다. 함께했던 팀에 나 또한 무언가를 기여해야만 했다. 엉뚱한 질문을 던지는 것일까 봐 두려운 마음이 들어도 내 생각을 이야기했어야 했다.

또한 나는 어떻게 전문적인 비판을 받아들여야 하는지 배워야 했다. 나는 보고가 진행되던 상황실에 앉아 유능한 조종사들의 비행을 구경만 하고 있었다. 유능한 조종사들은 피드백을 받을 때 과거의 내가 그랬던 것처럼 방어적인 자세를 취하거나 변명을 늘어놓지 않았다. 그들은 충고를 달갑게 받아들였고 감사히 여겼다. 나 역시 그들처럼 받아들였어야 했다.

소령이 지적했던 부분은 사회생활을 시작한 나에게 너무나 적절한 충고였다. 그의 충고를 언짢아했던 내 감정을 분리해내고 장교후보생학교에서 배웠던 리더십 원칙을 적용하면서 나는 직업인으로 성장할 수 있었다.

당시의 예기치 못한 괴로운 경험은 향후 복무하게 된 비행중대에서뿐 아니라 전 직장인 델타항공과 현재 일하고 있는 리드스타에서 피할 수 없는 피드백을 받았을 때 어떻게 대처해야 하는지 알려줬다. 또한 내가 속해 있는 조직과 팀이 발전할 수 있도록 다른 사람들에게 피드백하는 방법도 배웠다.

정해진 몇몇 인재가 아니라 조직 구성원 전체가 팀을 이끌어나갈 때 조직은 높은 성과를 달성할 수 있다. 바로 이것이 스파크 행동이 중요한 이유다. 여러분이 소령이든 중위든 기업의 CEO든 비서든 상관없다. 조직에 변화의 불꽃을 점화시킬 단 한 명의 스파크만 있으면 된다. 당신이 가장 먼저 변화해야만 하는 사람일 수도 있다. 당신의 회사가 눈에 띌 정도로 굉장한 발전을 이뤄내기 위해 가장 필요한 것은 어쩌면 당신의 변화일지도 모른다.

직위가 중요한 것이 아니다

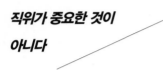

앤지의 사례 동료와 갈등을 겪거나 판매 기회를 놓치는 등 직장생활을 하면서 어려움을 겪을 때 '이런 상황에서 내가 리더가 되기 위해서는 어떻게 해야 하지?'라는 생각을 곧바로 해내기란 분명 쉽지 않다. 대부분 리더십을 일련의 행동이 아닌 직위라고 생각하기 때문이다.

사람들은 대부분 어려운 일을 마주했을 때 자신이 리더십을 발휘할 수 있는 리더가 될 수 있다고 생각하지 않는다. 우리는 리더를 '결과에 큰 영향을 미치고 다른 사람들에게 영감을 불어넣어주는 사람'이라고 정의한다. 리더가 되지 않더라도 관리자가 될 수 있으며 반대의 경우도 가능하다. 관리자가 아니더라도 리더가 될 수 있는 것이다.

션은 공군에서, 코트니와 나는 해병대에서 리더십을 배웠다. 우리는 공군과 해병대 문화는 완전히 다르다고 웃으며 이야기하지만, 공군과 해병대에서 리더를 키워내는 방법은 매우 유사하다.

코트니와 나는 해병대 기초학교에서 6개월간 보병 훈련을 받으면서 수백 시간 동안 리더십 교육을 받았다. 우리는 이곳에서 계급과 상관없이 동료를 이끌어야 하는 책임을 부여받았다. 다시 말해, 우리는 동료와 함께 일할 때 "내가 지휘관이니까 시키는 대로 해"라는 식으로 말할 수 없었다.

동료 리더십peer leadership은 가장 실천하기 어려운 리더십 유형 중 하나다. 동료는 앞으로 생길 일에 개의치 않고 반발할 수 있기 때문이다. 만약 당신의 동료가 당신이 내리는 결정에 동의하지 않는다면 그들은 무언의 저항이 아니라 즉각적으로 반대 의견을 제시한다. 당신이 실수했을 때 보통은 뒷담화로나 들을 만한 이야기들을 면전에서 듣게 된다.

동료 리더십 훈련은 긴장감으로 가득하지만 우리는 그 과정을 통해 자신의 강점과 약점을 분명히 알게 될 것이다. 동료 리더십 훈련의 목적은 분명하다. 실제로 해병대 소대를 효과적으로 지휘하기 위해서는 지위나 계급이 아니라 자신의 영향력을 통해 지휘해야 한다는 것을 배워야 했다.

일단 군에 입대하면 이등병부터 장성까지 누구나 똑같은 리더십 스킬을 배운다. 또한 우리는 모두 스스로를 리더로 여기고 어떠한 환경에서든 각자가 리더십 스킬을 적용할 수 있어야 한다. 4명으로 구성되는 공격대의 일원이든 더 많은 사람이 모인 조직이든 관계없다. 리더십의 개념 자체는 결코 바뀌지 않고, 단지 이 개념들이 각자의 책임으로 늘어난 것뿐이다.

매일 숨 쉬는 것처럼 리더십을 훈련했던 군 복무를 마치고 직장생활을 시작했을 때 우리는 너무나 놀랐다. 회사에는 훌륭한 사람들도 분명 있었다. 하지만 대부분은 실제로 리더십을 적용하는 방법을 잘 알지 못했다. 다른 사람 탓하거나 약속한 일을 완수해내지 않거나 말과 행동이 다른 경우와 같은 사소한 상황에서 우리는 리더십의 부재를 확인할 수 있었다. 회사에서는 이러한 행동이 용인되었고, 특정한 경우는 사회적으로도 용인되곤 했다. 하지만 군에서 이와 같은 행동은 결코 받아들여지지 않는다.

우리는 리더가 될 관리자들과 함께 일하는 동안에도 놀라운 점을 발견했다. 이들은 리더라는 책임감이 필요한 역할에 전혀 준비되어 있지 않았다. 이들은 개인으로서는 조직에서 이미 큰 역할을 하고 있었지만 팀 전체를 이끌어나갈 방법을 찾기 위해 고심하고 있었다.

결국 우리는 두 가지 결론을 내렸다. 첫째, 리더십은 우리가 제대로 이해하지 못하고 있는 개념 가운데 하나다. 둘째, 많은 사람들이 리더십이란 오로지 권력을 쥔 사람들, 즉 상사나 관리자들과 관계된 것이라 생각한다.

제약회사에서 일하던 시절 영업팀에 근무하던 동료가 있었다. 그녀는 의사소통을 매우 잘했고 자격증도 여러 개 가지고 있었다. 자신의 판매 할당량도 분기마다 초과달성했다. 고객들은 그녀를 좋아했고 팀원들도 그녀를 아꼈다. 새로운 직원들도 그녀처럼 되기를 바랐다.

나는 그녀를 존경하는 마음을 이렇게 표현한 적이 있다. "당신이 우리 팀에 있어서 참 좋아요. 당신이 우리 팀을 좋은 방향으로 이끌어 주고 있어요." 그런데 그녀는 재빨리 내가 한 말을 정정했다. "글쎄요, 저는 리더가 아니라 당신의 동료에 불과한 걸요." 그리고 이렇게 덧붙였다. "하지만 언젠가는 저도 리더가 되고 싶어요."

그녀는 스파크였다. 하지만 그녀는 그 사실을 인정하지 않았다. 코트니 역시 워싱턴DC에서 변호사로 근무하는 동안 그녀와 유사한 사람과 함께 일했던 적이 있다. 코트니는 유능한 변호사들을 여럿 만나봤지만 이들은 회사에 수백만 달러의 수익을 가져다주고 동료들이 책임져야 할 일까지 도맡아 하면서도 자신을 리더라 여기지 않았다. 뿐만 아니라 새로 들어온 신입 변호사들을 지도하고 현 고객뿐 아니라 잠재 고객의 인맥 활성화를 위한 이벤트를 마련했으며 지역사회에서 비영리단체의 이사회 일원으로 역할을 다하고 있었다.

왜 이들은 자신이 리더라는 사실을 깨닫지 못했던 걸까? 참 놀라운 일이었다. 우리가 보기에 이들은 모두 스파크였기 때문이다! 이들은 행동을 시작하고 자신뿐 아니라 다른 사람들이 성공을 이뤄내기 위한 발판을 만들어내는 사람들이었다.

우리는 다음과 같은 결론에 도달했다. 수많은 직장인들이 조직에서 최상위에 위치해 있지 않거나 각자의 팀에서 팀장이 아니라면 스스로를 리더라 여기지 않는다.

　이러한 인식은 조직뿐 아니라 개인에게도 성장의 기회를 박탈한다는 사실을 우리는 알게 되었다.

스파크들을
더욱 고무시키는 법

성장의 기회를 박탈하는 인식을 재고하기 위해 2004년 코트니와 함께 리드스타를 설립했고 해병대 리더십 원칙의 핵심을 담은 《선두에서 이끌어가는 리더Leading from the Front》를 공동으로 집필했다.

　이 책을 집필할 당시만 해도 우리의 목표는 단순했다. '임원들이 리더십의 근본정신을 효과적으로 이해할 수 있도록 돕는다.' 하지만 회사가 성장하면서 우리가 할 수 있는 일이 많아졌다. 우리는 조직의 모든 직원들 중에서 스파크를 찾아 스파크를 고무시키는 일까지 진행했고, 현장에서 근무하는 직원들부터 고위 경영진까지 모든 임직원을 살펴야 했다.

　리드스타는 페이스북과 액센츄어, 마라톤오일, 보스턴사이언티픽, 베스트바이, 유나이티드웨이와 같은 기업뿐 아니라 잘 알려지지 않은 소규모 기업, 비영리조직, 정부기관과도 일했다. 그러면서 우리는 개개인이 자신을 리더로 여기기 시작할 때 어떠한 일이 벌어지는지 확인할 수 있었다. 이들은 그야말로 반짝이는 존재가 되었다!

우리가 발견한 스파크들은 자신이 기업의 위계에 둘러싸여 있지 않다는 사실을 깨닫자마자 주어진 환경을 넘어 더 큰 영향력을 발휘했다. 회사가 겪고 있는 복잡한 문제들을 자신이 앞장서서 해결했고 누군가가 자신에게 지시를 내릴 때까지 기다리지 않고 조치가 필요한 부분에 솔선수범해 조치를 취했다.

당신 또한 스파크가 될 수 있다. 《스파크》는 지위나 직책에 관계없이 누구나 리더가 되는 능동적 변화에 대한 이야기이자 우리가 깨달은 모든 것을 담은 책이다. 이 책에서 우리는 풍부한 연구를 바탕으로 한 행동 기반 리더십 실천 방안을 알려줄 것이다. 우리가 소개하는 스파크들이 경험한 다양한 실제 사례들을 통해 당신도 그들이 얻은 용기와 영감을 가질 수 있기를 바란다.

바로 지금
스파크가 필요하다

세상은 점점 더 빠르게 변화하고 있다. 지식경제사회에서 일하고 있는 우리는 새로운 기회를 잡아 성과를 내는 리더를 높이 평가한다. 그 누구도 세상이 움직이는 속도를 늦출 수는 없다. 하지만 우리 모두가 할 수 있는 일이 한 가지 있다. 바로 환경을 통제할 힘을 갖는 것이다.

우리는 반드시 환경을 이끌어야 한다. 대부분의 기업들은 변화하는 환경에서 살아남기 위해 (톱다운 관계든 동료 관계든 바텀업 관계든) 팀 전체를 아우르는 리더십이 필요하다. 조직 전체에 스파크가 있는 기업은 그들이 겪게 될 다양한 문제들에 적절히 대처해가며 경쟁력을 유지할 수 있다.

기업은 기반시설을 교체하고 프로세스 비용을 절감하며 공급망을 전 세계적으로 구축하기 위해 노력해왔다. 하지만 가장 중요한 변수인 사람, 즉 직원의 중요성을 간과했다. 기업은 과거의 방식으로 인력을 관리하고 있다. 즉, 혁신의 시대에 걸맞은 인센티브와 급여, 교육과 개발의 기회를 충분히 제공하지 못하고 있는 것이다. 물론 이런 방식이 비용 절감에 도움이 될지도 모른다. 하지만 결국 자신의 인재들을 제대로 대우하지 않는 것이 된다. 지나간 시대의 노동 관행을 고집하면 21세기가 요구하는 바를 충족시킬 수 없다.

조직은 이제 직함 중심의 문화에서 전체 레벨에서 스파크를 식별하고 개발하는 문화로 이동하고 있다. 기업이 경험한 효과도 즉각적이었다. 스파크 덕분에 기업은 변화하는 시장 상황에 보다 민첩하게 대응하고, 더 나아가 직원을 독려하는 문화를 가진 기업을 찾는 인재들을 불러 모은다. 직원들 또한 스스로 변화에 영향을 줄 수 있다는 사실을 깨닫고 각자의 일에 좀 더 적극적으로 관여한다.

앞장서서 이끌어나갈 용기

이 책의 목표는 당신이 처한 환경에서 리더가 되기 위해 실행해야 할 행동을 보여주는 것이다. 리더에게는 주변 사람을 발전시켜야 하는 책임이 있다. 각 장의 마지막 부분에서 그들을 스파크로 이끄는 방법을 확인할 수 있다. 또한 리더가 놓치기 쉬운 부분도 집고 넘어갈 것이다. 다른 사람에게 긍정적인 영향을 미치고 영감을 주는 데 걸림돌이 되는 것이 무엇인지도 알려줄 것이다.

다른 모든 스킬이 그렇듯 리더십 스킬 또한 개발하는 데 충분한 시간이 필요하다. 리더십 스킬은 타고나는 것이 아니다. 리더로 태어나는 사람은 없다. 우리는 리더로 만들어지는 것이다. 리더가 될 용기는 자기개발을 통해 얻을 수 있다.

용기는 두려움이 없는 것이 아니라 두려움에 맞서 싸우는 것이다. 우리가 군대에서 배운 교훈이다. 당신에게 필요한 첫 번째 용기는 리더십 개발이 당신을 불편하게 만들 수 있다는 사실을 인정하는 것이다. 분명 쉽지는 않을 것이다. 하지만 당신이 새롭게 쌓을 습관과 습관의 결과는 노력할 만한 가치가 충분하다.

1장 리더는 만들어진다

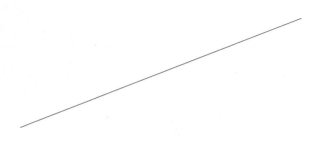

스파크가 되기 위해서는 당신이 리더라는 사실을 인정해야 한다.

당신은 리더로 뽑힌 것이 아니다.

스스로가 리더가 되겠다고 선택한 것이다.

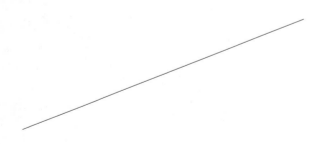

스파크가 되기 위해서는 다른 사람들과 마찬가지로 당신도 리더가 될 잠재력을 지니고 있다는 사실을 먼저 인정해야 한다. 하지만 안타깝게도 리더가 되고 싶어 하는 많은 이들이 리더에 대한 근거 없는 신화에 사로잡혀 있다. 만약 당신이 리더십에 대한 다음의 세 가지 개념 중 한 가지라도 믿고 있다면, 당신은 리더로서의 잠재력을 제한하는 것이다.

- 리더는 타고난 사람들이다.
- 리더는 자신의 본능을 믿는다.
- 자리가 리더를 만든다.

이 개념들은 우리 사회에서 흔히 받아들여지는 것들로, 전 세계에서 가장 유명한 기업들조차 이 개념을 믿고 있다. 사람들은 대부분 리더십이란 타고난 재능 혹은 직감에 따른 것이라고 믿거나, 승진을 했을 때 비로소 리더가 된다고 생각한다.

하지만 이러한 믿음은 완전히 잘못되었다.

리더십에 대한 잘못된 인식을 뒤집는 가장 좋은 방법은 과학적 접근에 따르는 것이다. 그렇게 해본다면, 리더십이란 특출난 소수를 위한 것이 아니란 사실을 금세 알 수 있다.

스파크가 되는 일은 각자의 자유의지로 선택하는 것이다. 당신이 스파크가 되기 위한 행동을 지속적으로 선택하면 당신이 할 수 있는 일이 무엇인지 (반대로 할 수 없는 일이 무엇인지) 알아낼 수 있다. 또한 자신이 바라는 변화를 위해 꼭 필요한 힘을 얻을 수 있을 것이며, 모든 사람들이 함께 일하고 싶어 하는 사람이 될 수 있을 것이다.

무엇보다 중요한 사실은, 당신이 지위나 계급이 아닌 영향력을 바탕으로 사람들을 이끌게 된다는 점이다. 바로 이것이 큰 차이를 만들어 낸다.

리더는 타고난 사람이 아니다
후천적으로 만들어진 사람이다

코트니의 사례 나는 리더란 타고난 사람이 아니라고 100퍼센트 확신한다. 물론 부모의 DNA로부터 특정 자질을 물려받는 것은 사실이지만, 그것이 전부는 아니다.

내가 스파크로서의 여정을 시작한 때는 내 인생에서 무언가 사라졌다고 느꼈던 순간이었다. 그때는 사라진 것이 무엇인지 정확히 알지 못했지만, 그것을 찾기 위해서는 나 자신의 진짜 모습을 마주하고 나 자신에 대한 탐구부터 시작해야 한다는 것을 알았다.

나는 리드스타를 시작하기 훨씬 전부터 창업가 기질이 있었다. 새로운 일을 만들어내는 재능이 있었던 것이다. 내가 했던 초기 사업들

몇몇은 잘 운영되는 편이었으나, 그렇지 않은 것들도 있었다. 어린 시절 돈을 벌기 위해 그다지 유명하지 않은 복권을 판매하려는 계획을 세웠던 적이 있다. 이 시기의 내가 아이다운 모습은 아니었지만 남들 눈에는 창의력 풍부한 아이 정도로 보이지 않았을까.

나는 커가면서 기회를 만들어내는 능력 자체에 대해 스스로 자신감을 갖고 있다는 사실을 깨달았다. 대학에 진학한 뒤 치열한 경쟁을 뚫고 언론사 인턴십 기회까지 얻게 된 나는 꽤나 빠른 속도로 성공을 경험하고 있는 나를 발견했다.

이러한 성취에도 불구하고, 내가 이룬 성공이 제대로 된 것이라는 느낌은 들지 않았다. 대학 졸업 후 방송국 뉴스 제작부서에서 일하기 시작했을 때 비로소 중요한 기로에 서 있다는 생각이 들었다.

내가 이룬 성과에서 성취감을 얻지 못했던 나는 무언가 더 의미 있는 일은 없을까 고민했다. 당시에는 왜 그러한 고민에 빠졌는지 정확히 알 수 없었지만, 뒤돌아보니 그 이유를 알 것만 같다. 나는 내가 갖고 태어난 자질과 능력, 대학에 다니는 동안 배운 지식 모두를 넘어선, 나 자신을 더욱 성장시키는 보다 획기적인 경험을 꿈꿨던 것이다.

'보다 더 큰' 무언가를 꿈꾸는 과정에서 나는 어릴 적부터 관심 가져왔던 또 다른 직업에 눈을 돌리게 되었다. 워싱턴DC에서 어린 시절을 보냈던 나는 군인들의 멋진 모습에 매료되었다. 아버지가 군인이었던 친구가 둘이나 있었는데 나는 친구들의 아버지를 존경심에 가득 찬 눈으로 우러러봤던 기억이 날 정도다.

어느 날인가 해병대 모병소를 지나던 나는 발걸음을 멈추고 모병소에 들어가 해병대에 관해 자세히 물었다. 모병 담당자는 나를 설득하는 대신 일생일대의 모험을 시작할 준비가 되었는지 물었다. 그는 마치 내가 먼 길을 돌아 이곳에 온 사실을 알고 있는 것 같았다. 나는 대답했다. "물론입니다! 좀 더 자세히 설명해주시겠습니까?" 며칠도 채 지나지 않아 나는 해병대 지원서에 서명을 했고 해병대 훈련에 돌입하기 위한 준비를 마쳤다.

가족들과 친구들은 해병대라는 사실은 차치하고 내가 입대하기로 했다는 사실에 너무나 놀랐다. 내가 모험을 즐기는 사람이라는 사실은 익히 알고 있었지만 그렇다고 모험에 대한 열망이 이토록 드라마틱한 직업으로 연결될지는 그 누구도 생각하지 못한 것이다. 부모님은 내가 내린 결정에 걱정이 많았다. 특히 위험지역으로 보내질까 봐 걱정하셨으나, 군인이 되기로 결정한 나를 자랑스러워 하셨다. 그러나 나는 정식으로 입대하기 전에 훈련부터 통과해야만 했다.

사람들이 해병대 훈련을 생각할 때, 대부분 격한 신체 훈련을 떠올린다. 하지만 내게 가장 중요한 훈련은 성격 형성 과정이었다. 해병대 훈련은 나를 최선의 상태로 끌어올렸다. 개인적인 욕구를 집단의 요구에 맞추도록 했고, 육체적으로 고갈된 상태에서도 훈련을 계속해나가기 위해 정신적인 측면에서 인내심에 의지하도록 했다. 자신에 대한 의심이 들 때마다 곁에 있던 교관과 동료 장교들은 내가 더 열심히 훈련할 수 있도록 힘을 북돋아줬다. 조용하고도 어두웠던 순간이었지만 내가 그토록 갈망하던 것에 '점점 더' 가까워지고 있다는 것을 분명 느꼈다.

살면서 처음으로 한계에 직면했다. 하지만 그전에는 존재하는지도 몰랐던 내면의 단호한 의지를 발견할 수 있었다. 나는 자아와의 싸움을 치러야만 했다. 이 싸움은 정말 격렬했고 때로는 위험했다. 또한 나의 약점을 극복하기 위해 반드시 필요한 나 자신과의 대면을 방해하기도 했다.

나는 혼자만의 노력으로는 군생활을 잘해나갈 수는 없다는 사실을 깨달았다. 내가 받았던 훈련 대부분은 팀 경험을 쌓기 위한 것이었다. 나 혼자가 아닌 팀원들과 함께 만들어낸 성공적인 경험이 훨씬 더 값지다는 사실을 나는 깨닫게 되었다.

결국 따져보면 나는 우연히 리더가 된 것이다. 나는 우연히 해병대 모병소에 들어가 모험에 도전하겠다고 선언한 이후 자연스럽게 리더십을 키워나갔다. 내가 지금 이 자리까지 어떻게 왔는지 생각해보면, 나는 '후천적' 리더임이 분명하다. 누구나 '후천적' 리더가 될 수 있다고 생각하는 내 믿음을 뒷받침해주는 과학적 근거 또한 상당히 많다.

미네소타 쌍둥이 및 가족 연구센터의 연구진은 출생 후 곧바로 떨어져 지내게 된 일란성 쌍둥이를 대상으로 연구를 진행했다. 이 연구는 리더가 선천적인지 아니면 후천적으로 결정되는지에 대한 답을 찾기 위해 시작되었다. 연구진은 30퍼센트가량의 리더십 자질, 즉 지능, 성격, 외모 등과 같은 요소를 가지고 태어난다고 밝혔다.

예를 들어, 당신이 회의에 참여하고 있는데 누군가가 훌륭한 아이디어를 계속해서 제시했다고 해보자. 그 사람의 명석함과 빠르게 의견을 생각해내는 능력에 영향을 받아 당신도 그 훌륭한 아이디어와 연관된 또 다른 아이디어를 제시할 수 있게 된다. 이 예시는 그 사람이 당신에게 영향을 주고 영감을 불러 일으켜 당신을 효과적으로 이끌었다는 사실을 잘 보여준다.

당신이 참가한 컨퍼런스에서 기조연설자가 생생한 에너지를 전달해주고 있다고 가정해보자. 연설자가 전해주는 열정과 확신에 감동 받는다면 이 역시 당신을 이끄는 경우라고 할 수 있다.

외모가 매력적인 사람들 역시 이와 같은 경우에 해당한다. 당신이 1960년대에 텔레비전으로 중계된 첫 번째 대선 토론을 봤던 세대는 아니겠지만, 당시 존 F. 케네디는 건강해 보이는 피부에 느긋하고 여유 있는 모습을 보였다. 리처드 닉슨은 그와는 대조적으로 수척하고 지친 데다 볼품없는 모습으로 토론을 벌였다.

라디오로 토론을 들었던 사람들은 닉슨이 대선에서 이긴다고 장담했지만, 텔레비전으로 토론을 보면서 존 F. 케네디에게 매료된 7,000만 명의 시청자들은 그들의 의견에 절대로 동의하지 않았다. 우리는 아주 자연스럽게 사람들의 외모에 영향을 받게 마련이다.

당신이 직장생활을 잘하기 위해 리더십에 관한 책을 읽고 있다는 사실 자체만으로도 '리더십은 타고나는 것'이 아니라는 점이 분명해진다. 타고난 리더십 자질은 확실히 존재한다. 기억해야 할 것은 타고난 부분은 오로지 30퍼센트밖에 되지 않는다는 사실이다.

이미 갖고 태어난 자질을 키우기 위해 너무 많은 시간을 들일 필요는 없다. 이러한 자질은 아무리 노력해도 크게 바뀌지 않기 때문이다. 대신 당신이 들이는 노력을 다른 70퍼센트 쪽으로 돌려보라. 내가 군대에서 했던 것처럼 당신이 발전시켜나갈 수 있는 스파크 능력으로 돌려보는 것이다.

사실 나는 리더십을 발휘하는 법을 배우기 전까지 리더십 행동을 개발하는 데 노력해본 적이 없다. 리더십 행동에 관심을 가져본 적이 없었기 때문에 리더십 행동이 무엇인지도 전혀 알지 못했다.

우리가 추구하는 '후천적' 리더십 행동은 어떠한 환경에서든 누구든지 노력만 한다면 얻을 수 있는 것이다. 스파크가 되기 위한 자질에는 다른 사람들이 당신을 신뢰할 수 있도록 믿음을 주는 행동하기, 각자의 문제를 책임감 있게 해결하기, 실행해야 하는 일이 있을 때 올바른 선택 내리기, 위기의 순간에 자신감 표출하기, 개개인들이 모여 완전하고도 응집력 있는 팀 만들기 등이 있다.

스파크가 되기 위한 자질 모두 당신이 의식적으로 선택하고 행동해야 하는 것들이다. 하지만 이 행동들은 인간의 본성에 반하는 것들이기 때문에 머리로는 이해할 수 있지만 실행에 옮기기는 어렵다.

이와 같은 사실은 리더십에 대한 또 다른 근거 없는 신화, 즉 '리더는 자신의 본능을 믿는다'로 연결된다. 다음에 이어지는 내용을 보면 곧 알게 되겠지만, 본능을 그대로 믿고 받아들이기 전에 반드시 먼저 본능을 의심해야 한다.

리더는 자신의 본능에 도전하는 이들이다

비즈니스 세계에서 우리는 '본능에 따르라'는 말을 종종 듣는다. 안타깝게도 이는 항상 옳은 조언이 아니다. 우리의 본능이 항상 스파크 행동과 일치하는 것은 아니기 때문이다.

우리가 갈등을 피할 때 혹은 나쁜 소식에 지나친 반응을 보일 때나 의사결정을 미룰 때 우리는 본능에 따른 행동을 한다. 하지만 이 행동이 환경에 영향을 주지는 못한다.

우리는 이러한 단순한 반응 때문에 불리한 입장에 놓이게 된다.

단순히 상황에 반응하는 방식을 멈추고 스파크처럼 반응하기 시작하면 행동을 통제하는 고차원적인 인지 과정이 작동한다. 리더십 개발과 관련해 이는 무엇을 의미하는 것일까?

당신의 머릿속으로 들어가 어려운 상황에 대처하는 반응을 주의 깊게 살펴보라. 가장 중요한 두 가지 과정은 바로 인지적 유연성과 인지적 훈련이다. 이는 무의식적인 행동에서 벗어나 영향력을 가지고 의식적으로 반응하는 것을 말한다.

인지적 유연성은 문제를 해결하기 위해 생각을 바꾸는 능력으로 알려져 있다. 우리 대부분은 사람과 관련된 문제를 제외하면 인지적 유연성을 효과적으로 발휘한다. "이 기계가 고장 났나 봐요. 다른 방법을 찾아봅시다." "우리는 매출 목표의 10퍼센트를 아직까지 못 채우고 있습니다. 브레인스토밍을 통해 새로운 마케팅 방안을 강구합시다." "오늘 회의가 길어졌으니 피자를 주문합시다."

하지만 우리가 사람과 관련된 문제에 마주할 때도 동일하게 창의적인 문제해결 방법을 적용하고 있을까? 그럴 가능성은 매우 낮다. 만약 있다 해도 늘 창의적인 방식을 적용하는 것은 아니다.

오래되고 익숙한 관계에서는 문제에 접근하고 이를 해결하는 융통성을 발휘하기 힘들다. 이러한 융통성 부족은 우리의 리더십을 제한하는 방해물이 되기도 한다.

우리 동료가 돌파구와 같았던 리더십을 발휘했던 순간을 이야기한 적이 있다. 그 순간은 그녀가 동료와의 관계를 개선하기 위해 상대방을 변화시킬 수는 없지만 자신을 변화시킬 수는 있다는 사실을 깨닫게 되면서 찾아왔다고 한다.

그녀는 마이크라는 동료와 5년을 넘게 함께 일해왔지만 둘 사이의 관계는 매우 좋지 않았다. 두 사람이 한 프로젝트에서 함께 일할 때마다 긴장감이 흘렀고 충돌도 잦았다. 결국 프로젝트에도 영향을 미쳐 팀장을 실망시켰다.

"서로 잘 좀 지낼 수는 없나요? 도대체 뭐가 문제인 겁니까?" 팀장은 둘을 다그쳤다. 그녀가 생각할 때 답은 명백했다. 마이크는 피드백에 방어적인 태도를 취했고, 고집스러운 성격에 상대방의 의견에는 귀를 기울이지 않았다. 게다가 감정에 따라 변덕스럽게 행동했다.

머릿속으로 변명거리를 늘어놓고 나니 문득 이런 생각이 들었다. '과연 마이크는 나를 어떻게 생각할까?' 그녀는 마이크의 관점에서 자신이 어떤 사람일지 생각해봤다. 자신이 마이크를 화나게 만들었던 일들도 있었음을 깨닫는 데 오랜 시간이 걸리지 않았다. 이로 인해 관계가 더 나빠졌던 것이었다.

예를 들어, 마이크에게 피드백을 줄 때 너무나 직접적으로 피드백을 전달했다. 그랬으니 마이크도 피드백을 전적으로 받아들이고 싶지 않았을 것이라는 생각이 들었다. 자신의 아이디어를 지나치게 고집했던 사실 또한 깨닫게 되었다. 이것 역시 분명 상대방을 화나게 했던 요인일 것이었다.

이렇게 반성의 시간을 갖고 난 후 그녀는 사려 깊은 태도로 피드백을 전하기 위해 의식적으로 노력했다. 그리고 의견을 말하기 전에 다른 사람들의 생각에 좀 더 귀 기울였다. 이렇게 관점을 조금 바꿔보니 둘의 관계도 변하기 시작했다. 그녀는 그 사실에 정말 놀랐다.

"이렇게 작은 행동의 변화가 긍정적인 결과를 가지고 올 거라고는 생각도 하지 못했어요. 내 행동을 진지하게 생각해보기 전에는 우리 회사에서 저와 마이크가 맡고 있는 프로젝트에 동참하고 싶어 하는 사람이 단 한 명도 없었어요. 우리 사이가 너무 좋지 않았기 때문이었죠. 이제는 직원들이 우리에게 함께 일해보지 않겠냐고 먼저 제안을 해온답니다."

바로 이러한 예시가 인지적 유연성을 통해 만들어질 수 있는 결과다.

사람에 대한 문제를 해결하는 첫 번째 단계는 늘 해오던 익숙한 방식에 머무르면 늘 그래왔듯이 (만족스럽지 못한) 같은 결과를 얻게 된다는 사실을 깨닫는 것이다. 의도적으로 당신의 접근 방식을 바꾼다면 당신은 스파크가 될 수 있다.

두 번째 단계는 인지적 훈련을 실시하는 것이다. 인지적 훈련이란 본능적인 혹은 습관적인 반응을 억제하고 보다 효과적이며 뻔하지 않은 반응, 즉 스파크한 반응으로 대체하는 것이다.

당신이 동료와 함께 회의를 하고 있다고 가정해보자. 그런데 동료가 잘못된 것을 모두 당신 탓으로 돌린다. 아마도 당신은 속으로 화가 나서 펄펄 뛸 지경일 것이다. 그는 자신이 원하는 바가 무엇인지 분명히 알지 못했고, 당신이 필요로 하는 자료를 제공한 적도 없었기 때문에 잘못은 분명 동료에게 있다고 생각할 것이다. 그러니 당신을 탓하는 것이 아니라 동료를 탓하는 게 옳다고 느꼈을 것이다.

당신의 본능이 동료와 싸우라 하거나 그 자리를 그냥 떠나라고 하거나 아무 말 말라고 한다면 당신은 어떻게 하겠는가? 바로 이때가 각자의 본능을 따라서는 안 되는 순간들이다. 션이라면 당신에게 이렇게 이야기할 것이다. "잠깐 멈춰 서서 지나간 시간을 되돌려보라."

션은 전투기 조종법을 배울 당시 비행 중 비상사태에 본능적으로 반응하면 당황하거나 잘못 조종하게 되어 자신과 동료들을 위험에 빠뜨릴 수 있다고 배웠다. 그래서 비상사태에 즉각적으로 반응하는 대신 스스로에게 '잠시 멈춰 서서 시간을 되돌려보라'고 말했다.

이는 생각을 계산적으로 혹은 의도적으로 상황에 맞춰 늦추는 것이다. 마음의 체크리스트를 만들거나 적절한 절차를 만드는 것과 비슷하다. 초등학생 시절 옷에 불이 붙었을 때 '멈춰서 바닥을 구르라'는 교육을 받았던 것처럼 '가만히 멈춰 서서 시간을 되돌려보기'는 비상사태에서의 조종사 버전과 마찬가지다.

당신이 본능에 따르려 하는 순간, 행동하기 전에 먼저 '멈춰 서서 시간을 되돌려보라'는 말을 떠올려라. 그렇게 하면 당신은 인지적 훈련에 필요한 시간을 벌 수 있을 것이다. 상황에 적절히 대응한다면 당신이 원하는 대로 스파크가 될 수 있다. 당신은 자신의 행동을 결정하는 데 감정과 본능에 따르기보다 의식적으로 뇌의 판단과 효과적인 문제 해결 능력을 따르게 될 것이다.

리더십 개발이 각자의 노력 여하에 달린 일이라는 것은 분명하다. 그렇다면 다음으로 우리가 확인해봐야 할 리더십에 대한 근거 없는 신화는 바로 타이밍에 관련된 문제다. 과연 우리는 언제 리더십을 발휘하겠다는 결정을 내리는가?

리더가 되는 것은
당신의 선택에 달렸다

사람들은 대부분 리더가 되는 유일한 방법은 상사가 되는 것이라고 생각한다. 하지만 누구도 직함을 얻는다고 리더가 되지는 않는다. 또한 누구도 당신을 리더로 만들어주거나 지명해주지 않는다.

스파크가 되는 유일한 방법은 당신 스스로를 스파크로 만드는 것이다. 스스로 스파크가 되겠다고 결심했다면 자신이 리더십 개발의 어느 단계에 위치해 있는지 진지하게 고민하는 시간을 가져야 한다. 당신의 강점은 무엇이며 약점은 무엇인가? 이를 제대로 알아야만 당신이 발전해나갈 기회를 찾을 수 있다.

해병대의 리더십 원칙들 중 가장 중요한 원칙이 바로 이것이다. "자신을 알고 자신을 개발할 방법을 찾아라." 해병대는 자신의 재능이 무엇인지 제대로 알고 있을 때 성공적으로 리더십을 발휘할 수 있으며,

각자의 재능을 적절한 부분에서 활용할 수 있다는 사실을 알고 있다. 또한 리더는 자신의 약점 보완에 도움이 될 피드백을 받아들이는 데 열린 자세를 취해야 한다. 자신과 타인들 사이에서 솔직하게 행동할 때 우리 안의 스파크를 자각할 수 있다.

우리 자신이 스파크라는 사실을 자각한 순간 우리가 가진 단점을 보완할 수 있는 능력이 커진다. 이를 통해 우리의 단점이 다른 사람들에게 영향을 미치기 전에 그 단점을 고칠 수 있다.

만약 당신의 성급한 성격이 다른 사람들을 불편하게 한다는 사실을 안다면, 당신은 회의 중에 자신의 화를 다스리기 위해 심호흡을 하거나 자신이 아닌 다른 사람의 감정에 집중하고 그 사람의 말에 적극적으로 귀를 기울일 수도 있다. 당신이 쉽게 집중하지 못한다는 사실을 깨달았다면 현재의 상황에 더 집중할 수 있는 자기만의 기술을 만들어 낼 수도 있다. 행동을 조금만 바꾸는 리더십 방법들을 통해 우리는 스파크가 되기 위한 영향력을 얻어낼 수 있다.

이처럼 자기인식의 수준을 발전시켜나가는 모델을 조하리의 창 Johari's Windows이라 부른다. 이 모델은 1950년대에 조셉 루프트Joseph Luft와 해링턴 잉햄Harrington Ingham이라는 심리학자가 개발했다. 이 모델에 따르면 인식에는 다음과 같은 네 가지 측면이 존재한다.

남은 모르고 나만 알고 있는 영역	남은 모르고 나만 알고 있는 영역
남도 모르고 나도 모르는 무의식의 영역	남은 아는데 나는 모르고 있는 영역

– 조하리의 창 –

첫 번째 자기인식의 영역은 바로 '나도 알고 남도 아는 영역'이다. 이 영역은 당신이 다른 사람들과 공유해왔고, 사람들 사이에서도 잘 알려진 당신과 관련된 사실들을 모두 아우른다.

나를 예로 들자면 내슈빌에서 자랐고, 보스턴대학교를 나왔으며, 래브라도 리트리버를 키우고 있다는 사실을 회사 직원들 대부분이 알고 있는 것과 같다. 더 자세하게는 이 생각 저 생각 이야기하는 것은 좋아하지만 자세히 설명하는 것은 별로 좋아하진 않는다거나, 감정이 고조되는 상황을 불편해하기 때문에 갈등을 피하는 스타일이라는 점을 대부분이 알고 있는 것과 같다.

이러한 사실들을 더 많이 공유하면 할수록 사람들은 당신을 좀 더 잘 알게 되고, 더 많은 이들이 당신의 열린 마음에 영향을 받게 된다. 즉, 사람들이 자신의 이야기를 꺼내놓은 것에 편안함을 느끼게 된다. 이러한 정보의 교환은 당신의 인간관계를 원활하게 만들어준다.

다음으로 살펴볼 자기인식의 영역은 '남은 모르고 나만 알고 있는 영역'이다. 주로 우리가 지닌 비밀들이 이 영역에 속한다. 그렇다고 당신의 비밀을 모두 공개하라고 조언하는 것은 아니다. 하지만 다른 사람에게 알리지 않은 중요한 정보 때문에 좋은 기회에 접근하지 못하거나 좋은 관계를 만드는 데 방해가 되는 경우도 있다.

예를 들면, 당신은 승진을 원했지만 상사가 그 사실을 모르고 있었기 때문에 당신을 추천하지 않았을 수 있다. 또는 당신이 병든 부모님을 모시느라 힘겨워 한다고 하자. 하지만 동료 누구에게도 이 사실을 털어놓은 적이 없다. 누구에게라도 이야기했다면 동료들의 지원이나 도움으로 당신의 부담이 덜어질 수 있었을 것이다.

세 번째 영역은 '남도 모르고 나도 모르는 무의식의 영역'이다. 우리는 이 영역을 '숨겨진 잠재력의 영역'이라고 부른다. 당신이 제품 개발에 재능이 있거나 훌륭한 작가가 될 가능성 또는 세계적인 수준의 기타리스트가 될 천부적인 재능을 가진 사람일 수도 있다. 하지만 이 분야에 전혀 관심을 가져보지 않았기 때문에 당신 스스로나 주변 사람들도 감춰진 사실을 전혀 파악할 수가 없는 것이다.

당신이 새로운 경험을 계속해서 시도하고 자신의 강점과 약점, 능력을 깊이 이해할 때 당신은 자기인식의 영역을 넓혀갈 수 있다.

네 번째 자기인식의 영역은 '남은 아는데 나는 모르고 있는 영역'

으로, 가장 중요한 부분이다. 당신은 압박감이 높을 경우 대화를 잘 못하는 사람일 수도 있고 업무를 위임할 때 사소한 일까지 챙기는 꼼꼼한 스타일일 수도 있다. 주로 사무실에만 있으면서 현장과 소통하지 않는 사람일 수도 있다.

이와 같은 당신의 숨겨진 모습을 발견해내지 못한다면 당신은 그 부분을 개선하기 어렵다. 그리고 바로 이러한 문제 때문에 당신이 리더가 되지 못하는 것일 수도 있다.

조하리의 창은 스파크 행동을 배우고 있는 당신에게 현재 성과를 평가하는 스파크 기준을 제공한다. 당신의 강점과 약점을 단순히 당신의 관점에서 평가하는 것이 아니라 타인의 관점에서 생각하라. "나는 스스로를 믿을 만한 사람이라고 생각하지만 팀장, 동료, 친구들도 그렇게 생각할까? 그들은 나를 어떻게 생각할까?" 이 질문을 스스로에게 던져보자.

자기인식 수준을 높이기 위해 그들에게 직접 물어볼 수도 있다. 지금 당신이 하고 있는 업무 가운데 잘하고 있는 것과 보완해야 할 것 두 가지씩 피드백해달라고 상사나 동료에게 메일을 보내는 방법도 있다.

만약 피드백을 통해 당신이 개선해야 할 것들을 알게 되었다면 당신의 부탁을 들어준 상대방에게 감사하는 마음부터 가져야 한다. 그들은 당신에게 값진 선물을 준 것과 다름없다. 절대로 그들이 보내온 피드백에 방어적인 태도를 취해서는 안 된다.

아이러니하게도, 세상이 완벽할수록 조하리의 창은 불균형하다. 첫 번째 영역(나도 알고 남도 아는 영역)이 다른 세 영역보다 크다면 당신의 마음은 열려 있는 상태고 신뢰를 쌓아가게 될 것이다. 이는 당신이 자신의 정보를 다른 사람들과 공유하며 자신의 환경이 지나치게 견고한 상태가 아님을 의미한다. 따라서 당신은 새로운 환경에서 새로운 일을 시도하는 편이며, 다른 사람들의 피드백도 열린 마음으로 받아들인다. 결국 조직의 스파크가 되어 사람들이 당신을 신뢰하면서 당신이 이끌어나가기를 희망하게 된다.

스파크가 되기 위해서는 당신 스스로 성장에 전념해야만 한다. 이 과정이 불편하고 어렵겠지만, 분명 흥미로운 과제일 것이다.

각자가 지닌
마인드셋의 중요성

앤지의 사례 내가 지금껏 만난 대부분의 전문가들은 이유를 막론하고 나이가 들면 새로운 것을 배울 수 없다고 믿었다. 나는 이 의견에 전적으로 동의하지 않는데, 스탠퍼드대학교의 캐럴 드웩Carol Dweck 교수의 연구가 나의 의견을 뒷받침해준다.

그녀는 우리가 성장 마인드셋 대신 고정 마인드셋을 취할 때 배움과 발전을 멈추게 된다고 강력하게 주장한다. 당신에게 배우고자 하는 의지만 있다면 아무리 나이가 많다고 해도 새로운 것을 배워나갈 수 있다. 드웩 교수는 자신의 연구결과를 담은 책 《마인드셋》을 통해 성인의 배움에 새롭게 주목했다. 그리고 우리가 얼마나 무의식적으로 도전하지 않고, 그럼으로써 성공할 수 있는 기회를 얼마나 많이 놓치고 있는지 지적한다.

우리는 의식적으로 성장을 선택할 수 있다. 성장을 선택하면 새로운 가능성의 세계가 열린다. 나는 이 사실을 직접 증명할 수 있다.

내가 《마인드셋》을 읽었던 때는 내 경력에서 매우 중요한 시기였다. 코트니와 나는 "과연 우리가 이 일을 해낼 수 있을까?"라며 과거에 되묻곤 했던 일들을 성취해가던 중이었다.

우리는 리드스타를 성공한 기업가들이라면 누구나 거쳐야 하는 곳으로 만들고 싶었다. 당시 우리는 다양한 고객들을 두고 있었고 지속적으로 의뢰가 들어왔으며 일정한 수익을 벌어들이고 있었다. 친구들이나 가족, 동료에게도 리드스타는 잘나가는 회사처럼 보였다. 이들은 다음에는 어떤 일을 벌일 것이냐고 계속해서 물어봤다. 우리의 성장 전략이 무엇이며 회사 규모를 키우기 위해 직원들을 더 고용할 것인지 우리의 출구 전략이 대기업에게 인수되는 것인지 묻곤 했다.

모두 적절한 질문들이긴 했지만 나는 답을 할 수 없었다. 미래를 생각하지 않았기 때문은 아니었다. 나는 한 번도 비즈니스 관련 교육을 받았던 적이 없었기 때문에 이러한 질문들에 척척 대답을 할 수가 없었던 것이다. 나는 대학에서 영어를 전공했고 졸업 후 해병대에 지원했다. 사업을 더 키우는 것은 생각도 하지 못한 일이었고, 사업체를 운영하던 당시에도 운영 전반에 대한 충분한 지식을 갖고 있지 못한 상태였다.

코트니와 나는 용기와 열심히 일하는 태도만으로 회사를 키워왔다. 그때까지는 이런 자세만으로도 회사를 운영하는 데 무리가 없었지만, 점점 상황은 복잡해지기 시작했다.

우리가 하던 일은 단순한 리더십 훈련에 머물러 있지 않았다. 우리 회사를 찾는 CEO들이 우리를 믿을 만한 조언자로 여기고 기업 전략이나 프로세스, 조직 구조에 관해 우리의 도움을 요청하면서 우리는 기업들에게 보다 많은 자문을 제공하게 되었다. 우리 회사의 고객들에게 더 나은 서비스를 제공하고 싶었던 나는 비즈니스에 관한 정규교육을 받아야 한다는 사실을 깨달았다.

대학원 진학은 쉬운 결정이 아니었다. 경영대학원에 가고 싶은 마음은 늘 있었지만, 그 생각을 하는 것만으로도 움츠러들었다. 솔직히 말해 나는 수학을 잘 못하기 때문에 대학원 수업을 제대로 이수할 수 없다고 생각했다. 나는 대학 시절 미적분학을 중도에 포기했다. F학점을 받고 싶지 않아서 첫 시험을 마친 뒤 그 과목을 철회했던 것이다. 그런데 경영대학원에 가면 회계, 재무, 통계까지 수학과 관련된 과목들을 배워야만 하는 것 아닌가. 대학원에 간다면 분명 그 과목들을 잘해내지 못할 것이라고 생각했고, 그 때문에 지금의 커리어를 망치고 싶지 않다고 생각했다.

《마인드셋》은 이런 내 생각을 바꿔준 책이다. 《마인드셋》을 통해 나는 생각의 전환을 이뤄냈고, 나와 수학의 관계를 다시 한 번 고민할 수 있었다. '내가 수학을 못하는 것이 사실일까? 누군가 했던 말을 무의식적으로 받아들인 것은 아닐까? 나는 단지 영어를 더 좋아했을 뿐인데 수학을 못한다고 잘못 생각했던 것은 아닐까?'

어쩌면 나는 내가 생각했던 것보다 숫자에 약하지 않을 수도 있겠다는 생각이 들었다. 미적분 시험을 망쳤던 것은 단지 실수였을 수도 있지 않겠는가.

나는 MBA 프로그램을 찾아 지원할 수 있는 학교들을 추려냈고, 적절한 학교에 지원했다. 얼마 지나지 않아 미시간대학교 로스경영대학원에서 편지를 받았다. 첫 번째 단락에는 내가 합격했다는 내용이 적혀 있었지만, 두 번째 단락에는 대학 성적에 수학 점수가 없었기 때문에 우선 양적추론 시험에 통과해야 한다는 내용이 담겨 있었다. 입학처 역시 내 수학 성적에 대한 확인이 분명 필요했던 터였다.

수학 점수가 필요하다는 것이 실망스러운 일이긴 했지만, 남편은 이렇게 말했다. "만약 이 시험을 통과하지 못한다면 당신이 갈 수 있는 경영대학원은 없는 셈이야. 장기적으로 생각해보면 이 시험을 치르는 것이 당신의 시간과 돈을 절약하게 해줄 거라고." (그의 논리는 분명 정확했지만, 불안감에 휩싸여 있던 당시의 내게 그의 충고는 사실 달갑지 않았다.)

경영대학원 진학을 방해하는 장애물을 극복하기 위해 나는 늘 해 오던 대로 했다. 즉, 내가 지켜온 직업윤리를 여기에도 적용한 것이다. 나는 계속해서 공부하며 시험을 준비했다. 수학 문제를 풀고 또 풀었다. 심지어 고객과의 미팅을 위해 비행기를 탈 때도 문제집을 들고 탔다. 옆에 탄 승객들은 그걸 보고는 재미있다는 듯 내게 이런 질문을 던졌다. "지금 뭐 하시는 거예요? 고등학생이라고 하기에는 나이가 좀 드신 것 같은데요."

이러한 노력을 통해 내가 수학을 못하는 것이 아니라는 사실을 마침내 확인할 수 있었다. 단지 수학 문제를 푸는 데 남들보다 좀 더 많은 시간이 걸릴 뿐이었다. 대학교 시절에는 지금과 달리 문제를 끝까지 풀어내는 끈기가 부족했던 것이다.

심혈을 기울여 노력한 결과 나는 시험에 통과했고 20개월 뒤 경영학 석사학위를 받았다. 무엇보다 중요한 사실은 내가 오랜 시간 갖고 있던 잘못된 믿음을 극복해냈고 결과적으로 갇혀 있던 생각으로부터 벗어날 수 있었다는 것이다. 만약 내가 나 자신의 마인드셋을 확인해보지 않았더라면 이렇게 될 수는 없었을 것이다. 문제를 해결하는 능력이 제한적이라고 생각했던 오래된 가정에 의문을 제기하고 성장지향적이며 한계를 넘어서고자 하는 의식적인 결정을 내렸기에 가능했다.

자신의 분야에서 성공했고 교육 수준이 높은데다 상당히 똑똑한 전문가들과 이야기를 나누면서 우리 모두가 약점과 불안함을 갖고 있다는 사실을 깨달았다. 하지만 대부분은 우리의 한계가 정말 정해진 것인지 아니면 스스로가 한계를 정해놓은 것인지 혹은 이 한계가 실제로 존재하는지, 그렇게 느껴지기만 하는 것인지 충분히 생각해보지 않는다.

문제는 대부분이 각자의 마인드셋을 점검하며 스스로가 성장할 준비가 되었는지 확인해보려 하지 않는 것이다. 우리는 각자가 당연하다고 생각하는 가정을 의심해볼 시간을 가져야만 한다. 그렇게 해야만 다음 단계의 성공으로 향할 재능이 스스로에게 있다는 사실을 재빨리 발견할 수 있다.

SPARK ACTION

스파크가 되기 위한 여정을 시작한 당신은 다음과 같이 행동해야 한다.

- 스스로 리더십을 발휘하라. 다른 어떤 누구도 당신을 리더로 만들어 주지 않는다. 당신 스스로가 자신을 리더로 만드는 것이다.
- 기꺼이 노력하라. 타고나지 못한 부분을 신경 쓰는 대신 이미 갖고 있는 자질을 발전시켜나가라.
- 당신이 만나는 사람들과 관련된 일에 단순히 반응하는 것이 아니라 적극적으로 대응하라.
- 당신이 보지 못하는 사각지대를 예측하라. 당신의 강점과 한계가 무엇인지 전반적으로 파악하라.
- 당신의 능력에 대한 믿음을 점검하라. 열린 태도로 당신의 숨겨진 재능을 찾아라.

TO DO LIST

진정한 리더십이 무엇인지 다시 한 번 생각해보고 당신이 리더십을 키워나갈 수 있는 원천을 갖고 있다고 생각하라. 스파크로의 여정을 걸어가겠다고 선택한 순간 스파크로서 발전이 시작된다.

다음 단계는 자기인식과 성장 마인드셋을 도입하는 단계다. 직장에서 당신의 영향력을 발전시키거나 제한하는 생각과 아이디어, 행동에 집중하라. 자기인식과 성장 마인드셋을 개발할 수 있는 몇 가지 방법은 다음과 같다.

- **영향력** 먼저 친구나 가족, 동료, 상사, 부하 직원 등과 같이 당신이 주로 만나는 사람들과의 관계를 생각해보는 시간을 가져라. 이 관계 속에서 당신이 리더 역할을 할 수 있는 기회가 있는지 생각해보라. 즉, 당신이 어떻게 이 사람들에게 영향을 미치고 영감을 줄 수 있는지 생각하는 것이다.

  이렇게 생각해보는 연습을 통해 당신의 영향력이 어디까지인지 알 수 있을 것이며, 당신이 주요 관계들 속에서 어떻게 리더 역할을 하고 있는지 확인하게 될 것이다.

- **자기인식** 그런 다음 당신의 강점과 약점을 생각해보라. 당신이 자신을 정의하는 특징이 무엇인지 밝히고, 어떻게 당신의 환경에서 자신의 강점을 활용할 것인지 파악하라.

- **리더 토의** 당신의 팀이 '진정한 리더십'을 통해 도움을 얻을 수 있다는 확신이 들었다면 다음 장에서 소개할 동료들이 리더십을 재해석하고 강력한 리더십이 팀을 어떻게 바꾸는지 토의하는 데 도움이 되는 그룹 활동에 주목하라.

당신은 스파크로 성장하고 발전할 수 있다. 일단 자신을 되돌아보는 시간을 갖는다면 당신은 다음 장으로 넘어갈 준비가 된 것이다.

2장에서는 우리가 가장 중요하게 생각하는 스파크 행동들 가운데 스스로 키워갈 수 있는 자질인 인격에 대해 설명할 것이다. 건전한 인격을 소유한 사람, 즉 가치관과 행동이 일치하는 사람이 되는 일은 분명 스파크가 되는 여정에서 반드시 필요하다.

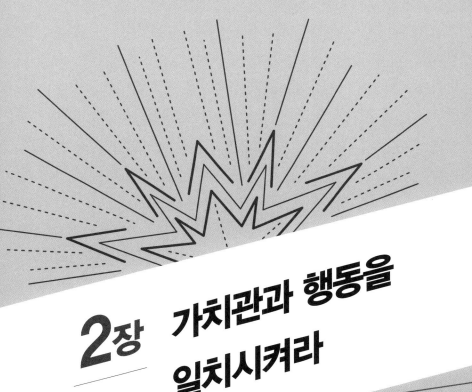

2장 가치관과 행동을 일치시켜라

당신이 진정으로 가치 있게 여기는 것이

무엇인지 인식한다면

당신은 당신의 삶을 지휘하고

다른 사람들에게도 영향력을 행사할 수 있다.

리더는 말 그대로 사람들이 따르는 사람이다. 사람들은 믿을 수 있는 사람만을 따른다.

신뢰가 문제다. 신뢰라는 용어는 비즈니스 전문가들을 당혹스럽게 만든다. 신뢰라는 용어를 불편해하는 것은 각자의 업무 환경에서 신뢰를 원하지 않기 때문이 아니다. 신뢰를 구축하기 위해서는 감정이나 느낌, 자기성찰과 같이 때로는 사람들을 부끄럽게 만드는 주제들을 논의해야 하기 때문이다.

다른 사람에게 신뢰를 받는 법과 다른 사람을 신뢰하는 법은 당신과 팀의 성공에 직접적인 영향을 끼친다. 신뢰의 중요성을 과소평가하거나 무시해서는 안 된다.

우리 회사는 실리콘밸리의 기업을 위해 9개월 과정의 리더십 프로그램을 개발하고 있었다. 당시 고객사의 영업 부사장은 이런 이야기를 했다. 그녀는 특수부대원 몇 명을 만날 기회가 있었는데, 그들이 서로를 생각해주는 모습에 깊이 감명 받았다는 것이었다. 그녀가 만났던 특수부대원들처럼 자신의 팀원들도 서로 "내가 네 편에서 도와줄게"라며 서로 돕는다면 팀의 문제들이 모두 해결될 것이라고 확신했다. "부대원들은 어떻게 그럴 수가 있는 거죠?"라고 그녀가 물었다.

"그들은 서로를 신뢰하고 있는 겁니다."

우리가 답했다. "신뢰라고요?" 그녀는 다시 물었다. "흠, 그런데 신뢰라는 게 좀 추상적인 개념 아닌가요? 감상적이기도 하고요. 팀원들이 신뢰에 초점을 둔 프로그램에 어떤 반응을 보일지 잘 모르겠네요."

'리더십 개발'이라고 하면 사람들은 트러스트폴(trust fall, 뒷사람을 믿고 눈을 감고 뒤로 넘어지면 뒷사람이 넘어지는 사람을 잡아주는 훈련)이나 그룹 허그, 학창 시절 이야기 나누기 같은 활동을 생각하는 경우가 많다.

이러한 '소프트 스킬 개발' 활동은 리더십에서 스킨십이 중요한 것처럼 보이게 할 수도 있다. 인격이나 가치관과 같은 개념에 중점을 둘 경우 대화 자체를 꺼려하는 사람도 있다. 비즈니스 환경에서 이런 주제들을 논의하는 것이 불편하고 부적절하거나 무의미한 것처럼 느끼기 때문이다.

자신이 추구하려는 가치관을 정확히 알지 못한다면 스파크가 될 수 없다. 또한 당신의 가치관이 인격에도 영향을 미쳐 사람들이 당신을 신뢰하거나 그렇지 않게 만들 수 있다는 사실도 알아야 한다.

우리는 우선 전직 군인들이 주도하는 리더십 프로그램이 현실과 동떨어지거나 지나치게 감상적인 방식이 아니라는 사실을 영업 부사장에게 이야기했다. 우리가 이 프로그램에서 가장 초점을 두는 것은 비즈니스 사례를 신뢰할 수 있게 만드는 맥락이고, 내용은 그 다음이다. 우리는 신뢰할 수 있는 팀이 개개인에게 어떻게 기여하고 결과를 만들어낼 수 있는지 자세히 설명했다.

　우리 저자들은 스스로의 리더십을 개발하고 향상시킨 경험을 갖고 있었다. 이를 통해 일상생활에서 신뢰와 성격이 중요한 역할을 하고 있음을 알게 되었고, 리더십 프로그램을 고안하는 데 도움이 되었다.

성품
실험실

앤지의 사례 누구든 군사훈련 하면 떠올리는 이미지가 있을 것이다. 영화에서 군사훈련을 잘 묘사했기 때문이 아닐까 싶다. 그중 가장 유명한 것이 바로 해병대 훈련소로, 지금껏 수많은 영화에서 소개되었다.

　영화 속 이미지가 떠올랐기 때문일까. 군사훈련을 떠나야 할 때가 되자 상당한 긴장감이 몰려왔다. 실제 훈련도 그 명성에 걸맞게 너무나 힘들었다. 끊임없이 팔굽혀펴기를 해야 했고, 줄곧 화가 나 있는 교관으로부터 지시를 받았으며, 끝없는 행군을 이어갔다.

　예비 장교들은 장교후보생학교에서 신병훈련소와 비슷한 훈련을 받는데, '해병'이라는 타이틀을 얻기 위해 반드시 통과해야만 하는 공식적인 첫 번째 관문이다.

　장교후보생학교에서는 전투에 나갔을 때 반드시 갖춰야 하는 정신적, 육체적인 지구력을 평가한다고 생각했다. 하지만 이것은 평가 과정의 일부일 뿐이었다. 평가관들은 후보생들이 해병대의 가치와 역사, 전통이 담긴 해병대 문화에 적합한 사람인지 유심히 살폈다.

매일매일이 도전의 연속이었다. 우리는 새벽 5시에 기상했고 하루 종일 강의를 듣고 육체적인 훈련을 강행한 뒤 밤 9시에 잠자리에 들었다. 하지만 소등 시간 이후에도 우리가 해야 할 일은 남아 있었다. 더러워진 소총을 닦고 화장실 청소를 해야만 했고, (우리는 '사관과 신사'가 아니라 '사관과 청소부'가 되려고 여기 온 게 아니냐는 농담을 주고받곤 했다.) 몇몇 후보생은 기상 시간까지 2시간마다 돌아가며 '불침번' 근무를 서야 했다. 그러고 난 뒤 다음날 새벽 5시 정각에 일어나는 똑같은 일들을 반복했다.

훈련 3주차에 접어들자 잠이 너무나 부족했던 탓에 강의 내용을 기억해내는 것이나 군화 끈을 묶는 사소하고 단순한 일조차 너무 힘들었다. 마치 까마득한 안개 속에 있는 것처럼 느껴졌던 그 당시에는 훈련 뒤에 숨은 의미를 찾아내기가 어려웠다.

사실 군사훈련의 초기 단계는 미래의 장교들이 지치고 스트레스 받는 상황에 어떻게 대처하는지 판단하기 위해 고안된 것이다. 우리는 극한의 상황에 다다르면 평소와는 다르게 행동하게 된다. 해병대에서는 우리가 스트레스를 받는 그 순간 어떻게 행동하는지 평가하고 싶었던 것이었다.

바로 이러한 순간들을 통해 당신이 믿음직한 행동을 하는지 아닌지를 알 수 있다. 나누어줄 것이 거의 없는 순간에도 당신은 해병대가 바라는 성품의 기준을 계속해서 유지할 수 있는가? 다른 사람들로부터 신임 받을 수 있는가? 몹시 배고프고 지쳐 있는 상태에서 단 1인분의 도시락이 남아 있다면 당신은 혼자 도시락을 먹을 것인가 아니면 팀원들에게 나누어줄 것인가? 벨트 버클을 잃어버렸는데 점호 전까지 찾지 못했다면 당신의 잘못을 인정하겠는가 아니면 다른 누군가의 벨트 버클을 집어 들고는 마치 당신 것처럼 허리에 채울 것인가?

겉으로는 훈련이 무질서한 혼란 상태를 겪는 것처럼 보여도 사실은 성품 형성과 평가 과정이라는 거대한 실험과도 같다. 만약 당신이 훈련하는 도중에 제대로 해내지 못했다면 수많은 위험 요소가 도사리고 있는 전투 중에 잘해낼 것이라고 해병대는 생각하지 않는다.

만약 군사훈련 동안 내가 받았던 '평가 점수'를 확인할 수 있었다면 나는 당연히 탈락이라고 생각했을 것이다. 이 훈련이 리얼리티쇼이고 내 모습이 24시간, 일주일 내내 카메라에 담겼다고 가정해보면 내 모습은 정말이지 엉망진창으로 보였을 것이다. 나는 정돈되지 않은 지저분한 관물대 때문에 혼났고, 해병대에 관한 여러 가지 수칙들을 제대로 외우지 못해 야단을 맞았다. 행군에서는 수차례 넘어졌다. 심지어는 소총을 여러 번 떨어뜨리기까지 했다.

이런 실수들은 해병대에서 절대 있어서는 안 되는 심각한 것들이었다. 그랬기 때문에 매주 다른 후보생들이 탈락하는 모습을 보던 나는 탈락자로 내 번호가 불릴 날이 머지않았다고 생각했다. 하지만 다행스럽게도 끝까지 살아남았다.

장교후보생학교에서의 훈련을 마치고 나서야 내가 왜 이 훈련을 통과했는지 깨달았다. 해병대는 전술적으로 완벽한 생도를 찾고 있는 것이 아니었다. 장교후보생학교에서 교관들은 배우고자 애쓰는, 아직 불완전한 모습의 후보생들을 가르치고 있다는 사실을 인정한다. 교관들은 자신들이 만들어낸 스트레스가 넘쳐나는 환경의 본질 또한 알고 있다. 결국, 그 환경을 교관들이 만들어냈던 것이다!

후보생들은 훈련에만 몰두한 나머지 초기 단계에서 수백 가지나 되는 임무들을 모두 완벽하게 해내지 않아도 된다는 사실을 알아차리지 못한다. 해병대는 각자의 성품을 손상시키지만 않는다면 어느 정도의 실수는 눈감아준다. 하지만 성품이 흐트러지는 모습이 보이면 엄청난 경고를 받게 된다.

후보생들은 명예와 용기, 헌신 등 해병대가 지켜야 할 가치의 중요성을 귀가 따갑도록 들었다. 극한 상황에도 각자의 의무를 해내야 했기 때문이다. 최악의 상황에서도 해병대의 가치를 지켜낸 후보생만이 해병대의 선택을 받을 수 있었다.

나는 리더십의 핵심 가치와 개념을 실제 경험과 확실한 사례를 통해 배웠다. 민간기업에 다니던 내 동료들의 상황과 비교해보니 내가 경험한 해병대의 성품 개발 절차가 상대적으로 쉬운 방법이었다는 사실을 깨달을 수 있었다.

사실 대부분의 전문가들은 통제된 환경에서 자신의 가치를 탐색하거나 검증해볼 기회를 얻지 못한다. 이러한 기회를 경험해보지 못한다면 어려운 상황이 닥쳤을 때 자신의 의무에 충실하기 위해 스스로에게 의지하지 못한다. 스스로 스파크가 될 수 있는 기회를 놓치게 되는 것이다. 자신의 의무를 다하는 일은 신뢰를 쌓는 토대가 된다.

가치관이
중요한 이유

회사가 신입 혹은 경력 직원에게 자신의 기업문화에 적용할 수 있도록 제공하는 정보는 대단히 단편적이다. "여기가 당신 자리입니다. 이건 인사 관련 매뉴얼이고요, 이렇게 하시면 되고… 이렇게 하시면 안 됩니다. 자… 이분들이 당신과 함께 일할 팀원들입니다. 그럼 이제 일을 시작하시죠." 각자의 가치관이나 조직의 가치관에 대한 충분한 고민 없이 직장이라는 일터로 향한다.

조직의 가치관은 중요하다. 우리가 해병대에서 그랬던 것처럼 만약 당신도 조직의 가치관을 지니고 있는 회사에서 일하게 된다면 운이 좋은 경우에 속한다. 직원들이 가져야 하는 자질을 고민하는 최고경영자 밑에서 일하는 것도 아주 좋은 일이다.

하지만 당신이 스파크가 되기 위해서는 조직의 가치관을 먼저 생각하는 것이 아니라 (조직의 가치관은 차후에 고려하면 된다) 당신 자신이 추구하고자 하는 가치관을 먼저 생각해야 한다.

당신의 가치관은 공정함이나 가족, 자유, 정의, 겸손함, 모험 등과 같이 당신에게 중요한 원칙이라 할 수 있다. 당신이 중요시하는 가치관은 지극히 개인적인 것이다. 당신이 인식하고 있든 아니든 당신은 평생 가치관을 키워왔다. 당신의 가치관은 부모의 죽음이나 아이의 탄생, 어렵게 성취한 의미 있는 일들과 같이 가족이나 종교, 기억에 오래 남는 경험 등을 통해 형성되어왔다. 또한 가치관은 시간이 지남에 따라 점점 더 발전하기도 한다. 당신이 10대이던 시절 가치 있게 여겼던 것이 성인이 된 지금에 와서는 그렇지 않을 수 있다.

당신의 삶에서 가치관이 충분히 발현된다면 이 가치관들은 다양한 목적으로 활용될 수 있다. 예를 들면 당신의 생각과 일치하지 않는 일에는 반대 의사를 표시하거나('이러한 회계 관행은 오해의 소지가 있기 때문에 따르지 않겠습니다'), 앞으로의 방향을 알려주는 식으로('우리 팀에 다른 기준을 적용하는 것은 불공정한 처사입니다. 저는 그렇게 하지 않겠습니다') 활용된다.

가치관은 당신이 인생에서 중요한 결정('가업을 반드시 이어나가야만 하는 걸까? 경력을 쌓고 있는 이 시기에 분야를 옮겨 이직을 해야 할까?')을 내릴 때 나침반과 같은 역할을 한다. 당신이 추구하는 가치관을 생각할 때 보다 현명한 선택을 할 수 있다. 어려운 일일지라도 당신의 가치와 일치하는 선택을 했다면 매일 밤 훨씬 더 편안하게 잠자리에 들게 될 것이다. 반대로 만약 당신이 자신의 가치관과 동떨어진 결정을 내린다면 스스로에게 이러한 질문을 던지게 된다. '왜 이 선택이 옳은 것이라고 느껴지지 않는 걸까?'

행동을 취하기 전에 먼저 자신의 가치관을 생각한다면 우리는 수많은 잘못된 선택들을 피할 수 있다.

내 동료 중 한 명도 가치관의 중요성을 절실히 느낀 적이 있다. 그녀는 의료 서비스 분야에서 전문 지식을 연구하면서 직업적으로 성공을 거두고 있었다.

그녀는 소규모 개인 자문회사에서 훌륭한 팀원들과 함께 정책 관련 업무를 담당하고 있었다. 그녀가 묘사하기를 '정책 연구가라면 누구든 일하고 싶어 하는' 대기업에서 일할 수 있는 기회를 주겠다는 연락을 받았을 때, 그녀는 너무 고민이 되었다. '이렇게 훌륭한 팀원들과 함께 일하고 있으니 그냥 이 회사에 남아야 할까? 아니면 누구나 꿈꾸는 회사로 가서 일을 해볼까?' 스스로에게 이런 질문을 했던 것이다.

당시 그녀는 자신의 이력서에 이 대기업에서 일한 경력을 추가하고 싶다는 욕심 때문에 어려운 결정을 내렸다. 새로운 회사에서 일해보기로 한 것이다.

새로운 회사에 도착하자마자 그녀는 문화충격을 겪었다. 전 직장에는 복도에서 만나면 멈춰 서서 일이나 삶, 모든 것들에 대해 이야기를 나누던 친근한 동료들이 있었다. 하지만 새로운 회사는 그렇지가 않았다. 직원들은 모두가 지나치게 심각하고 진지해 보였다. 직원들이 서로 잠시 대화를 나눌 시간도 갖지 않고 오로지 일만 해서 이 회사가 그렇게 잘나가는 것일까 하고 추측해보았다. 결국 그녀 역시 책상에 앉아 고개를 숙인 채 오로지 일에만 집중했다.

새로운 회사에서 일을 시작한 지 몇 개월 후 그녀의 인생에서 매우 중요한 사건이 일어났다. 3주 가까이 병원 신세를 지게 만든 심각한 교통사고였다. 그녀가 입원해 있는 동안 회사가 보인 처사는 자신의 선택을 되돌아보게 만들었다.

회사로부터 연락을 받긴 했지만, 그녀가 느끼기에 회사에서 해주는 지원은 전반적으로 인간미 없게 느껴졌다. 외롭게 남겨져 있다는 느낌이 든 그녀는 전 회사를 떠난 것이 잘못된 결정이라는 생각이 들었다. 게다가 회사에 공헌하는 일이 회사 입장에서 가장 중요할 텐데, 현재 자신은 그렇게 하지 못하고 있다는 생각이 들었다.

마침내 그녀는 좋은 회사에 다니면서 개인의 위신을 높이는 일이 사람들과의 관계만큼 중요하지 않다는 것을 깨달았다. 그녀는 자신을 아끼는 동료들과 함께 일하고 싶었다.

전 회사에 전화를 걸어 다시 그 회사로 돌아가고 싶다며 간곡히 부탁했다. 다행스럽게도 전 회사는 그녀를 다시 반갑게 맞아주었다. 전

회사는 헌신적이며 충성스러운 직원(바로 스파크!)을 다시 얻게 되었고, 그녀는 자신이 원래 일하던 회사로 돌아갔다. 그뿐 아니라 자신에게 정말로 중요한 것이 무엇인지 생각하면서 자신의 가치관을 새롭게 깨닫고 자신감도 얻게 되었다.

개인적으로든 직업적으로든 우리가 가장 중요시하는 가치관과 일치하는 선택을 내리는 일은 우리에게 확신을 준다. 이렇게 결정을 내리면 정신적으로 자유로워지며, 각자의 잠재력을 최대한 발현하며 살 수 있게 된다. 살면서 생기는 문제를 해결하기 위해 애쓰지 않아도 되기 때문이다.

우리 삶의 가장 소중한 순간은 노력을 낭비하지 않고 납득 가능한 목표를 향해 곧바로 나아갈 때다. 그 순간 우리는 내면의 만족을 느끼게 되고, 모든 스파크가 찾아 헤매던 몰입의 스윗스팟을 만나게 된다. 몰입의 스윗스팟을 통해 우리는 열정과 긍정적인 에너지를 충전하고 의미 있는 결과를 얻는 데 모든 노력을 쏟아낼 수 있다.

이러한 결정이 쉬운 일은 아니다. 가치관을 보완하고 가치관과 일치하는 결정을 내리기 위해서는 '균형'이 필요하기 때문이다. 균형은 사소한 일들을 조정하면서 얻을 수도 있지만('나는 이제 리얼리티쇼를 더 이상 보지 않을 거야… 알람 시간을 당겨서 하루를 더 일찍 시작해야겠어') 대부분 상당한 노력이 필요하다.

당신은 자신이 매우 가치 있다고 여기는 무언가를 얻기 위해 현재 만족스러운 무언가를 포기해야 할지도 모른다. 그게 무엇이든 변화가 생기면 감정적인 에너지를 소모하게 되며, 당신의 선택에 적응하는 동안 불편함을 느끼게 될 수 있다.

우리는 자신의 가치관에 따르는 삶을 선택하고 노력할 때 그 이상의 가치를 얻을 수 있다. 이러한 선택은 미래를 존중하는 것이기 때문이다. 지금 비록 어려운 길을 선택했지만, 결국 우리의 선택과 살아온 삶에 자부심을 갖게 될 것이다.

후회로 가득한 삶은 누구도 원하지 않는다. 자신의 가치관을 따른다면 인생을 되돌아봤을 때 후회하지 않을 수 있다.

가치관에 맞춰 살기

션의 사례 앞서 이야기한 것처럼 나는 공군에서 복무하는 동안 내 삶에서 매우 중요한 결정을 내렸고, 비로소 나의 진정한 모습을 찾을 수 있었다. 공군으로 복무하면서 나는 리더가 될 수 있는 기회를 얻었다. 처음에는 공군이 평생직장이 될 것이라고 생각했었다. 하지만 군에 입대하고 제대할 때까지 수많은 일들이 일어났다. 나도 모르는 사이에 개인적으로, 직업적으로 성장했고, 가치관과 우선순위 또한 달라졌다.

우선 나는 결혼을 했고, 결혼은 내 가치관을 바꿨다. 개인적인 자립 등은 나에게 덜 중요한 요소가 되었고 가족의 안전이 최우선이 되었다. 하룻밤 사이에 이렇게 변화한 것은 아니다. 이러한 변화는 마치 진화하는 것처럼 서서히 일어났다.

아들 코너가 태어나기 전까지 있었던 일들은 사실 변화의 축에 들지도 못한다. 코너가 태어나면서 훨씬 더 큰 가치관의 변화가 생기기 시작했다.

갓 태어난 아기를 안고 있는 느낌을 묘사하기란 정말 쉽지 않다. 내가 생생히 기억하고 있는 감정은 바로 심하게 억눌렸던 책임감이다. 나는 코너가 나와는 다른 유년 시절을 보내길 바랐다.

부모님은 내가 어렸을 때 이혼했지만 아들 넷을 키우는 일에 최선을 다했다. 하지만 이혼 후 아이들을 나눠 키웠던 것은 최적의 방법이 아니었다. 셋째와 막내 동생은 어머니와 함께 살았고, 나와 둘째 동생은 아버지와 함께 살았다. 우리는 서로 만날 수 있기는 했으나, 나는 우리 모두가 함께 지내기를 바랐다.

갓난아기를 바라보다가 문득 군생활을 하는 동안에는 아들의 어린 시절 모습을 절반도 보지 못하게 될지 모르겠다는 생각이 들었다. 나는 어려운 선택을 해야만 했다. 아이와 더 많은 시간을 함께 보내기 위해 내가 할 수 있는 일은 공군 복무를 다시 생각해보는 것뿐이었다. 내가 바라는 모습의 아버지가 되기 위해 나는 정말 좋아하는 일을 포기할 수도 있었다.

오랜 기간 선택지들을 충분히 고민한 뒤 나는 절충안을 택했다. 나는 앨라바마주 몽고메리에 있는 공군 주방위대로 옮겨 근무하기로 했다. 비록 풀타임으로 복무하며 비행하는 것은 아니라 해도 여전히 군에서 비행을 할 수 있는 일이기 때문에 이 자리로 옮긴 것이었다.

중요한 것은 가족들과 함께 더 많은 시간을 보낼 수 있다는 점이었다. 몽고메리에 도착하기 전까지만 해도 이론적으로 따져봤을 때 이 선택이 모두를 위한 최적의 아이디어일 것이라고 생각했다.

하지만 몽고메리는 아들 코너를 키우기에 좋은 지역이 아니었다. 그곳은 여전히 알레르기 유발 물질이 남아 있는 곳이었고 결국 코너는 병에 걸리고 말았다. 코너는 돌도 되기 전에 두 번이나 병원에 입원해야 했다. 심지어 코너는 첫 번째 크리스마스를 병원에서 보냈다.

이 글을 읽는 부모라면 누구나 아픈 아이를 바라보는 심정이 어떤지 잘 알고 있으리라. 정말이지 자신이 무기력하다고 느꼈을 뿐 아니라, 이 아이를 반드시 책임져야겠다는 생각이 들었다. 우리는 다시 새로운 곳으로 이사했다. 지금 와서 생각해보면 분명 이 모두가 전적으로 내 탓은 아니었지만, 그 당시에는 모두 내 책임처럼 느껴졌다.

나는 다시 한 번 힘겨운 선택을 해야만 했다. 나는 이 지역이 마음에 들었지만 오랜 기간 머무를 수는 없다고 판단했다. 주치의는 코너의 호흡기 문제에 도움이 될 것이라며 해안 쪽으로 이사를 권했다. 사실 이사한 지 얼마 되지 않아 또 다른 곳을 찾아 옮겨가고 싶지는 않았다. 하지만 나는 이번 기회를 가족의 가치를 보다 중요시할 수 있는 계기로 삼았다. 우리는 어머니댁 근처 플로리다주의 브래든턴으로 옮기기로 했다.

나는 또다시 직업과 경력의 갈림길에 놓이게 되었다. 나는 생각했다. '이제 나는 어떻게 해야 하지?' 한 가지는 분명했다. 나는 이제 더 이상 F-16을 몰 수 없게 될 것이다. 더 이상 내가 옮겨갈 수 있는 부대는 없었기에 현역으로 복무할 수는 없었다. 군 장교로서의 내 시간은 거의 끝나가고 있었다. 나는 쓰디 쓴 현실을 받아들일 수밖에 없었다.

F-16을 조종했던 마지막 비행을 나는 여전히 생생하게 기억한다. 조종실에서 나와 격납고를 향해 활주로를 걷던 그 마지막 순간···. (몇 번씩 뒤돌아봤던 그때, 내 눈에서 눈물이 흐르고 있었던 것 같다.) 소중한 내 꿈과 영영 이별할 순간이 왔다는 것을 알고 있었다. 하지만 내 마음 깊은 곳에서는 내가 최선의 결정을 내리고 있는 것이라고 이야기했기에, 그 순간 나는 단호한 결의를 다지게 되었다.

게다가 내게는 행운도 따랐다. 일할 수 있는 곳을 알아보다가 델타항공에 지원했고, 합격했다. 이는 내가 계속해서 비행을 할 수 있음을 의미했다.

나는 737기의 조종사가 되었다. 737기 조종이 전투기만큼 흥미롭지는 않았지만, 여전히 나는 비행을 할 수 있었다. 그리고 델타항공의 조종사들 가운데 나와 같은 퇴역 군인들이 여럿 있었기 때문에 여전히 군 생활을 하고 있는 듯한 느낌이 들기도 했다.

또한 내가 중요시하는 가치관에 따라 살아갈 수 있었기에 내 선택에 만족했다. 나는 각자의 가치관을 이해하고 그에 맞춰 사는 것이 인생을 살면서 들 수 있는 가장 훌륭한 보험이라는 사실을 이제는 알고 있다. 오직 자기성찰과 헌신, 불굴의 용기만 있다면 이 보험에 가입할수 있다.

가치관에 따라 살면 당신이 했던 선택들 때문에 인생 후반에 후회하거나 '그때 만약 그랬더라면…'이라는 말을 중얼거릴 필요가 없게 된다. 당신이 스스로에 대한 기대를 충족시키기 위해 할 수 있는 일을 모두 했다고 느끼기 때문이다.

지금 나는 내 선택에 그 어떤 후회도 하지 않는다. 그리고 아들 코너가 자라나는 모습을 통해 수없이 많은 경이로운 기억들을 품고 있다.

가치관을 바탕으로
긍정적인 셀프리더십 실행하기

우리가 스파크들과 공유하는 가장 중요한 리더십 원칙 중 하나가 바로 다른 사람들을 이끌기에 앞서 스스로를 이끌 수 있어야 한다는 것이다. 셀프리더십을 실행하기 위해서는 당신이 스스로에게 방향을 제시할 수 있어야 한다. 이는 마치 포장된 도로가 끊겼을 때 새로운 길을 만드는 것과 같다.

예를 들어, 당신이 승진을 원한다면 셀프리더십을 통해 회사에서 어떤 사람을 승진에 적합한 사람으로 생각하는지 파악해야 한다. 그리고 당신 스스로를 회사가 바라는 기준에 맞춰 발전시켜나가야 한다.

당신의 가치관은 내면의 나침반처럼 활용될 수 있다. 가치관은 당신이 가고자 하는 곳이 어디인지 알려준다. 스스로의 가치관을 인식하게 되면 긍정적인 자기충족적 예언을 할 수 있다.

갈라테이아 효과the Galatea Effect는 다양한 분야에서 연구되어온 개념으로, 그리스 신화에 등장하는 상아로 조각한 동상에서 이름을 따왔다. 이 개념은 우리 자신에 대한 이미지와 믿음, 생각이 우리의 행동에 강력한 영향을 미친다고 주장한다.

예를 들어, 당신이 정직함이라는 가치를 중요시한다면 당신은 진실을 이야기하기 불편한 상황에서조차 사실대로 말하는 사람이 될 것이다. 당신이 신뢰성을 중시한다면 당신은 비록 토요일에 늦잠을 자고 싶어도 자원봉사를 빼먹지 않을 것이다.

직장에서는 당신의 가치관이 성과에 반영될 것이다. 만약 당신이 탁월함을 가치 있게 생각한다면 당신이 만들어내는 제품을 통해 그 탁월함이 드러날 것이다. 만약 팀워크를 중시한다면 성과를 끌어내기 위해 팀원들과 함께 협동해서 일하게 될 것이다.

물론 이러한 가치관들은 모두 스파크의 주요한 특징이다. 자신의 가치관에 대한 믿음이 강해질수록 그 가치관대로 살게 될 것이다. 바로 이것이 갈라테이아 효과다.

하지만 무엇을 가치 있게 여기는지 확실히 파악하고 있지 않으면 위험한 세상에서 취약한 존재가 되어버리고 만다. 인생에서 중요한 우선순위로부터 단절되면 당신의 자아정체성은 다른 사람들과 별반 다르지 않게 될 것이며, 긍정적인 방식으로 자신의 삶을 이끌어갈 수 있는 기회를 놓치게 될 것이다.

결국 각자의 인생이 각자의 삶을 이끌어간다. 당신의 인생이 이끄는 방향이 좋을 수도 있지만 그렇게 좋지 않은 방향일 수도 있다. 인생이 이끄는 방향대로 자신의 삶이 목적지에 다다랐을 때, 스스로가 바라던 스파크가 되지 못했다는 사실을 깨닫는다면 좌절감에 크게 실망하게 된다.

내면 깊은 곳에서는 가족을 소중히 여기지만 그 가치를 무시하고 스마트폰만 뒤적이고 있다면 가족과 함께하는 삶보다 스마트폰을 우선시하게 된다. 그러면 당신은 가족과 실제로 연결될 수 있는 기회를 놓치게 된다. 마음 속 깊은 곳에서는 건강을 매우 중요하게 생각하지만 주기적인 운동이나 건강한 식습관을 실천하지 않는다면 간단한 운동조차 힘들게 느껴질 수 있다.

행동과 가치관의 단절을 인지하지 못하는 경우도 발생한다. 이러한 단절은 하룻밤 만에 생기지 않는다. 잘못된 선택이 쌓이면서 점점 우리의 의도와는 다르게 삶이 흘러가고, 결국 우리는 스스로에게 커다란 실망감을 느낀다.

심하게는 타인에 대한 영향력이 줄어들기도 한다. 이러한 단절은 나와 다른 사람과의 관계에도 동일한 영향을 주기 때문이다. 당신의 가치관과 행동이 괴리된다면 이를 목격한 사람들은 당신을 더 이상 신뢰하지 않을 것이다.

쉽게 말해서, 다른 사람들은 당신이 이야기하는 당신을 믿지 않게 된다. 당신의 삶에서 사소하게 불일치되는 행동들을 직접 목격했기 때문이다. 일과 삶의 균형을 중시한다고 이야기하지만 주말 내내 계속해서 이메일을 보내는 팀장이 있지 않은가. 협업을 중시한다고 이야기하던 동료가 공훈을 독차지하기 위해 일을 공유하지 않고 혼자서 해내려는 경우도 있다. 솔직함을 중시한다고 이야기하는 고객에게 특정한 피드백을 했을 때 매우 방어적인 태도를 보이는 경우도 있다.

가치관과 행동의 단절은 서로를 신뢰하고자 노력하는 사람들 사이에서 장애물로 존재하게 된다.

물론 이미 우리는 각자의 가치관이 어떻게 다른 사람들의 가치관과 다른지 정말 잘 (게다가 빠르게) 판단하고 있다. 하지만 이것이 우리 내면의 가치관들 사이에서의 불일치를 파악하는 능력보다 중요한 능력은 아니다. 가치관과 행동 사이의 괴리가 존재함을 인정할 때 비로소 진정한 성장이 가능하다.

내적인 가치를
키우는 법

가치관과 행동 사이의 불일치를 제거하기 위해서는 성격 개발을 진지하게 받아들이는 스파크가 되어야 한다. 성격 개발의 첫 번째 단계는 당신에게 가장 중요한 가치가 무엇인지 결정하는 것이다.

현대사회에서 조용한 공간을 찾는 것은 힘들겠지만, 홀로 고민에 잠길 수 있는 곳을 찾아 결정의 순간을 기다려라. 만약 적절한 결정을 내렸다면 믿을 수 없을 만큼 엄청난 삶의 진실을 만나게 될 것이다.

아무런 방해도 받지 않고 자신에게 중요한 가치를 생각할 수 있는 분리된 상황을 마련하기란 쉬운 일은 아니다. 오늘날 비즈니스 세계는 생각하는 것보다 행동하는 것이 더 중요시된다. 계속해서 바쁘고 빠르게 움직이기 때문에 속도를 늦추기도 어렵다. 하지만 생각할 시간을 갖지 못하면 결국 스파크가 되기 위한 선택을 하지 못하고 기회를 놓치게 된다.

시간을 투자해 당신이 원하는 가치관이 무엇인지 찾아내야 한다. 당신은 자신의 기대와 행동 사이에서 일치하지 않는 부분이 어디인지 찾게 될 것이다.

다음 단계는 자신과 솔직한 대화를 나누는 것이다. 이를 통해 과거 어느 시점에, 어디에서, 왜 당신의 가치와 타협하게 되었는지 이해할 수 있다. 그뿐 아니라 당신의 의도에 일치하기 위해서는 어떠한 변화가 필요한지도 알 수 있다. 그렇게 했다면, 이제는 불편해질 차례다. 변화란 쉬운 일이 아닌 법이다!

격렬한 운동이 육체적 고통을 수반하듯, 우리가 다른 사람을 설득하는 때는 정신적 고통이 반드시 따른다. 이러한 고통을 피하기만 한다면 우리는 변화를 경험할 수 없다. 고통을 감수할 때 당신은 스스로 원하는 모습의 사람이 되기 위해 만들어놓은 규율을 받아들이게 된다.

이때 핵심은 당신을 지원해줄 사람을 찾는 것이다. 혼자 성공할 수 있다고 믿는 스파크는 없다. 인간은 누구나 공동체를 갈망한다. 우리가 약점에 맞서고 최선의 노력을 경주할 용기는 소속감을 바탕으로 하기 때문이다.

우리에게는 집단지성과 지혜로 삶을 다음 단계로 끌어올려줄 또 다른 스파크가 필요하다.

물론 적용은 우리 몫이다.

에노디아 소사이어티

코트니의 사례 나는 모임을 중독 수준으로 사랑한다. 멋진 사람들이 모인 멋진 모임에 있으면 정말로 즐겁다. 어렸을 때도 그랬고 지금도 마찬가지다. 고등학교에서도, 대학교에서도, 해병대에서도 나는 항상 멋진 모임에 가입했고, 혼자서는 운동도 하지 않았다.

사람들을 개 유형과 고양이 유형으로 나눌 수 있다는 이야기를 앤지가 해준 적이 있다. 개 유형의 사람들은 다른 사람들과 어울리는 것을 좋아한다. 반면에 고양이 유형의 사람들은 자신의 일을 혼자 해나가기를 원한다. 앤지는 분명 고양이 유형이고, 나는 분명 개 유형이다.

나는 달리기나 수영, 사이클 같이 혼자 하는 운동을 좋아하는 고양이 유형이 될 수 없는 사람이다. 다른 사람들과 함께하는 운동이 내게는 가장 효과적이다. 나는 다른 사람들이 옆에서 끌어주는 것을 좋아하며, 바로 이때가 내가 최선을 다하는 시간이라는 것을 알고 있다.

직장생활 역시 마찬가지다. 지적으로 나를 고무시키고 자유롭게 서로의 지혜를 공유하며 내 목표에 도달할 때까지 나를 도와줄 사람들을 찾아나서는 타입이다. 나는 믿을 만한 조언자들이 나를 예리하게 만들어주며 내 가치관과 행동이 일치되도록 도와준다는 사실을 알고 있다.

운 좋게도 나는 직장생활을 하면서 강한 유대감과 솔직함을 공유할 수 있는 전문가들을 여럿 만날 수 있었다. 하지만 나는 30대 중반이 되기 전까지, 즉 내 친구 안드레아가 비슷한 생각을 가진 여자들끼리 정기적으로 만나 서로의 발전을 위해 노력해보자는 제안을 하기 전까지는 이러한 사실을 실감하지 못했다.

안드레아는 정직한 피드백과 애정 어린 지원을 통해 구성원 각자가 목표를 설정하고 달성하는 데 도움을 주는 일종의 '마스터마인드그룹'을 계획하고 있었다. 그녀의 말에 내가 관심을 보이자 모임에 초대할 전문가들도 알려줬다. 모두가 재능 있는 사람들이었고, 나는 그들과 함께하는 경험은 분명 가치가 있을 것이라고 확신했다.

나는 이 모임에 들기로 결심했다.

에노디아 소사이어티Enodia society는 그렇게 탄생했다. '에노디아'는 어려움과 갈림길을 뛰어넘는 재발견과 개발을 의미한다. 지난 몇 년간 우리는 서로에게 든든한 울타리가 되어줬고, 책임감 있는 동료로, 때로는 아이디어 제공자로 각자의 분야에서 개인적인 발전을 열렬히 지지했다.

모임의 형태는 단순하다. 한 달에 한 번씩 90분간 화상통화를 하는 것이다. 통화를 할 때마다 우리 가운데 한 명이 발표를 한다. 자신의 목표와 진척 상황, 어려움 등을 멤버들에게 이야기할 차례가 한 번씩 돌아오는 것이다. 자기 차례가 되기 전에 모임 구성원들에게 미리 자신의 계획을 알리고 개인적으로 소식을 전한 뒤 회의를 시작한다.

회의를 통해 다른 멤버들은 발표 차례가 된 멤버가 한 달 동안 어떠한 노력을 했는지 듣고 발표자는 멤버들에게 특정한 문제에 대해 도움을 요청하는 식이다.

우리가 관점을 공유하는 주제들은 일이나 삶, 가족, 꿈 등 매우 다양하다. 에노디아의 회원들은 절대 서로를 실망시키지 않을 정도로 솔직함과 헌신을 보여준다. 우리는 여러 해 동안 화상회의를 해왔는데, 한 사람이라도 빠졌던 적은 단 한 번밖에 없었다. 우리가 주고받는 너무나도 솔직한 피드백 때문에 모임에서 빠지고 싶은 마음이 들 수도 있는데 말이다.

화상회의에서 내가 리드스타의 전략에 대한 걱정을 내비쳤던 때가 기억난다. 나는 우리의 사업이 어느 방향으로 가고 있는지, 이상적인 고객들이 누구이고 확장을 하기 위해서 필요한 계획이 무엇인지에 대한 개괄적인 내용을 준비했다.

에노디아 회원들은 나의 성공을 축하해줬지만, 비현실적으로 보이는 전략은 반드시 고쳐야 한다고 주장했다. 또한 이들은 자신들이 알고 있는 가장 좋은 사례들을 알려주면서 내가 계획을 수정하고 리드스타의 사업을 확장해나가며 비즈니스를 개발할 수 있도록 도왔다.

화상회의를 하기 전에는 회원들이 나의 가치관과 목표를 알고 있기 때문에 내 계획을 전적으로 지지해주길 바랐다. 하지만 이들이 나를 계속해서 지켜봐온 사람들이라는 사실 또한 알고 있었기 때문에 나는 그들의 피드백을 존중하고 전적으로 받아들일 수 있었다.

이렇게 멋진 여성들이 내 곁에서 함께 삶을 살아가고 있다는 것은 정말이지 멋진 일이다. 이들과 함께하면서 나의 성공과 실패를 반추해볼 수 있었고, 내 인생에서 중요한 시기에 나의 가치관과 반대되는 행동을 보이고 있는 내 모습을 조정할 수 있었다.

나는 우리가 서로에게 지속적으로 정직한 모습을 보여주면서 쌓아온 우리의 신뢰에 감사하고 있다. 에노디아 소사이어티를 통해 나는 보다 책임감 있게 일하게 되면서 성공해나갈 수 있었고, 이 성공을 회원들과 함께 축하하는 일보다 더 기쁜 일은 없을 것 같다. 또한 나 자신이 추구하는 가치관들로부터 나 스스로가 멀어지려 할 때 에노디아 소사이어티의 회원들이 내게 그 사실을 알려주고 나를 다시 원래의 궤도로 돌아올 수 있도록 도와줄 것이라는 사실이 매우 위안이 된다.

가치관의 훼손

스파크가 되기 위한 우리의 노력은 계속된다. 우리는 추구하는 가치관과 실제 행동을 일치시키고, 가치관을 적극적으로 삶에 적용하기 위해 노력한다. 하지만 이 세상은 가치관에 따르는 삶을 살기 위한 당신의 노력을 언제나 환영하지는 않는 것처럼 보인다. 오히려 방해하는 것처럼 보일 때도 있다. 이러한 현실에 어떻게 대응할 것인가? 이러한 상황을 피할 수 있는 방법은 무엇인가? 우리는 현실을 받아들이고 대비책을 마련해야 한다.

무엇이 가치관을 따르기 위한 당신의 노력을 방해하는가? 존 달리와 대니얼 뱃슨이 신학대학교 학생들을 대상으로 진행한 연구를 살펴보자. 실험에 참가한 학생들은 선한 사마리아인 이야기를 읽은 뒤 강의실을 옮겨 강론을 하라는 지시를 받았다. 첫 번째 집단은 강의실로 이동할 때 어떠한 지시도 받지 않았고, 두 번째 집단은 이동 시간에 제한을 뒀다.

연구진은 강의실로 이동하는 길에 고통을 호소하며 도움을 요청하는 남성을 배치해 두 집단이 어떻게 대응하는지 관찰했다. 시간적 압박을 받지 않았던 첫 번째 집단은 학생의 63퍼센트가 남성을 돕기 위해 멈춰 섰다. 시간적 압박을 받았던 두 번째 집단은 어땠을까? 오직 10퍼센트만이 도움의 손길을 내밀었다.

신학대학교 학생들에게 가치관과 일치하는 삶은 선을 행하는 삶일 것이다. 이들은 언제나 선을 행할 준비가 되어 있고, 심지어 선을 행하기로 결심한 사마리아인의 메시지를 강론하기로 한 상태였다. 연구의 핵심은 이들조차 현실적인 문제에 당면하면 가치관이 훼손되고 기대와 불일치하는 행동을 보일 수 있다는 것이다. 이처럼 가치관을 지키는 일은 누구에게나 어렵다.

스트레스가 극심하거나 피곤한 상황 또한 우리의 가치관, 심각하게는 윤리적 기준을 훼손한다. 우리가 업무를 할 때 집중력과 에너지의 대부분을 오전 중에 소모한다. 시간이 흐를수록 에너지는 고갈되고, 오후가 되면 일을 제대로 해내려는 의지가 거의 바닥난다. 이러한 상태에서는 가치관에 따르는 행동을 하기 힘들다.

하버드대학교의 연구원 메리엄 코우차키와 아이작 스미스는 이러한 현상에 '아침 도덕 효과'라는 이름을 붙였다. 그들은 연구에서 실험 참가자의 20~50퍼센트가 오후보다 오전에 윤리적 행동을 취한다는 사실을 발견했다. 또한 아침 도덕 효과는 개인의 윤리적 기준 수준과는 상관없다는 사실도 밝혔다.

스트레스나 시간적 압박을 받지 않는 사람이 과연 있을까? 비윤리적인 행동을 피하는 것은 정말 어렵다. 그렇다면 스파크가 되기 위해서는 이러한 상황에서 어떻게 행동해야 할까?

이러한 상황에 처했다면 우선 속도를 늦춰야 한다. 임계점에 도달하기 전에 잠시 한숨 고를 수 있는 시간을 가지는 것이다. 이러한 시간을 마련하기 위해서는 자신만의 전략이 필요하다. 우리는 점심시간을 활용하는 방법을 추천한다. 밥만 먹고 바로 사무실로 복귀하는 것이 아니라 회사에서 먼 곳에서 점심을 먹고 신선한 공기를 마시며 오후에 필요한 에너지를 충전하라. 회사 일정을 확인하고 오전, 오후에 30분간의 휴식시간을 표시해둬라. 어려운 결정을 내려야 하는 미팅은 오전으로 잡는 것도 추천한다.

이러한 자기 관리 방법은 가치관과 일치하는 삶뿐만 아니라 높은 성과를 위해서도 반드시 필요하다. 무엇보다 당신의 에너지가 방전되지 않도록 방지하는 것이 중요하다.

당신이 추구하는 가치관을 항상 기억하라. 가치관과 일치된 삶을 살기 위한 준비가 된 상태를 유지하라. 우리는 자신의 가치관을 종이에 써서 벽에 붙여놓은 사람도 봤다. 어려움을 겪을 때, 영감이 필요할 때마다 이들처럼 항상 자신의 가치관을 상기하는 방법을 활용해보라.

리더십에 이르는 길

가치관을 따르는 삶은 다른 사람들을 이끌기 위한 일종의 관문이다. 자신이 어떤 사람인지, 무엇을 위해 사는지 알고 있다면 그 목표를 향해 확신을 갖고 올바른 방향으로 나아갈 수 있을 것이다.

당신은 어려움이 생기면 어떻게 행동해야 할지 알고 있으며, 힘든 상황이 닥쳐도 자신에게 의지할 수 있다는 사실을 알기 때문에 자기신뢰를 키워나가게 된다. 그리고 당신이 스스로에게 의지할 수 있다면 분명 다른 사람들도 당신에게 의지할 수 있게 될 것이다.

자신의 가치관을 지키며 사는 사람들은 자신감으로 가득하지만 차분한 상태를 유지한다. 이들은 다른 사람의 생각에 신경 쓰는 대신 스스로에게 진실하기 위해 노력한다. 이러한 노력은 진정성을 드러내고 다른 사람들을 신선하게 자극한다.

자신의 가치관을 지키며 사는 사람들은 조직에서도 진정성을 드러내고 자연스럽게 팔로워십을 갖는다. 이들은 정치적으로 행동하지 않으며, 상대방에게 자신이 옳다고 생각하는 것을 강요하지 않는다. 진실성을 대가로 인기를 얻으려 하지도 않는다. 만약 당신이 리더로서 이들에게 있는 그대로의 모습을 보여도 괜찮다는 것을 보장한다면 당신의 영향력 또한 거대해질 것이다.

우리가 기억하는 멘토링 중 조직에서 막중한 책임을 지고 있었지만 제대로 된 리더십 훈련은 받아본 적 없는 직원이 있었다. 그는 자신이 조직에서 정말로 성장하고 있는지 확인하고 싶어 했다. 선배 관리자들처럼 되기 위해서는 자신이 변해야 한다는 사실도 알고 있었다.

"정확히 어떤 변화가 필요한가요? 회사는 당신이 일을 잘하고 있다고 판단했습니다. 이러한 리더십 훈련은 당신이 좀 더 성장할 수 있는 기회를 제공하는 것이고요." 우리의 질문에 그는 자신이 선배 관리자들과 너무 달라서 그들처럼 행동할 수 없을 것 같다고 고백했다. "제가 회사에서 하는 모든 행동을 바꿔야 하겠죠. 저는 선배 관리자들과 공통점이 하나도 없거든요."

우리는 어떠한 형태로든 삶을 완전히 바꾸는 것은 불가능하며, 삶을 바꾸려는 노력 자체도 의미가 없다고 충고했다. 우리는 그가 자신의 가치관을 새롭게 발견하고 스파크 행동을 바탕으로 그 가치관을 정확하게 드러내면서 다른 사람에게 신뢰를 줄 수 있는 리더십 형태를 함께 고민했다.

몇 달 후 기쁜 소식을 전해 들었다. "회사에서 새로운 직원을 여러 명 뽑았는데, 굉장히 많은 사람들이 저와 함께 일하고 싶다고 합니다. 대화도 잘 통할 것 같고, 제게서 자신의 모습을 발견했다고 하는 사람도 있습니다. 그들의 이야기를 듣고 안심했어요. 제가 회사에 긍정적인 변화를 불러오고 있다는 생각이 듭니다."

스스로 다른 사람들에게 긍정적인 영향을 미치고 가치 있는 영감을 주는 스파크가 되는 것보다 매력적이고 값진 일은 없다.

SPARK ACTION

스파크가 되기 위해서는 먼저 스스로 어려운 일을 해내야 한다. 스스로의 가치를 이해하고 가치관을 발현하기 위해 다음의 단계를 따르라.

- 조용한 장소를 찾아서 명상의 시간을 가져라. 당신에게 가장 중요한 가치관이 무엇인지 생각해볼 시간을 갖는 것이다. 그 가운데 가장 중요한 가치관 다섯 개를 리스트로 만들라.
- 스파크 행동을 발전시킬 때 의지할 수 있을 사람들, 즉 지원해줄 네트워크를 파악하라. 이 사람들이 당신의 인생에 항상 함께할 수 있도록 하라.
- 당신의 가치관을 훼손하는 상황들을 먼저 알아두도록 하라. 이러한 상황을 피할 수 있도록 당신의 스케줄을 관리하라.

TO DO LIST

당신이 스스로의 가치관에 맞춰 살아가고, 자신의 기대치에 맞게 살도록 전략을 만들어나갈 때 당신은 스파크로 발전해나갈 수 있게 된다. 다음과 같은 요소들을 확인해보고 당신의 가치관과 일치하는 행동을 하는 데 도움을 얻기 바란다.

- **성품** 스스로 지향하는 최고의 가치가 무엇인지 생각해본 적이 있는가? 이 연습을 통해 당신은 가치 식별 과정을 파악할 수 있을 것이며 당신이 살면서 자신의 가치를 어떻게 잘 발현시킬 수 있을지 알게 될 것이다.

- **멘토** 당신은 주변 사람들에 대해 궁금해한 적이 있는가? 그들이 어떤 사람들이며, 어떻게 그들이 당신을 돕고 있으며, 그들의 경험으로부터 당신이 얻을 것이 무엇인지 생각해본 적 있는가? 이 연습을 통해 당신은 현재 혹은 미래의 멘토를 알아보고 검증할 수 있다. 또한 그들의 통찰력과 지침을 얻기 위해 멘토들에게 어떻게 접근할 것인지도 알려준다.

지금까지의 과정을 끝냈다면, 이제 3장으로 넘어갈 준비가 된 것이다. 3장에서는 당신의 능력을 향상시키는 데 중점을 둘 것이다. 그럼으로써 다른 사람들이 당신을 믿음직한 스파크, 즉 모든 일에 뛰어난 성과를 가져오는 사람으로 여길 수 있게 될 것이다.

3장 신뢰받는 사람이 되어라

신뢰는 리더십의 토대가 된다.

신뢰성의 네 가지 원칙을 증명해보이는 스파크는

사람들 사이에서 빠르게 신뢰를 구축해낼 수 있다.

사람들은 대부분 자신이 다른 사람들에게 어떠한 영향을 주는지 깊게 생각하지 않은 채 묵묵히 제 할 일만 하며 하루를 보낸다. 우리는 일정을 조정해가면서 업무를 처리하고 고객을 응대하며 중요한 일들의 우선순위를 조절한다. 정해진 업무를 처리하는 데 급급할수록 우리의 시야는 좁아진다. 시야가 좁아지면 주변 사람들과 관계를 맺는 데 소극적이 되고, 관계를 맺는다는 인식 자체가 희미해질 수도 있다.

관계에 대한 인식은 우리가 주어진 환경에서 스파크가 되는 데 중요한 기회다. 시야가 좁아지는 순간 우리는 의도치 않게 우리와 관계를 맺고자 하는 중요한 사람들에게 나쁜 영향을 미칠 수 있다.

예를 들면 이런 식이다. 목요일에 연속으로 회의 스케줄을 잡아놓으면 잘못된 부분을 고칠 여유도 없이 결국 오후 2시를 넘겨버리게 된다. 또 다음 회의가 예정된 회의실로 급히 서둘러 들어가면서 이미 언짢은 표정의 직원들에게 이렇게 말한다. "죄송합니다. 앞선 회의가 늦게 끝나는 바람에…"

혹은 다른 사람들에게 미치는 자신의 영향력을 정확하게 인지하지 못하고 있다면 개인적인 삶에 좋지 않은 영향을 줄 수 있다. 좋은 의도로 "우리 조만간 한번 만나자. 내가 전화할게!"라고 친구에게 이야기하고는 그 친구에게 연락하는 법이 절대로 없지 않은가? 친구들이 그런 당신을 더 이상 믿지 않으려 한다는 사실을 알아차렸는가?

당신은 다른 사람들을 불편하게 만들었기에 진심으로 미안한 마음일 수도 있고, 일부러 헛된 약속을 하고자 했던 것도 아니었을 수 있다. 그러나 자신이 한 약속을 지키지 않은 대가는 반드시 치러야 한다. 즉, 우리의 신뢰성이 떨어지게 되는 것이다.

시간이 지나면서 우리는 남들이 신뢰하고 의지할 수 있는 사람에서 신뢰할 수 없고 일관성 없는 결과를 이끌어내는 사람으로 비춰지게 될 것이다. 다른 사람들이 우리에게 의지하는 일을 부정적으로 생각한다면 변화를 이끌어내거나 팀 프로젝트를 새로 시작하는 일은 어렵게 된다.

신뢰성은 스파크의 핵심 자질이다. 사람들은 우리가 어떤 사람인지 판단할 때 신뢰를 기준으로 한다. 게다가 우리를 믿도록 억지로 강요할 수도 없다. 우리는 반드시 (스스로가 아닌) 상대방에게 의미 있는 방식으로 신뢰를 얻어야 한다.

신뢰성은 오로지 보는 사람의 눈에 달렸다. 우리는 어떻게 다른 사람에게 신뢰를 얻을 수 있는지 알아내기 위해 애써야 한다. 이러한 노력을 통해 우리가 평가받는 기준을 정확하게 파악할 수 있다.

다행스럽게도 신뢰성을 얻기 위한 단 한 가지 방법이 존재한다. 바로 당신의 성품과 당신의 성과를 조합하는 것이다. 스파크가 되기 위해서는 둘 중 하나의 자질만을 가지고 있어서는 안 된다. 당신이 성품이 좋은 사람이라도 높은 성과를 내지 못하면 다른 사람들에게 영향을 미칠 수 없다. 마찬가지로 당신이 좋은 결과를 얻고 있지만 일관성 없이 일하거나 때로 공정하지 않은 방법을 쓴다면 당신은 절대로 신뢰를 쌓아가지 못할 것이다.

앞서 2장에서 우리는 성품에 대해 이야기했다. 이제 높은 성과를 만들어내기 위한 행동 지침들을 알아보도록 하자. 이를 통해 다른 사람들은 당신을 생각과 말, 행동을 이끌어가는 스파크로 인정하게 될 것이다.

신뢰받는 스파크가 지녀야 하는
네 가지 행동 지침

모든 조직은 높은 성과를 내는 직원들을 원한다. 하지만 직원들이 어떤 자질을 갖고 있는지 정확하게 파악한 조직은 많지 않다. 대부분의 조직은 판매 할당량이나 생산량, 직원평가지에 주로 등장하는 평가하기 쉬운 범주를 통해 판단한다. 이런 식이다. "리사는 지난달 20건의 대출을 지역 최고액으로 마감했다." "피터는 지난 분기에 이 구역의 다른 어떤 직원보다 분발해 10퍼센트나 더 많은 불평 건수를 처리했다." "어젯밤 생산 라인에서 타마라의 팀원들은 95퍼센트의 효율을 달성했다."

스파크는 결과에 영향을 미치는 사람이다. 그리고 신뢰성은 최종적인 결과물이 아니라 결과물을 얻어내는 수단이다. 신뢰성이라는 수단을 통해 당신이 다른 사람에게 진정으로 믿을 만한 존재인지 결정된다. 당신이 성공을 이뤄내기 위해 다른 사람들과 함께 일하고 있는 것이라면, 당신은 이들과 매 순간 상호작용을 하고 있다는 사실을 인식해야 한다.

높은 수준의 성과를 보장하는 신뢰성을 얻기 위한 네 가지 방법은 다음과 같다.

- 다른 사람들의 기준을 이해하고 충족시키기
- 말과 행동의 격차를 최대한 줄이기
- 다른 사람들에게 나의 의도와 기대 이야기하기
- 기준을 충족시키지 못했을 때 합당한 책임 묻기

이 네 가지 방법은 상호의존적이며 각각의 방법은 의식적인 노력을 통해 수행될 수 있다. 문제는 새로운 행동이 도입되면 이 방법들을 실천하기가 점차 어려워진다는 것이다.

다른 사람들의 기준을 이해하고 충족시키기

코트니의 사례 스파크가 되기 위해서는 조직의 기준이든 함께 일하는 사람의 기준이든 관계없이 일정한 기준에 맞춰야만 한다. 바로 이것이 다른 사람들에게 영향력을 행사하는 데 필요한 첫 번째 단계.

만약 당신이 직무기술서에 표시된 간단한 업무도 해낼 수 없는 사람이라는 사실을 직원 평가를 통해서 확인했거나 관리자 혹은 동료가 당신에게 직접적으로 이야기했다면 당신은 결코 신임받는 직원이 될 수 없다. 신뢰란 제시간에 맞춰 출근하는 것과 같이 분명한 기준이 있는 경우뿐만 아니라 마감일 준수, 적절한 응대, 제품 품질 보증, 가까이 하기 쉬운 사람 되기 등과 같은 사소한 일들을 통해 쌓게 된다.

하지만 사람들이 직접 이야기하지는 않지만 당신에게 갖고 있는 기대감이 존재하기도 한다. 기대감이 늘 명확하게 존재하는 것은 아니지만 매우 중요한 요소다. 스파크가 되기 위해서 당신은 알려지지 않은 혹은 절제된 기준이 무엇인지 찾아내는 데 관심을 쏟을 필요가 있다. 그럼으로써 당신이 어떠한 기준으로 평가되는지 알 수 있게 될 뿐 아니라 현재도 잘하고 있지만 완전히 새로운 레벨인 스파크 레벨로 끌어올리기 위해 무엇을 할 수 있는지 알게 된다.

기준에 맞출 능력을 갖추게 되면 조직에서 독보적인 역할을 하게 될 것이다. 또한 훌륭한 결과를 만들어낼 수 있도록 사람들을 이끌어가는 데 필요한 영향력을 갖게 될 것이다.

해병대는 이러한 사전 준비를 하는 데 큰 도움이 되었다. 해병대는 성과를 측정하는 수많은 기준을 갖고 있었다. 예를 들면 절차에 관한 지식을 갖고 있는지 혹은 신체적으로 건강한 상태인지 등과 같은 것들이었다. 하지만 교관들은 나 자신의 기준치를 넘어선 기대를 해병대가 갖고 있다고 알려줬다. 그로써 내가 첫 번째 관리자로서의 경험을 잘해 낼 수 있도록 준비시켰다. 비록 해병대가 내게 원하는 바가 무엇인지 먼저 말해주지 않으려 했지만, 분명 나에 대한 특정한 기대를 하고 있는 것만은 분명했다.

다시 말하자면 이런 것이었다. 내가 첫 번째 근무 기지로 발령받았을 때, 서류철을 들고 있던 상등병은 내게 이렇게 말하진 않을 것이다. "우리 부대를 효과적으로 이끌어나가기 위해서는 제가 적어놓은 유용한 팁과 아이디어들을 읽어보는 게 도움이 될 겁니다."

내가 맺는 관계가 어떠한 성공을 가져오게 될지, 그리고 내가 영향력 있는 해병대원이 되기 위해 필요한 것이 무엇인지 알아내는 일은 오직 나만이 할 수 있다.

일본 오키나와에 주둔하게 되었을 때 내가 가장 먼저 했던 일은 바로 그곳 해병대원들을 비롯한 그들의 가족들과 친해지는 일이었다. 나는 그들과 정말로 솔직한 사이가 되고 싶었다. 그래서 팀원들에게 내게 기대하는 바가 무엇인지 먼저 물었다. 그랬더니 팀원들은 그들이 갖고 있는 기대를 이야기하며 내게 편안하게 다가올 수 있었다.

한 팀원의 아내가 내게 다가와 이렇게 이야기를 했을 때, 내 노력이 효과가 있다는 것을 알게 되었다. 그녀는 가족이 참여하는 행사를 계획할 때 좀 더 신경 써서 모든 팀원들의 가족이 참여해 서로 알아가는 자리가 되었으면 좋겠다고 말했다.

그녀의 이야기는 내게 도움이 되었을 뿐 아니라 다른 사람들이 나의 성과를 어떻게 평가하는지도 알 수 있었다.

일단 그들이 기대하는 바를 알게 된 뒤, 그들과 만나는 일이 개인적으로 중요한 책임처럼 느껴졌다. 나중에 팀원들과 만나 이야기하면서 우리 팀의 신뢰와 협력 수준이 한층 높아졌다는 사실을 알게 되었다. 우리 팀원 모두가 서로에게 신경 쓰면서 서로를 잘 보살피고 있었기 때문이었다.

오랜 시간 내가 봐온 직장인들은, 심지어 가장 성실한 사람들조차도 주요 이해관계자들의 관점을 충분히 고려하지 않았고, 그것을 당연하게 생각했다. 이들은 대안적인 관점을 생각하지 않거나 중요하지 않다고 여겼다. 다른 관점에 대한 정보를 얻는 방법조차 모르고 있는 경우도 많았다.

한 가지 상황을 가정해보자. 우리는 매일 해야만 하는 정해진 일들을 하느라 직장에서 우리가 보이는 행동을 점검하지 못한다. 자연스럽게 우리는 자신이 일을 수행하는 방식이 옳다고 생각한다. 지금까지 항상 그러한 방식으로 일해왔고 그 누구도 다른 방법을 이야기해주지 않았기 때문이다.

이와 같은 접근 방식 때문에 우리는 영향력을 쌓아갈 수 있는 기회를 놓치게 된다. 최근 우리 회사가 수행한 미국 방사선종양학회의 프로젝트를 통해 이와 같은 사실을 분명히 확인해볼 수 있었다.

방사선종양학회는 우리에게 회원들을 위한 리더십 프로그램을 개발해달라고 요청했다. 학회의 회원들은 모두 의사였다. 우리 회사의 목표는 그들의 리더십 개발을 도와 의학계를 발전시키고 자신이 이끄는 팀이 훨씬 큰 영향력을 발휘하도록 만드는 것이었다.

사전 조사를 위해 우리는 방사선과 의사와 환자, 행정 직원, 방사선과 외의 의사들까지 만나 인터뷰를 진행했다. 우리는 인터뷰를 통해 높은 성과를 증명해보이고 모든 관계에서 신뢰를 얻는 의사가 되려면 어떻게 해야 하는지 다양한 측면에서 완벽한 이상향을 그려내려 했다.

인터뷰에서 그들이 내놓은 대답은 매우 다양했고 의사라는 역할의 기술적 역량을 훨씬 뛰어넘는 것들이었다.

우리의 사전 조사 결과는 매우 놀라웠다. 간호사들은 아는 것이 많고 존경할만하며 실수에 책임을 지는 의사가 최고의 의사라고 말했다. 환자들은 연민을 지닌 의사와 환자를 대하는 태도가 침착한 의사가 좋다고 이야기했다. 환자의 가족들은 환자의 상태를 자신들이 잘 이해할 수 있도록 설명해주는 의사를 원했다. 행정 직원들은 의료비 청구를 정확히 할 수 있도록 차트 작성을 틀림없이 할 줄 아는 의사를 좋아했다.

다른 과 의사들은 자신의 동료 의사가 전문지식을 보여주고 그것을 책이나 학회지로 출간하면 좋겠다고 이야기했다. 레지던트들은 의사들이 멘토 역할을 해주기를 바랐다. 방사선종양학회의 모든 관계자들은 신뢰할 수 있는 지도자를 원하는 듯 보였다.

학회 회원들과 결과를 공유하는 자리에서 누군가가 불쑥 이렇게 말했다. "저는 거의 10년 동안이나 학교에 다녔지만 그 누구도 리더가 되는 방법을 알려주지 않았어요. 그저 막연하게 리더의 역할을 생각했던 것 같아요. 제가 진료를 시작했을 때 이런 결과를 미리 알았었더라면 좋았을 것 같네요."

우리가 교육을 받을 때 직업의 기술적인 측면에만 중점을 둔 나머지 우리가 하는 역할에서 '사람'이라는 측면을 쉽게 간과한다. 우리와 관련된 모든 사람들과 제대로 협력하고 있다고 가정하며 일상적인 일을 반복하고 있다. 우리가 각자가 맺고 있는 관계를 훼손하는 것은 아니지만, 조금 더 관심을 기울여 상대방에 대해 알고 상호작용을 위해 노력한다면, 우리는 각자의 일을 훨씬 더 잘해낼 수 있다.

방사선종양학회 리더십 프로그램을 개발한 뒤에도 프로그램 개발에 참여했던 의사들과 계속해서 연락을 취했다. 자신의 행동을 고쳐나가면서 관련 종사자들의 기대를 충족시켰던 의사들은 팀원들과의 관계가 보다 생산적으로, 때로는 경제적으로 도움 되는 방식으로 개선되었다고 이야기했다.

당신도 당신이 속한 업무 환경을 잘 살펴보고 이해관계자들이 중요하게 생각하는 것이 무엇인지 추론해봄으로써 명시되지 않은 기준을 알아내기를 권한다. 또한 당신이 속한 조직에서 가장 성공적인 직원들을 관찰해보고, 이들이 스스로를 영향력 있는 사람으로 만들기 위해 충족시킨 기준에는 어떤 것들이 있는지 알아내길 바란다.

한번은 내 고객에게 이 방법을 추천했었다. 그녀는 교육 수준이 높은데다 똑똑한 사람이었고, 회사를 위해 최선을 다해 일하고 있었다. 그녀가 문제라고 생각했던 점은 성과가 눈에 띄게 드러나는 일을 맡지 못했다는 것이었다.

그녀는 성과가 드러나는 일을 맡았던 다른 직원들을 관찰하면서 그 이유를 찾을 수 있었다. 이들은 의도적으로 시간을 내어 선배 리더들과 커피를 마시며 네트워킹할 시간을 가졌다. 그러면서 (누군가가 다가와 새로운 팀에 합류하지 않겠는지 물을 때까지 기다리는 것이 아니라) 스스로 좋은 프로젝트에 참여하겠다고 자원했던 것이다. 이러한 행동이 알려지지 않은 기대들 가운데 하나며, 가능할 경우 보상을 받을 수 있다는 사실을 알게 된 그녀는 자신도 이와 같이 행동할 용기를 갖게 되었다.

당신이 속한 환경에서 중요한 기준을 찾아내려고 할 때 반드시 생각해봐야 할 부분이 있다. 이러한 기준에 맞추는 것이 비록 당신에게 불편한 일이거나 당신이 하고 싶어 하는 일을 망치는 경우가 될지 몰라도, 다른 사람들에게는 중요한 것일 수 있다는 점이다. 영향력을 키워나가기 위해서는 카페에서 음료를 고르는 식으로 정해진 기준에 맞출수는 없다. 즉, 이게 좋으니 이걸로 결정하겠다 혹은 이건 싫으니 그냥 무시해버리겠다는 식으로 말할 수 없다는 것이다. 이러한 방식으로 접근한다면 당신은 즉시 일관성 없는 사람으로 여겨질 것이다.

주말에 지출보고서를 제출하는 일을 싫어하거나, 공장을 견학하는 동안 안전고글을 착용하기 싫을 수도 있다. 하지만 여기에서 당신의 선호는 중요한 것이 아니란 사실을 기억하라. 스파크가 되기 위해서는 다른 사람들이 당신에게 기대하는 바가 무엇인지 알아내야만 한다. 그뿐 아니라 당신에게 맞춰져 있는 기준에 따라 항상 당신이 (그리고 다른 사람들이) 요구하는 훌륭함의 수준에 도달해야만 한다.

다른 사람의 기준을 이해하고 그에 부응하는 것이 높은 성과를 얻어낼 수 있는 첫 번째 단계다. 다음 단계 또한 기준과 관련이 있다. 당신의 조직이나 다른 사람으로부터 생겨나는 기준이 아니라 자신이 스스로와 소통하는 기준이다.

말과 행동의 격차를 줄이기

'말과 행동의 격차'란 당신이 하는 말과 행동 사이의 시간이다. 그 격차가 작을 때 당신은 일관성 있는 사람이 된다. 격차가 클 경우 다른 사람들을 실망시킬 수 있다. 아마 당신은 말과 행동의 격차가 큰 사람에 의해 희생자가 된 경험이 있기 때문에 이미 이러한 사실을 알고 있을지도 모른다.

"이 프로젝트를 15일까지 끝내겠습니다"라고 확실히 말하는 공급업체와 함께 일하고 있다고 가정해보라. 당신은 '좋아. 일이 잘되겠군' 하고 속으로 생각할 것이다. 13일 후 업체에서 메일로 이러한 연락이 온다. "마감일이 언제였죠? 시간이 한 주 더 필요하겠는데요." 당신은 '음, 그럴 수 있지' 생각한다. 약속한 마감일에 임박해 프로젝트의 결과물이 도착한다. 결과물을 확인해보니 처음 약속한 수준에 전혀 미치지 못하는 형편없는 것이었다.

대체 무슨 일이 일어났던 것일까? 공급업체는 처음에 정해놓은 기대치에 걸맞지 않은 결과물을 내놓으면서 말과 행동의 격차를 크게 벌려놓았다. 당신은 어떡하겠는가? 이 공급업체와는 다시는 함께 일하지 않을 것이다. 이 업체는 당신에게 신뢰를 잃었고 이들의 성과 수준은 기대에 미치지 못했다.

이처럼 조직에서도 말과 행동의 격차가 나타날 수 있고, 사람들 또한 말과 행동의 격차를 보일 수 있다. 이와 같은 사실을 잘 알고 있는 스파크들은 자신이 했던 모든 약속을 지키기 위해 최선을 다한다. 그들은 기준이 흔들리게 되면 리스크, 즉 자신이 영향력을 행사할 때 문제가 발생한다는 사실을 인지하고 있기 때문이다.

당신이 지속적으로 높은 성과를 보이면 당신의 영향력은 커지게 된다. 그리고 당신이 하는 말과 행동의 격차는 당신의 성과를 평가하는 좋은 척도가 된다. 말과 행동의 격차를 좁히는 노력을 통해 당신은 자신이 설정해놓은 기대치에 부응할 수 있다.

스파크 수준의 일관성을 지키기 어려운 것은 당신이 지켜낼 수 있다고 100퍼센트 확신하는 기대치를 설정해놓았기 때문이다. 당신이 회의에 참석해 "이 프로젝트를 금요일까지 끝내도록 할게요"라고 말했는데 회의가 끝난 뒤 책상으로 돌아와서야 목요일에 하루 종일 고객과의 미팅이 잡혀 있다는 사실을 깨달았다면 어떻게 될까? 금요일까지 그 프로젝트를 마치는 것은 정말 어려운 일이겠지만, 스파크라면 약속을 뒤집지 않을 것이다. 이 일에 당신의 평판이 달려 있기 때문에 약속을 미루는 대신 최선을 다해 처음 약속했던 일정을 지키기 위해 엄청나게 노력할 것이다.

당신의 약속은 대단히 중요하며, 약속을 지키지 않는 일은 예외의 경우에만 해당되어야 할 뿐, 일반적인 경우가 되어서는 안 된다.

다른 모든 사람들이 최선의 기대를 하지 않는 상태에 익숙해져 있는 근무 환경에서 높은 기준치를 유지하는 것은 때로는 쉽지 않다. 특정한 업무 환경에서 사람들은 일반적인 상태에 안주하게 되는 것이 사실이다. 아무 때나 출근하고, 회의에 지각하며, 성과가 좋지 않았을 경우 둘러대는 변명을 그냥 받아들이곤 한다. 그 누구도 알아채거나 신경 쓰지 않는 것처럼 보일 때, 당신이 스파크처럼 말과 행동의 격차를 줄이기 위해 노력하는 일이 어렵게 느껴질 수 있다.

하지만 리더십이란 당신이 다른 사람들의 기대에 부응하는 것이 아니라 스스로가 자발적으로 주변 사람들에게 증명하는 것이다. 우리가 지금껏 확인한 바에 따르면, 만약 당신이 조직에서 높은 성과를 올리고 있으며 말과 행동의 격차를 줄이기 위해 노력하는 유일한 스파크라면 다른 사람들이 당신에게 영감을 얻고 빠르게 당신을 따라 행동하게 될 것이다.

우리는 페이스북이 상장되기 전 그들과 함께 일하며 이러한 사실을 확인할 수 있었다. 수많은 전문가들이 조직을 위해 빠른 속도로 움직이며 일했다. 고객들 가운데 한 명은 너무 빠른 속도로 변화하는 과정에 우려를 표했다. 그녀는 약속을 제대로 이행하지 못한 것 때문에 광고회사와의 관계를 망치고 싶지 않았다.

이러한 결과가 생기지 않도록 하기 위해, 그리고 스스로를 위해 그녀는 말과 행동의 격차 원칙을 적용했고 다른 팀원들에게도 이 원칙을 권장했다. 자신의 팀원들이 개인적인 신뢰에 대한 엄격한 원칙을 세우자마자 그녀의 팀은 곧바로 높은 성과를 이끌어낼 수 있었다. 앞서 언급한 것처럼, 신뢰할 수 있는 조직은 의미 있는 결과를 만들어낸다.

우리 회사의 고객들과 마찬가지로 당신도 스스로가 바라는 결과를 얻는 일이 쉽지 않다. 지금부터는 높은 성과를 끌어내기 위한 또 다른 방법을 소개하고자 한다. 이는 바로 당신이 속해 있는 팀이 성공에 집중하도록 만드는 일이다.

자신의 의도와 기대치를
다른 사람들에게 잘 전달하기

매트릭스를 이용해 팀을 관리하는 조직이 점점 많아지면서 직원들은 거의 모든 팀의 거의 모든 관리자에게 보고하는 일이 잦아졌다. '초안', '가안', '보고용 보고서' 같은 용어는 이러한 업무 생태계 변화에 따라 발생했다고 볼 수 있다. 게다가 직원 대부분에게는 지원해야 하는 수많은 가상의 관계가 존재하며, 관리해야 할 고객이나 협력업체와의 관계 또한 존재한다.

오늘날 직장인들은 성별과 인종, 세대별로 계속해서 다양해지고 있는 인력들과 관계 맺으며 일하고 있다. 이와 같은 모든 역학관계가 때로는 성공을 이루는 데 혼란과 불안정성을 야기할 수도 있다. 이 같은 환경에서 스파크들은 자신의 팀이 집중할 수 있도록 명확성을 제공하고 본보기를 보인다.

스파크들은 자신의 의도와 기대치를 팀원들에게 미리 전달한다. '의도'란 매우 흥미로운 개념으로, 우리 셋 모두는 군에서 의도에 대해 처음 배웠고 전문적으로 사용해봤다.

이 개념은 전투에서 팀을 이끌고 있을 때 멀리 떨어져 있는 부대원이 지시를 전달받는 것으로 설명하기도 한다. 지휘관은 부대가 어떻게 움직일지 결정을 내리고, 부대원에게 그 명령을 알림으로써 모든 팀이 지시를 받을 수 있도록 한다. 그 명령이 마지막까지 틀림없이 제대로 전달된다는 사실이 어쩌면 놀랍기도 하다. 명령은 바로 그 지휘관의 '의도'를 반영한다.

어떤 단계의 의사소통에서든 (그것이 무엇이 일어나길 바라는 것이든지) 최고 지휘자의 의도는 전달된다. 하지만 그 결과를 달성하는 방법은 지시받은 적 없다. 그 방법을 알아내는 일은 우리의 몫이다. 행동해야 하는 현장에 나가 있는 사람이 바로 우리이기 때문이다.

우리는 때로 멀리 떨어져 있어서 행동을 지시하는 사람과 소통하기 어렵다. 하지만 지시하는 사람은 우리가 기대에 맞게 일관성 있는 행동을 보이기를 바란다. 군에서 우리는 무엇을 해야 하는지 늘 알고 있었고, 비록 전장의 상황이 변하고 있다 해도 우리의 목표는 변하지 않았다. 이러한 사실은 우리가 끝까지 목표를 놓치지 않고 능동적으로 행동할 수 있도록 해줬다.

이 정도로 주도권을 지니고 있다면 창의적인 문제해결도 가능하다. 우리가 능동적일수록 우리는 더 자유로워질 수 있다.

이는 군대에서뿐 아니라 기업에서 일할 때도 필요한 자질이다. 관리자들은 팀원들이 문제해결을 위해 관리팀에 불쑥 찾아가기보다 주도적으로 행동하기를 바란다. 예를 들면 업무 중 발생한 IT 관련 문제들을 직접 해결하거나, 팀 회의 장소를 미리 잡아놓거나, 동료 직원들과의 논쟁을 직접 해결하기를 바라는 것이다.

우리는 관리자들에게 보다 명확하게 소통할 수 있는 방법을 알려주고 주도적으로 일할 수 있는 환경을 만들기 위해 노력해왔다. 관리자들은 때로 팀원들에게 무엇을 해야 하며 어떻게 해야 하는지 직접 알려주는 것을 자제해야 한다. 명령을 실행하는 동안 팀 구성원들은 자신들에게 권한이 없다고 느끼기 때문에 높은 성과가 나타나지 않을 수 있다. 바로 여기에서 팀을 이탈하려는 경향이 생긴다.

우리는 관리자들에게 '어떤 일'이 일어나야 하는지 공유하고 '어떻게' 그 일을 해낼 것인지는 팀원들에게 맡겨두기를 권한다. 흥미롭게도 관리자들이 자신들의 팀을 통제하려고 하지 않을 때 팀원들이 얼마나 창의적이며 성공적으로 일을 해내는지 확인하며 놀라게 된다.

주도적으로 일하는 환경을 조성하기 위해 꼭 관리자가 될 필요는 없다. 동료들과 함께 일할 때 성공을 위한 당신의 비전을 공유하고 마감일이나 제품 납기일, 결과물에 대한 기대치를 명확하게 설정하도록 돕기만 하면 된다. 누군가의 성과가 좋지 않아 실망했다면 "음, 그는 일 처리 방법을 잘 알고 있었어야 했어"라고 말하는 대신 잠시 시간을 갖고 스스로에게 이렇게 물어라. '어떻게 해야 성공적인 거라고 내가 그에게 이야기했는가? 내가 기대하는 바를 제대로 설명했는가?' 어떤 직원이 좋지 않은 성과를 냈다면 당신이 제대로 알려주지 않아서일 수도 있고, 직원이 단지 좋은 결과를 만들어내지 못한 것일 수도 있다.

만약 당신이 우리가 지금껏 설명했던 높은 성과를 내는 세 가지 방법, 즉 다른 사람의 기준을 이해하고 그 기준을 충족시키기, 말과 행동의 격차를 가급적 줄이기, 의도와 기대치를 잘 전달하기를 실천할 수 있다면, 지금 이야기하는 네 번째 방법이 차이를 만드는 주요 요소가 될 것이다. 왜냐하면 이것이 당신의 팀에 완전히 새로운 수준의 성과를 가져다줄 것이기 때문이다.

기대에 부응하지 못했을 때 책임을 묻는 방법

션의 사례 이 책의 초반부에 비행 임무 후 상황실에서 있었던 일을 다뤘다. 아무 말도 하지 않고 잠자코 있다가 꾸중을 들었던 첫 번째 보고 이후, 나는 동료들이 수행한 비행에 피드백을 하는 일이 점차 편안해졌다.

진급을 하면서 고위 장교들과 함께 일하는 경우가 점점 더 많아졌다. 특히 그 가운데에는 최신 기술을 익히고자 하는 장군들이 있었다. 모두가 알다시피 장군은 회사로 치면 고위 경영진과 마찬가지다. 30만 명 이상의 군인들 중 최고위층의 장군들은 단 몇 명뿐이니, 몇 안 되는 높은 분들의 비행에 솔직하게 피드백하는 일이 얼마나 쉽지 않은 일인지 상상할 수 있으리라 본다.

루크 공군 기지에서 비행 교관으로 일하고 있던 어느 아침, 비행 일정을 확인하면서 그날의 조종사가 장군이라는 사실을 알게 되었다.

그 순간이 결국 내게도 찾아온 것이었다. 솔직히 이야기하자면, 그때 느꼈던 첫 감정은 흥분과는 전혀 거리가 멀었다. 장군과 함께 비행을 해본 적이 한 번도 없었기 때문에 조종실에 들어가고 싶지 않았다. 만약 함께 비행을 한다면 내 모든 행동이 감시받게 될 것만 같았다. 당신회사의 CEO가 하루 종일 당신을 쫓아다니며 감시하는 상황과 마찬가지인 것이다. 당신도 당연히 불안하게 느끼지 않겠는가?

하지만 그 장군 또한 나와 마찬가지로 평범한 조종사였으나 단지 지금은 나이가 들었고, 많은 경험을 한 사람일뿐이지 않겠느냐는 생각도 들었다. 만약 내가 지금 그 장군의 입장이라면 다른 조종사들과 같은 대우를 받길 원할 것이라고 믿었다.

비행을 시작하기 전, 장군에게 미션을 설명했다. 처음 비행에 나서는 팀원에게 늘상 했던 것처럼 말이다.

비행이 끝나고 난 뒤 우리는 상황실에 모여 늘 하던 대로 팀 전체가 어떻게 비행을 했는지 평가하며 브리핑을 시작했다. 브리핑이 끝나고 개개인에게 피드백을 주기 시작했다. 나는 장군에게 솔직한 피드백을 해야 했지만 정말이지 쉽지 않았다. 솔직히 말한다면 그의 비행은 지나치게 서툴렀다. 그가 조종하는 동안 내내 불안했고, 만약 그와 다시 비행을 하게 된다면 그가 조종간과 방향타를 다루는 법을 개선해야한다고 생각했다.

이 피드백을 전해줄 온갖 방법을 생각했다. 마치 별 문제가 아닌 것처럼 어떻게든 보기 좋게 꾸며 말할 수도 있었다. 좋은 부분들을 이야기하면서 비판을 슬쩍 끼워 넣고는 다시 온갖 칭찬을 둘러댈 수도 있었다. 하지만 이런 식으로 피드백을 전달하는 것이 그의 실력 향상에 도움이 될 리가 없었다.

그는 솔직한 피드백을 듣고 발전해나갈 필요가 있었다. 그의 문제점은 내가 지적하지 않는다면 영원히 사라지지 않을 것들이었다. 기적적으로 그가 비행하면서 생기는 문제점들을 스스로 개선하리라 기대하며 얼버무리고 넘어가는 사람이 되고 싶지는 않았다.

그래서 내가 어떻게 했을까? 나는 장군의 눈을 똑바로 쳐다보고 내가 관찰한 것들을 모두 이야기했다. 그리고 그가 어떤 지점을 개선해야 하는지 구체적으로 설명했다.

나는 그의 반응을 기다렸다. 기다리고, 또 기다렸다.

그가 처음 내뱉은 말은 "고맙네"였다. 나는 놀라지 않을 수 없었다. 그는 내 피드백에 동의하면서 추가로 개선할 수 있는 방법이 더 없는지 물었다. 장군에게 구체적인 개선 방향을 이야기하자 그는 기꺼이 그 방법들을 활용해서 개선해나가겠다고 했다.

내가 피드백을 마치자 그는 조종실로 돌아가 다시 한 번 조종 연습을 통해 실력을 향상시키고 싶다는 열망을 내보였다. 그런 다음 자신이 다양한 기종을 조종해왔으며, 다양한 전투 지역에 나갔던 경험과 공군으로 복무하는 동안 비행 조종 장치들이 어떻게 발전해왔는지 이야기하기 시작했다. 내 동료와 나는 그가 하는 이야기에 집중한 채 나머지 시간을 보냈다. 만약 우리가 가식적으로 그에게 피드백했거나 도움이 될 만한 피드백을 주지 못했더라면 들을 수 없었을 이야기였다.

우리 모두가 교훈을 얻고 더 큰 자신감을 지닌 채로 상황실을 나설 수 있었던 것은 보다 높은 성과를 만들어내기 위한 결단과 노력하는 태도를 통해 각자의 문제점들에 맞섰기 때문이었다.

지금 이 책을 읽고 있는 당신은 이렇게 생각할지도 모른다. '내가 우리 회사의 고위직을 만나서 그들이 어떻게 개선해나갈 수 있는지 이야기할 기회는 절대로 없을 텐데.' 하지만 내가 하는 말을 믿길 바란다. 물론 그런 기회가 반드시 생기리라는 보장은 없다. 적어도 아직은 그렇다. 그럼에도 동료가 피드백을 통해 성장할 수 있도록 하기 위해 성과 자체를 기반으로 한 피드백을 전달할 수 있는 용기를 길러야 한다. 그렇게 할 때 분명 당신은 효과적으로 신뢰와 솔직함이라는 영향력을 행사할 수 있고, 당신이 속한 팀의 성과 또한 높일 수 있을 것이다.

당신의 팀이 책임감을 느끼도록 할 수 있는 가장 좋은 방법은 성과에 대한 솔직한 대화를 끌어내기 위해 할 수 있는 일이 무엇인지 생각해보는 것이다. 현재 당신이 겪고 있는 문제를 생각해보고 어떻게 생산적인 방법으로 이 문제를 해결할 수 있을지 고민해보라.

당신의 동료 중 한 명이 항상 지각을 하거나 당신의 지시를 제대로 따르고 있지 않을 수도 있다. 다른 사람을 지나치게 험담하는 직원이 있거나 회사 분위기에 어울리지 않는 옷을 입고 출근하는 사람들이 있을 수도 있다. 이처럼 문제점들은 항상 존재한다. 하지만 어떻게 하면 안 되고 어떻게 하면 개선될 수 있는지 건설적인 대화를 시도하는 리더를 만나면 우리는 그를 피하려 하는 경향이 있다.

이러한 문제해결 방식이 당신의 성향에 반하는 느낌이 들 수도 있고, 책임감이 결여된 조직에서 일하고 있는 것일 수도 있다. 혹은 조직의 업무 표준이 인사 매뉴얼에 조그맣게 인쇄된 정도라서 누구도 그 표준을 따르지 않기 때문일 수 있다. 문제가 되는 부분들은 해결되지 않은 채 지속되고, 성과는 나빠진다.

관리자에게만 책임을 부여하는 조직도 있다. 이러한 조직에서는 팀 간 협업을 진행하면서 담당 직원들이 일을 제대로 해내지 못할 경우 당사자가 직접 문제해결에 나서지 못하고 각 팀의 관리자가 끼어든다. 관리자들은 조직의 기대와 표준에 맞춰 직원의 업무를 평가하고, 직원들은 스스로 문제를 해결할 기회를 가져보지도 못한 채 관리자들이 결정한 대로 따라야 하는 상황을 받아들여야 한다.

하지만 스파크가 영향을 미치는 최고의 조직에서는 책임에 기반한 대화가 조직 DNA의 일부로 존재한다. 이는 자존심의 문제가 아니라 성과에 관한 것일 뿐이다. 바로 이런 모습이다. 두 동료 사이에서 문제가 생겼을 때, 상황 자체를 악화시키는 것이 아니라 이들이 서로의 기대치를 맞추지 못한 부분을 논의하고 함께 문제를 해결하고자 노력하는 것이다.

워크샵에 참가한 사람들은 대부분 이러한 유형의 피드백을 받아들이기 어려워한다. 이들은 "제 동료가 잘못한 부분을 직접 지적하라는 말씀이세요? 제가 관리자도 아닌데요?"라며 되묻는다. 물론 그 말도 사실이긴 하지만, 우리는 그 질문을 다시 뒤집는다. "만약 당신의 성과에 문제가 있다면, 어떻게 하는 편이 낫겠습니까? 당신의 관리자에게 가서 이 문제를 이야기하는 편이 나은가요 아니면 당신에게 직접 와서 상의하는 게 나은가요?"

우리가 이런 질문을 던지면 대부분의 참가자들은 우리의 의견에 동의하면서 이렇게 말한다. "그렇다면, 어떻게 해야 제가 이런 태도를 보일 수 있을까요?"

성장을 고무시키도록 피드백 전달하기

앤지의 사례 최고의 조직에서는 모든 조직원이 스스로 어떤 자리에 위치해 있는지 알고 있다. 우리는 그 사람의 성과와 기대치 사이에서 가능한 일을 그가 책임지도록 한다. 책임을 맡기는 일은 당신이나 그 사람의 개인적인 문제가 아니다. 조직에 솔직함이 존재하기 위해서는 스파크의 역할이 필요하다.

당신이 피드백을 전달하는 데 아직 익숙하지 않다면 피드백은 어려운 일이다. 게다가 피드백을 제대로 전달하기 위해서는 용기와 약간의 재치가 필요하다. 피드백이 미칠 영향을 고려하지 않은 채 피드백을 전하기만 하는 일은 무책임하다.

결국 당신이 피드백을 전달하는 이유는 다른 사람의 성장을 고무시키기 위함이다. 만약 당신이 다른 이유로 피드백을 전하는 것이라면, 예를 들어 자신이 옳다고 주장하기 위해서거나 자신의 자아를 위해서라면, 피드백을 전하지 않는 것이 옳다. 또한 당신은 분명 건설적인 비판을 전해줄 사람이 될 수 없다.

피드백 습관을 설계하기 위해서는 우선 다른 사람에게 집중하고 그들에게 어떠한 도움을 줄 수 있는지 고민해야 한다. 피드백이 효과적이지 않은 경우가 종종 발생하는데, 자신에 대한 고민이 많거나 '어떻게 말해야 할지 모르겠어', '이 대화를 어떻게 시작해야 할지 모르겠어'라며 피드백을 어떻게 전달할지 고민하느라 너무 많은 시간을 소비하는 경우가 그렇다.

피드백을 전달할 때 상대방이 아니라 자신에게 집중하게 되면 상황을 객관적으로 판단할 수 없을 뿐 아니라 당신의 피드백을 그들이 어떻게 느끼고 어떻게 듣고 싶어 하는지 파악할 수 없다.

당신을 위한 피드백이 아닌 받는 사람을 위한 피드백을 전달할 때 상대를 고무시키는 방식으로 당신의 메시지를 전달할 수 있다. 그렇기 때문에 "네가 왜 잘못했는지 알려줄게"라는 말로 대화를 시작하기보다 "저기, 방금 있었던 일에 대해 잠깐 이야기해보자"라는 식으로 말하는 것이 보다 생산적인 대화를 이끄는 방법이다.

개인적인 대화를 나눌 수 있는 장소를 찾는 것도 도움이 된다. 당신은 분명 다른 누군가를 당황하게 만드는 위험을 감수하고 싶지 않을 것이다. 당황스러운 느낌은 당신이 맺고 있는 관계에 오래도록 부정적인 영향을 미칠 것이기 때문이다.

하와이 주둔 당시, 나는 해병대 팀 하나를 맡고 있었다. 어느 날 사령부 건물에 도착했을 때, 우리 팀 병사 두 명이 사람들이 지나다니는 통로에서 차렷 자세로 선임 하사에게 크게 혼나고 있는 모습을 보게 되었다. 그곳은 동료들과 장교들이 늘 지나다니던 장소였다.

신병 훈련소에서라면 매우 흔히 볼 수 있는 모습이었지만, 기지에서는 흔한 상황이 아니었다. 나는 이 병사들이 그 하사관을 왜 그렇게 화나게 했는지 궁금했다. 분명 하사관의 얼굴이 빨개진 것을 보면 심각한 상황이었던 것 같다. 상황의 긴장감을 풀고 이유를 알아내기 위해 그쪽으로 다가갔다.

하사관은 내가 자신에게 다가오는 것을 보자마자 열변을 멈추고는 허둥지둥 내게 경례했다. 나는 그에게 답례를 하며 이렇게 물었다. "하사님, 이 병사들은 제 팀 소속인데요. 무슨 일이십니까?" 그는 병사들을 곧바로 해산시켰고, 그들이 자리를 떠나자 그들이 최선을 다해 오전 임무를 수행하지 않았다고 이야기했다. 오전 임무란 사령부 건물 현관을 쓸고 놋쇠로 된 설치물을 윤이 나도록 닦는 일 같은 것들이었다.

그의 대답에 나는 사실 깜짝 놀랐다. "청소가 부족했다는 이유로 그 정도로 수치심을 느끼게 했던 겁니까? 세상에, 그럼 하사님이 해병대 일을 정말 엉망으로 만들었을 땐 어떻게 해야 할까요?"라고 말하고 싶었지만 꾹 참았다. 나는 지위를 존중했고 그를 깎아내리고 싶지 않았기에, 앞으로 두 병사가 하사관의 기대 수준에 맞춰 임무를 수행할 수 있도록 책임지고 지도하겠다고 말했다.

몇 분 후 그 상황에 대해 듣기 위해 두 병사를 다시 만났다. 시무룩한 표정을 하고는 자신감을 잔뜩 잃은 군인 두 명이 눈에 들어왔다. 이들은 고개를 끄덕이며 내가 하는 이야기를 들었다.

하지만 과연 이들이 그 순간 정말로 업무수행을 잘 해내야 한다고 생각했을까? 최선을 다해야겠다고 다짐했을까? 앞으로 개선하겠다는 동기가 생겼을까? 결코 그렇지 않았을 것이다.

그렇다면 하사관과 병사들과의 관계는 어떤가? 병사들을 호되게 꾸짖었던 일로 인해 이들은 하사관에 대한 믿음을 져버리게 되었다. 병사들은 분명 나중에도 하사관의 명령에 따르겠지만, 자신들의 문제에 관해 그와 논의하게 될까? 분명 그렇지 않을 것이다. 고통을 피하고 싶어 하는 것이 바로 인간의 본성이기 때문이다.

이렇게 호통을 치며 질책하는 일은 군에서만 볼 수 있는 모습이라고 이야기하고 싶지만, 안타깝게도 이러한 일은 일반 기업에서도 너무나 자주 일어나고 있다.

한 고객의 사무실에서 있었던 일이다. 로비에서 기다리는 동안 관리자의 사무실에서 누군가 소리 지르는 것이 들렸다. 몇 초 후 시무룩한 표정을 한 직원이 방에서 걸어 나와 자기 자리로 되돌아가는 모습을 봤다. 접수처에 있던 직원은 나를 보며 어찌할 줄 몰라 하더니 이렇게 이야기하며 사과했다. "이런 모습을 보지 않았으면 좋았을 텐데요. 방금 그 소리가 무슨 일 때문이었는지 누구라도 와서 설명 좀 해줘야 할 것 같네요."

감정이 고조된 상태에서 피드백을 전할 때는 정리되지 않은 감정이 섞이게 된다. 그렇게 되면 이야기를 하는 도중에 중요한 메시지들이 사라진다. 심지어 나는 사람들이 자신의 기술이 부족한 것에 대해 이런 식으로 방어하는 이야기를 들어본 적도 있다. "내 팀원들이 그 회의에서 한번 크게 망신을 당하길 바랐어요. 이 사람들에게는 끈기가 더 필요하니까요!"

우리는 팀원들에게 끈기가 필요하고, 팀원들을 지나치게 조심스럽게 대하는 것은 아니라는 사실에는 동의한다. 그러나 모욕을 당하거나 공개적으로 망신을 당한다고 해서 끈기가 생겨나는 것은 아니다. 그렇게 하는 것보다 더 나은 접근 방식은 바로 팀원 개인에 대한 기대치가 아니라 기준에 대한 피드백을 주는 것이다. 그리고 피드백을 듣는 상대방이 그 피드백을 신중히 생각해볼 수 있도록 적절한 어조로 이야기해야 한다.

되풀이하지만, 리더란 결과물에 영향을 미치고 다른 사람들을 고무시키는 역할을 하는 사람이다. 다른 사람들을 고무시키기 위해서 당신은 상대방이 당혹스러워하거나 움츠러들지 않고 피드백을 통해 성장할 수 있도록 동기를 부여하는 방식으로 피드백을 전달해야 한다.

적절한 타이밍과 장소를 찾고 해결하고자 하는 기준을 구체적으로 정한 다음 해야 할 일은 그 사람에게 피드백을 받아들일지 여부를 묻는 것이다. 당신이 피드백을 전하려고 하는 상대방이 상사나 동료라면 이 전략은 특히 필수적이다.

때로 이렇게 간단하게 대화를 시작할 수 있다. "있잖아, 최근에 너한테 도움이 될 만한 걸 내가 찾았는데 말야, 한번 들어보겠어?" 만약 상대방이 "아니, 괜찮아"라고 이야기하면 더 이상 이야기를 진전시키지 않아야 한다. 그럴 경우 당신의 피드백은 도움 될 리 없고, 그 사람에게 변화가 필요하다며 지시할 수도 없는 일이다.

하지만 당신이 직접 보고서를 통해 피드백을 전달할 경우에는 이러한 허락을 받지 않아도 된다. 당신이 관리자로서 해야 할 역할은 피드백을 전달하고 팀원의 성과를 개선시키는 일이기 때문이다.

피드백을 전달할 때는 당신이 직접 관찰한 결과와 피드백이 상대방에게 미칠 영향에 집중하라. 이렇게 하면 불필요한 이야기가 뒤따르지 않게 된다. 또한 당신이 자신의 관점을 통해 이야기함으로써 상대방이 방어적인 태도를 갖게 될 가능성도 훨씬 줄어들게 된다.

상대방이 반드시 방어적인 태도를 갖지 않을 것이라고 이야기하는 것이 아니다. 우리는 인간이기에 무슨 일이 있어도 자신을 방어하는 기재가 늘 작동하기 때문이다. 사람들에게 "있잖아, 이렇게 이야기 꺼내기가 사실 쉽진 않은데 말야…"라는 식으로 접근하고 대화를 이어간다면 이러한 방어기재를 약화시킬 수 있다.

또한 상대방이 당신에게 비난을 퍼부으려고 한다면 그 대화에 걸려들지 말 것을 당부한다. 당신은 결코 논쟁을 하고 싶지는 않을 것이다. 만약 당신이 이러한 대화에 걸려들어 상대방으로부터 피드백을 받는 입장이라면, 션의 사례에서 본 것처럼 상대방에게 "감사합니다"라는 인사를 전하라.

우리의 연구에 따르면 피드백을 전할 때 상대방이 피드백을 통해 발전할 수 있는 방법이 무엇인지도 알고 있어야 한다. 해결 방법에 대한 의견은 없으면서 이의를 제기하기만 하는 사람은 절대로 환영받지 못한다. 스파크들은 여기저기서 문제를 찾아 나서는 사람들이 아니라 문제를 해결하는 사람들이다.

피드백을 하는 방법에 대한 기술이나 지침을 알려주는 책이나 자료들은 수없이 많다. 하지만 무엇보다도 스스로 피드백 주는 습관을 기르는 일이 가장 중요하다. 피드백을 주고 난 뒤 그것이 아무리 어렵게 느껴졌다 하더라도 계속해서 피드백을 주도록 하라. 그리고 당신 스스로도 비판에 열린 태도를 가져라. 피드백을 수용하도록 만든 단 한 명의 스파크 덕분에 피드백이 거의 금기시되던 조직이 변화할 수 있으며, 조직적으로 피드백을 환영하는 분위기를 만들 수 있다.

우리가 3장에서 이야기한 것처럼, 스파크들은 자기 자신과 다른 이들을 더 나은 사람으로 만들기 위해 헌신하는 이들이다. 당신이 문제점에 관해 목소리를 내기 시작하면 앞으로도 문제를 드러내는 일이 점차 편안해질 것이다. 그리고 결과적으로 당신은 자신이 속한 팀이 사소한 문제들에 덜 집중하고 중요한 성과가 달린 일에 집중하고 있다는 사실을 깨닫게 될 것이다. 모든 팀원들이 하나의 동일한 목표를 향해 일하고 있기 때문이다.

SPARK ACTION

신뢰할 수 있는 스파크가 되기 위해 다음에 제시하는 네 가지 방법을
실천하도록 노력하라.

- 다른 사람들이 당신에게 기대하는 바를 파악하라. 일반적으로 다
  른 사람들은 드러나지 않는 기준을 통해 당신의 성과를 측정한다.
- 말과 행동의 격차에 주의하라. 약속을 지키지 않음으로써 자신의
  영향력을 훼손시키는 경우가 종종 있다.
- 당신이 다른 사람들에게 무엇을 기대하는지 알려주도록 하라. 성
  공이 어떤 것인지 분명히 보여줌으로써 그들이 팀의 신뢰성에 기
  여하도록 도울 수 있다.
- 성과와 관련된 피드백을 다른 사람에게 전달할 수 있는 용기를 지
  녀라. 당신이 효과적으로 피드백을 전달한다면, 피드백 전달은 동
  료에게 해줄 수 있는 가장 가치 있는 행동이 될 수 있다.

TO DO LIST

당신의 신뢰성은 다른 사람들에게 보다 더 큰 영향력을 행사할 수 있는
진입로 역할을 하게 된다. 한편 신뢰성이란 너무 중요해서 오로지 운에

맡길 수 없다. 당신이 의도적으로 신뢰성을 키워나가기 시작하면 당신의 성과가 보다 나아짐을 머지않아 발견할 것이다. 그리고 당신은 다른 사람들이 필요할 때면 찾아가는 사람이 되어 있을 것이다. 이 주제에 대해 아래와 같은 내용을 더 알아보자.

- **이해관계자들** 다른 사람들이 당신에게 무엇을 기대하는지, 그리고 당신을 어떠한 기준으로 평가하고 있는지 궁금했던 적이 있는가? 이렇게 물어보는 과정을 통해 주요 이해관계자들의 관점을 생각해볼 수 있을 것이며, 어떻게 하면 그들에게 더 신뢰받는 사람으로 보일 수 있는지 알게 될 것이다.
- **말과 행동의 격차** 당신의 팀이 말과 행동의 격차로 인해 어려움을 겪고 있다고 생각하는가? 팀원들의 행동과 말 사이의 불일치에 대해 단체로 논의하는 연습은 개개인과 팀이 신뢰성에 대한 긍정적인 논의를 만들어나가도록 도울 것이다.
- **책임지는 문화** 긍정적이며 생산적인 피드백이 자유롭게 오고가는 환경이 비현실적으로 느껴질 수 있지만, 당신이 속한 조직에서 바로 당신이 이와 같은 의견 교환을 만들어내는 촉매제 역할을 해낼 수도 있다. 이 연습은 당신이 팀과 대화를 시작해나갈 수 있도록 도울 것이다.

당신이 이번 장을 통해 신뢰성을 강화할 수 있는 방법을 이해하고

자 노력했다면, 이제 다음으로는 책임감 있는 리더가 되는 방법을 알아볼 차례다. 곧 알게 되겠지만, 책임감은 당신을 제지할지도 모르는 강력한 본능보다도 우선시되고, 당신이 가고자 하는 곳에 도달하지 못하도록 만들기도 하는 일종의 두뇌싸움과도 같다.

4장

책임감 있는 사람이 되어라

스파크는 다른 곳에 책임을 전가하려는 인간의

강력한 본능에 저항하는 이들이다.

스파크는 자신의 행동이

상황에 어떠한 기여를 했는지 알아내고자 한다.

3장에서 책임감으로 인해 제기되는 사람들 사이의 문제를 이야기했다. 실수나 부족한 점을 보고 그냥 넘어가는 것은 리더십 행동이 아니다. 하지만 문제의 해결책을 찾는 것도 스파크 행동의 일부에 불과하다.

스파크 행동의 다른 부분에는 자기평가가 자리하고 있다. 당신이 문제의 일부일 가능성이 있을까? 결국 당신도 인간이다. 실수를 하거나 기대치에 미치지 못하고 목표를 달성하지 못하는 팀의 일원이라면 당신은 이 중요한 순간을 어떻게 헤쳐나갈 것인가?

만약 당신이 스파크라면, 그 상황에 책임을 질 것이다.

책임감을 입증하기 위해서는 자신의 실수나 문제, 혹은 책임져야 하는 일에서 최선의 결과가 나오지 못한 것에 대해 자신의 책임이라고 주장해야 한다. 책임감이란 누가 잘못을 했고 원래 어떻게 되었어야 했는가를 찾아내는 마녀사냥이 아니다. 제대로 책임감을 발휘하면 실수를 인정하고 사람들이 원하는 해결책으로 빠르게 넘어갈 수 있다.

용기와 의지가 있는 스파크만이 자신이 관여된 문제들을 스스로 책임질 수 있다. 스파크는 문제가 아직 남아 있고 문제를 해결하는 지점에 거의 다다랐을 때도 반드시 책임을 진다. 그리고 그렇게 했을 때 결과적으로 스스로를 문제해결자나 자신감을 불어넣는 리더로 여기게 된다.

단 한 명의 스파크만 있어도 팀의 미래를 구상할 수 있다. 서로 비난만 일삼는 팀을 결과지향적인 팀으로 변화시키는 것이 스파크들의 가장 강력한 영향력이다. 하지만 책임감을 증명하는 것은 쉬운 일이 아니다. 최선을 다하고자 노력할 때 특정 반응이 나타나 우리를 방해하기도 하는데, 스트레스 반응도 여기에 포함된다.

스트레스 반응은 우리가 위험에 처했다고 느낄 때 생기는 생리적 반응이다. 스트레스 요인에 우리 몸이 반응하는 것이다. 문제가 생겼을 경우 문제와 싸우고 싶어 하거나 달아나고 싶어 하거나 몸이 얼어붙어 버리는 것은 자연스러운 현상이다.

상사가 당신에게 매출 목표를 채우지 못했다고 이야기할 때를 생각해보자. 바로 그 순간 당신은 '그래, 상사 말이 맞아. 내가 최선을 다하지 않았지'라고 생각하지는 않을 것이다. 대신 당신의 본능은 당신을 방어하기 위해 당신의 잘못을 다른 사람이나 다른 요인에 돌려버린다. 회사가 정해준 목표가 터무니없었다거나, 시장 상황이 좋지 않았다는 등의 핑계를 대는 것이다. 본능적으로 행동하거나 방어적인 태도를 보이면 결국 당신이 책임져야 하는 결과로부터 점점 더 멀어지게 된다.

또한 우리는 책임감 있게 행동하려고 할 때 그에 맞서는 자아를 갖고 있다. 당황스럽거나 걱정되는 문제가 생겼을 때, 우리는 스파크가 되지 못하도록 하는 심리적 반응을 겪게 된다.

예를 들어, 당신이 직원에게 보낸 이메일의 어조가 적절하지 않았다고 동료가 지적했다고 하자. 당신의 본능은 민감하게 반응하는 동료를 탓하거나(이메일을 보낸 사람의 무감각함은 무시하면서), 당신은 옳고 그들이 틀렸다는 것을 증명하기 위해 당신의 행동을 방어할지도 모른다. 다시 말하자면, 자신의 본능에 충실하면 문제가 지속될 뿐 아니라 동료와의 관계 또한 나빠질 수 있다.

우리가 어려움을 느끼는 매 순간 모두를 책임져야만 하는 것은 아니지만, 그렇다고 중요한 순간 우리의 본능 때문에 스파크가 될 수 없다는 이야기는 아니다. 분명 우리는 스파크가 될 수 있다. 이 과정은 당신의 삶에 진정한 책임감이 필요한 중요한 순간을 알아내는 것부터 시작된다.

바로 여기에 힌트가 하나 있다. 보통 중요한 순간들은 당신이 좌절하거나 당신이 원하는 대로 일이 이뤄지지 않을 때 나타난다.

책임감의 순간

앤지의 사례 우리 자신과 우리가 원하는 삶 사이에는 주어진 상황에서 책임을 받아들이고 더 나은 결과를 위해 노력하는 능력이 존재한다. 해병대원으로서 처음 참가했던 정규교육기관인 해병대 기초학교에서 이 능력을 직접 경험해본 덕분에 나는 이 사실을 알게 되었다.

해병대 기초학교에 들어가기 전까지 나는 소위 성공에 성공을 이

어오던 사람이었다. 나는 해군 장교 예비군 훈련소와 장교 후보생 학교를 수석으로 졸업했고, 미시간대학교의 명망 있는 리더십 조직의 리더로 선발된 바 있으며, 미시간대학교 총장이 수여하는 리더십 상을 받기도 했다. 하지만 슈퍼스타였던 나는 해병대 기초학교에 도착하자마자 힘겹게 허둥대는 장교가 되어버리고 말았다.

기초학교 첫날의 시작부터 그랬다. 우리를 교육하던 교관들은 엄청난 강의 계획을 우리에게 소개했다. 그전까지만 해도 우리의 훈련은 육체적이며 정신적인 인내력에 초점 맞춰져 있었다. 그랬던 것이 이제부터는 해병대 리더십의 기술적이며 전술적인 부분에 초점을 맞춰 우리가 전투에서 해병대를 이끌어갈 수 있도록 교육하는 방향으로 바뀌었던 것이다.

이 모든 활동들이 내게는 새로운 것이었고, 처음 접하는 새로운 단어들과 개념, 아이디어들이었기에 당황스럽기만 했다. 마치 전혀 다른 언어를 배우는 것처럼 느껴졌다. 교관들이 무기에 대해 설명했을 때, 나는 정말이지 하나도 따라갈 수가 없었다. 나는 소총이며 권총에 대해 아무 것도 알고 있지 못했고, 그 둘의 차이점 또한 모르고 있었다. 하지만 주변의 동료들은 고개를 끄덕이면서 강의가 진행되는 동안 관련 질문들을 던지기까지 했다. '어떻게 이 모든 것을 알고 있는 거지?' 나는 너무나 궁금하기만 했다.

교육을 받은 뒤 우리는 사격장으로 향했다. 이곳에서 우리는 다양한 기술을 활용해서 M-16 소총과 M-9 권총을 쏘는 법을 배워야 했다. 솔직히 총을 쏘는 데 소질이 없었던 내 점수는 꽤나 형편없었다.

그런 다음 우리는 육상 항행을 시작했다. 헬리콥터를 타고 숲속 깊은 곳으로 들어가 지도와 나침반만을 사용해 다른 검문소로 찾아가야 했다. 이 훈련 또한 나는 완전히 실패했다. 나는 첫 번째 테스트를 통과하지 못했으나, 다행히 테스트를 다시 받을 수 있는 기회가 주어졌다. 두 번째 테스트를 겨우 통과하기는 했지만, 좋은 점수는 아니었다.

내가 시도했던 모든 일들에서 완전히 형편없는 결과를 얻었던 것은 살면서 이때가 처음이었다. 나는 매일 밤 훈련소에서 녹초가 된 상태로 집으로 돌아오곤 했는데, 마치 패배자가 된 것 같은 기분에 어떻게 해야 할 줄 몰랐다. 하지만 내 자아는 그 방법을 알고 있었다. 이 문제를 해결하고 실패를 만회하며 기대치에 다시 맞추기 위해서는 노력을 더 하는 수밖에 없다고 생각했다.

사실 성과가 좋지 못한 것에 대해 내 자아는 성별의 핑계를 늘 대곤 했다. '나는 여자니까, 내 동기들이 어린 시절에 다른 남자 아이들과 어울리며 무기를 갖고 놀았던 것처럼 그렇게 사회화되지 않은 것뿐이야. 자그마한 여자인 내게 소총은 너무 크고, 권총은 내 손에 편안하게 쥐어지지가 않잖아. 게다가 내 나침반은 제대로 작동하질 않고 내가 숲속에 들어갈 때마다 얼어버리고 만다고.' 이렇게 변명할 거리들은 줄지어 있었지만, 사실 늘 그 결과로 인해 부끄러웠다.

더 이상 나빠질 수는 없다고 생각했을 때, 동료 평가의 시간이 있었다. 이 시간은 동료가 익명으로 내 성과와 리더십 잠재력을 평가하는 시간이었다. 지금까지의 훈련 기간 동안 내 퍼포먼스를 생각해봤을 때, 높은 점수가 기대되지 않았다. 나의 평가를 귀담아 들을 준비 또한 되어 있지 않았다.

해병대 대위인 소대장은 나를 사무실로 불러 평가 결과를 전해줬다. 그는 동료들이 나를 묘사한 단어들을 보여줬다. 호의적인 평가들도 있었지만 다음과 같은 부정적인 평가가 눈에 들어왔다. "자기중심적이고 불성실하며, 일관성이 없고, 이기적임." 내가 이 평가를 보고 처음 들었던 생각은 이랬다. '와, 이게 대체 누구야? 내가 그렇다고? 이게 어떻게 나일 수 있지?'

대위는 내가 힘들어하는 것을 알아차리고는 왜 그러는지 물었다. 솔직하게 답해야겠다는 생각이 들었던 나는 대위에게 내가 힘들어하고 있는 부분과 내 걱정들을 말했다. 그리고 내 성과에 대해 어떠한 생각이 드는지도 이야기했다.

나는 대위에게 나를 묘사한 단어들이 속상하긴 해도 정확한 표현들이었다고 솔직히 고백했다. 훈련 중 팀원들을 생각하기보다 나 스스로만을 위해 보냈던 시간이 더 많았다. 또한 나는 이번 훈련이 지금껏 겪어봤던 것들 가운데에서 가장 어려웠으며, 내가 해병대를 이끌어야 할 때 얼마나 믿음직한 리더가 될 수 있을지 걱정스럽다고 이야기했다.

바로 이때, 대위는 내가 꼭 알아야 하는 중요한 사실과 반드시 생각해야 할 관점을 알려줬다. 그가 말하길, 사무실로 와서 이렇게 고백하는 사람이 내가 처음이 아니라는 것이었다. 해병대 기초학교는 기술적인 부분을 가르치기 위해서만 존재하는 것이 아니라 나와 같은 생도들을 훈련시키기 위해 있는 장소라고 그는 말했다. 그는 해병대의 역할은 내가 리더로 성장할 수 있도록 지원하는 것이라고 말하며 이렇게 덧붙였다.

"바로 이 부분을 '책임감'이라고 부르지. 장교는 스스로의 성과에 대한 책임을 져야 하네. 바로 이것이 장교가 할 일이지. 그리고 오로지 장교 본인만이 동료나 교관들의 지원을 받아 본인의 성과를 개선시킬 수 있다네. 우리가 장교의 성공을 책임지게 될 걸세. 장교가 스스로 포기하기 전에 우리는 장교를 포기하지 않아. 바로 이것이 해병대의 미덕이지. 훈련에서 개선할 수 있는 방법에 대해 이야기해보지. 더 많은 노력과 훈련이 필요하겠지만, 분명 이번 훈련의 후반부가 전반부보다 훨씬 낫지 않았던가."

그의 도움을 받아 내 훈련 성적이 점점 높아졌을 뿐 아니라 태도와 훈련에 대한 관점 또한 차차 바뀌어갔다.

대위는 군 시절 초창기에 매우 중요한 멘토 역할을 해줬다. 내가 어려움을 겪는 시기에 책임감을 굳게 발휘해야 한다는 메시지를 전해주면서 어려운 문제들을 해결할 수 있는 방향을 제시했다. 그 시기를 지나 개인적인 삶이나 커리어적인 부분에서 피할 수 없는 문제들에 직면하게 되었을 때도 나는 그 문제들을 보다 수월하게 해결해나갈 수 있었다. 바로 그 대위가 침체기를 헤쳐나갈 수 있는 비법을 내게 알려줬기 때문이었다.

나는 스스로의 행동과 결과에 책임을 져야만 했다. 바로 이것이 스파크의 역할이다. 스파크는 그것이 좋은 결과를 가져왔든 나쁜 결과를 가져왔든 자신이 하는 모든 일들에 책임을 짐으로써 다른 사람들에게 본보기가 되는 사람이다.

그렇다고 책임을 지는 일이 쉬운 일이라고 이야기하는 것은 아니다. 사실 이는 결코 쉽지 않다. 책임을 지는 데는 어느 정도의 고통이 뒤따른다. (그리고 그로 인한 자부심은 돋보이지 않을 수 있다.)

대부분의 전문가들도 소위 자괴감에 빠져 있을 때는 책임감에 대한 메시지를 제대로 받아들이지 못한다고 말한다. 누군가가 최악의 상태에 빠졌다면, 주변 사람들은 다음과 같은 말로 더욱 더 자괴감을 부추긴다. "네 말이 맞아. 회사가 어떻게든 널 힘들게 하려고 하네. 너희 회사는 끔찍할 정도로 일하기 힘든 곳이야." "그래. 나도 그렇게 생각해. 네 상사는 형편없는 사람이야."

이러한 충고는 사실 적절하지 않다. 우리는 상황이 나빠졌을 때 그 책임을 받아들일 필요가 있으며, 우리가 원하는 결과를 얻어낼 수 있도록 주변 환경을 정비해야 한다. 하지만 안타깝게도 이러한 환경을 만들어내는 일은 기본적인 경우가 아니라 예외인 것처럼 보인다.

책임감이
보기 드문 이유

워크샵을 진행하면서 청중들에게 자신의 책임감 수준에 만족하는지 물을 때마다 청중들은 고개를 내젓는다. 오늘날 우리는 책임감이 부족한 세상에 살고 있는 듯하다.

분명 우리는 다른 사람에게 책임을 전가하는 문화에 젖어 살고 있다. 문제의 원인을 다른 사람에게 돌리는 것이 매우 일반적인 반응이다. 우리는 아이의 실패에 대해 선생님을 탓하며, 살찐 이유를 패스트푸드 때문이라 하고, 빚을 지고 사는 것에 대해서는 신용카드를 탓한다.

문제는 항상 내 탓이 아니다. 다른 사람 탓하기는 이제 우리의 문화적 규범처럼 되어버렸다.

다른 사람이나 다른 것을 탓하게 되면 그 순간에는 상처받지 않을 수 있으나 전혀 도움이 되지는 않는다. 문제가 발생하는 상황에서 자신의 역할을 완전히 받아들이지 않는다면 당신의 문제는 나아지지 않을 것이다. 예를 들어 시부모와의 관계가 매끄럽지 않은 것은 부분적으로 시부모의 탓일 수도 있다. 물론 당신은 부분적으로 시부모 탓을 할 것이다. 하지만 이는 당신 또한 그 문제의 일부임을 의미한다. 어찌 보면 이 사실은 반가운 측면을 내포하고 있다. 바로 당신이 그 관계를 바꿀 수 있는 힘을 지닌 사람이라는 것을 뜻하기 때문이다.

만약 당신이 계속 승진에서 누락된다면, 이는 회사의 탓이 아닐 수 있다. 바로 당신에게 그 상황을 바꿀 방법이 있을 것이다. 당신의 약점과 승진에서 누락되는 이유를 생각해보는 일은 다소 불편할지도 모른다. 하지만 이것이 문제의 근본 원인을 파악하고 책임감을 받아들이며 앞으로의 해결책을 만들어나갈 유일한 방법이다.

당신은 특정한 부분들을 바꿔나가야 할지도 모르고, 다른 회사로의 이직을 고려해야 할 수도 있다. 하지만 책임감 있는 사람이 될 때까지 당신은 문제해결을 시작해나갈 수 없다. 이것이 바로 스파크와 당신의 차이점이다. 스파크는 자신 앞에 있는 문제의 주변 상황들까지 둘러보고, 그 문제가 무엇이든 다른 사람에게 그 책임을 전가하지 않는다.

이러한 접근법은 우리 동료 한 명에게 상당한 도움이 되었다. 패트릭 닐슨이 전역했을 당시 자신은 군대에서 성공적으로 복무했기에 민간기업에서도 좋은 위치에서 일하게 될 것이라고 확신했다. 그는 전투에서 팀을 이끌었고, 해외에도 여러 번 파병되었으며, 수백만 달러나 되는 장비들을 관리하는 책임을 맡기도 했다. 그는 군에서 엄청난 책임을 부여받았고, 전투에서 훌륭한 모습을 보여 청동 성장을 받았으며, 헬리콥터에서 착륙하다 로켓 공격을 받아 입은 부상으로 퍼플 하트 훈장을 받기도 했다.

어떻게 해서든 좋은 결과를 만들어내기 위해 노력하는 그는 과거에도 지금도 모든 사람들이 함께 팀을 이루고 싶어 하는 사람이다. 그럼에도 그의 이력은 고용주들이 원하는 바는 아니었다.

패트릭은 패스트푸드점을 포함해 80개가 넘는 이력서를 기업들에 보냈다. 그럼에도 단 한 통의 연락도 받지 못한 그는 무기력한 상황을 마주하게 되었다. 자신의 가치를 알아보지 못하는 기업들을 탓하는 편이 쉬웠지만, 그렇게 해봤자 도움이 되지 않는다는 것을 그는 알고 있었다. 패트릭은 자신의 에너지를 보다 생산적인 목적을 추구하는 데 쏟기로 했다.

패트릭은 화를 내거나 기분 나빠하는 대신 잠재 고용주들에게 더 매력적으로 보이도록 할 수 있는 경험을 쌓기로 결심했다. 그는 먼저 학사학위를 받기 위해 대학에 진학했다. 그리고 비즈니스 경력을 쌓기 위해 아르바이트를 시작했다. 그는 관심 있던 스포츠 매니지먼트 분야에 지원했고, NFL이 지원하는 군사 장학금도 받았다. 결국 석사학위를 마친 후 자신이 꿈꾸던 직업을 갖게 되었다. 바로 미네소타 바이킹스에서 일을 시작한 것이다.

이 모든 일은 그가 본능을 이겨낸 선택을 했기 때문에 이룰 수 있었다. 일자리를 얻지 못한 것을 한탄하는 대신 그는 자신의 이력을 향상시키기 위해 구체적인 행동을 취했다. 그는 지금까지의 접근 방식과 방법을 살펴봤고, 한 통의 회신도 받지 못했던 문제에 대한 해결책을 고민했다. 그 결과 자신의 꿈에 다다르기 위한 디딤돌로 대학 학위를 취득하게 되었다.

바로 이런 것이 스파크 행동이다.

우리는 처음부터 책임감 있는 리더로 태어나지 않는다. 쿠키를 몰래 먹으려 하던 세 살짜리 아이도 누군가에게 들키면 자기의 잘못을 인정하기는커녕 동생에게 잘못을 뒤집어씌운다고 하지 않던가. 어른이 되어서도 이러한 습성은 쉽사리 바뀌지 않는다.

분명 우리는 사회적으로 용인되는 방식과 반응을 이해하고 있다. 하지만 우리의 본능, 즉 우리가 이야기했던 생리적이며 심리적인 반응들은 우리가 성장함에 따라 함께 커간다. 무슨 일이 잘못되었거나 실수를 범했을 때 우리의 감정은 고조된다. 이럴 때 우리는 잘못된 결정을 무마하기 위해 종종 변명을 하거나 다른 사람의 탓을 하고 가짜 시나리오를 만들어내기까지 한다.

우리가 이렇게 행동하면 우리의 목표와 우리 자신 사이에 거리가 생겨나게 된다. 이런 모습을 보고 우리를 존중하는 마음을 거두는 사람도 생긴다. 이들은 우리의 문제를 보고 우리가 어떻게 반응했는지 알게 되며, 개인적인 책임감이 필요한 순간 우리가 어떻게 반응하는가를 살피기 때문이다.

우리는 인지적 훈련에 집중함으로써 개인적인 책임감을 키워나가는 법을 배울 수 있다. 이 훈련은 앞서 설명한 대로 우리의 본능을 억제하고 덜 분명하지만 더 효과적인 것을 선택하는 반응인 학습된 리더십 반응이다. 즉, 이것이 바로 스파크의 반응이다.

스파크들을 잘 살펴보면 리더십 반응이 별 생각 없이 자동적으로 나오는 것이 아니라 상황을 개선하기 위한 리더십 기술임을 알 수 있다. 우리가 자신의 행동을 잘 조율하면 할수록, 우리의 행동 관리에 더 신경 쓸 수 있다. 그리고 책임감 테스트를 통과해야 하는 순간, 우리는 더 많은 영감을 얻을 수 있다.

책임감 테스트는 준비가 된 순간에 이뤄지지 않는다. 예를 들면 테스트에 통과할 수 있겠다는 자신감을 얻게 되는 시간, 즉 잠시 쉬는 동안이나 노트를 보며 공부를 하고 있는 순간에 이뤄지는 것이 아니다. 책임감 테스트는 감정적으로 약해진 상태나 두려워할 때 혹은 혼란스러워할 때 찾아온다.

바로 그 위기의 순간이 당신이 스파크가 되어 문제를 해결할 순간이다. 책임감을 견뎌낼 수 있을 때, 당신이 속한 팀이 어느 수준의 팀이든 당신은 높은 성과를 끌어낼 수 있는 환경을 조성하게 된다.

책임감 있는 한 명의 리더가 다른 사람들을 고무시킨다

션의 사례 책임감 있는 리더들에게 둘러싸여 있을 때 당신 또한 책임감 있게 행동한다는 사실은 분명하다. 당신의 경력이 끝날 정도의 실수를 인정하는 경우라 할지라도 그렇다.

내가 한국에 주둔했을 당시 우리의 임무는 휴전선을 지키는 일이었다. 한국에서 우리가 했던 임무 가운데 일부는 F-16 전투기 4기를 2기씩 나눠 전술 훈련을 하는 것이었다. 이 임무는 지상에서부터 준비가 시작된다. 우리는 비행통제장치와 레이더와 같은 비행기의 시스템을 체크하고, 중력이 높은 상태에서도 버틸 수 있게 고안된 전투 비행복 상태를 확인하는 등의 준비 작업부터 했다. 이 전투 비행복은 다리와 복부를 압박해 몸을 꽉 조이는데, 혈액이 다리로 몰리는 것을 막아 뇌까지 산소가 흐를 수 있게 된다.

지금도 잊히지 않는 일이 하나 있다. 여느 날과 다름없이 평범했던 훈련이었다. 비행기 시스템을 모두 체크한 후 비행복 체크를 깜빡 잊고 말았다. 내 비행복은 여압 조절이 되지 않은 상태였다.

이유를 막론하고 이 실수는 내 미래에까지 영향을 미칠 엄청난 실수임이 분명했다. 비행기 시스템 체크가 끝나고 두 번째로 복장 테스트가 이뤄졌다. 이때는 비행복이 곧바로 적절하게 부풀어 오르는지 확인하기 위해 90도 회전을 해야 했다. 그때도 나는 내 비행복이 부풀어 오르지 않았다는 것을 알아채지 못했다.

동료들과 나는 훈련 임무를 수행하기 위해 나섰다. 우리의 임무는 공중에서 상대편 전투기가 잘 보이는 쪽으로 레이더를 빠르게 고정시키는 일이었다. 상대 전투기의 꼬리를 따라잡아 우리의 무기를 배치하는 임무를 수행하기 위해 우리는 1초도 채 안 되는 시간에 중력이 9까지 오를 정도로 급회전해야만 했다. 급회전 직후 나는 고도 2만 5,000

피트에서 4,000만 달러나 되는 비행기를 조종하는 도중 다른 전투기들과 부딪힐 정도로 매우 위험한 위치에서 정신을 잃고 말았다.

몇 초 후 정신을 차린 나는 마치 흐릿한 비행기들에 둘러싸여 있는 꿈을 꾸고 있는 것만 같았다. 하지만 다른 전투기들이 눈에 들어오기 시작했고, 내가 침대에 누워 있는 게 아니라는 사실을 깨닫자 공포감과 혼란스러움, 놀라움이 엄습했다.

"작전 중단!" 나는 무전 지시를 내려 조종사들에게 임무를 즉시 중단하고 기지로 돌아가라는 명령을 전달했다.

부주의한 실수 하나가 내 목숨뿐 아니라 다른 조종사들의 목숨까지 위험에 빠뜨렸고, 수천만 달러의 군사 장비들도 잃을 뻔했다. 이렇게 중대한 실수를 했다는 사실에 나는 당황하지 않을 수 없었다. 기지로 돌아가는 동안, 나는 동료들에게 내 잘못을 이야기하면 어떤 일이 벌어지게 될지 최악의 시나리오를 떠올려봤다. 결국 이대로 강등될 것인가? 아니면 전역을 당하게 될까? 어떻게 될지 알 수는 없었지만, 나는 내 운명을 받아들일 준비를 했다.

잘못한 것을 아닌 척 할 수 있는 방법이 없었고, 우리 팀원들은 무슨 일이 있었는지 알아야 했다. 솔직하게 내 잘못을 털어놓는 편이 내 동료 조종사들로 하여금 계속해서 나를 믿을 수 있게 하는 유일한 방법이었다. 부끄럽고 자존심 상하며 경력에 위험이 따를지라도 사실을 동료들에게 알려야 했다.

팀원들 앞에서 내 실수를 인정하는 일은 쉽지 않았다. 하지만 내가 실수에 대해 기꺼이 이야기하자 놀랍게도 팀원들은 고마움을 표시했다. 우리 팀은 내 실수를 사고 예방을 위한 기회로 삼았고, 이러한 실수가 일어나지 않도록 적절히 점검했는지 서로 논의했다.

후에 상사가 내게 말하길, 책임을 지기 시작할 때 신뢰를 심어주게 된다고 했다. 실수를 감추거나 책임을 회피할 때 문제가 생기는 법이며, 만약 그랬다면 나는 공군에서 쫓겨났을 수도 있었다.

내가 일했던 공군의 환경은 조직 전체가 책임감을 고취시키는 분위기였다. 이는 내가 속했던 다른 조직들과는 매우 달랐다. 전역 후 나는 상업용 항공기 조종사가 되었고, 각기 다른 책임감 수준을 지니고 있던 수많은 항공사들과 일해야만 했다.

어떤 회사에서는 문제가 생겼을 때 잘못을 다른 사람에게 돌리는 일이 용인되는 것처럼 보였다. 예를 들면 케이터링업체가 늦게 도착해 비행기에 음식이 늦게 실리게 된 것을 상사의 계획이 잘못되었기 때문이라는 식으로 탓했다. 또 어떤 회사에서는 성과가 좋지 않은 부분에 대해 회사의 과거를 탓하는 것이 심지어 적절한 일이기까지 했다. "우리는 항상 승객들에게 이렇게 대해 왔는걸요! 승객들이 언제부터 이걸 싫다고 한 거죠?"

한편 어떤 회사에서는 책임감이 문제를 일으킨다고 여겨졌기 때문에 그 누구도 책임감을 드러내려고 하지 않았다. 당신이 틀렸다는 사실을 인정하게 되면 그에 반발하는 사람이나 조롱하는 사람을 만나게 될 가능성이 크며, 심지어 이 사실이 기업 전체에서 경고성 메시지로 사용될 수도 있다. "그러지 마! 전에 톰이 한번 그랬던 적이 있는데, 그가 얼마나 만신창이가 되었는지 모를 걸."

실수로 인해 돈과 시간이 소모될 수 있고, 다른 사람들에게 불편을 초래하며 관계 또한 나빠질 수 있다. 그 외에도 여러 가지 부정적인 결과가 있다. 하지만 스파크들은 그 결과에 맞설 용기를 지니고 있으며 그 상황을 책임감 있게 대처해나가는 이들이다. 우리가 책임감 있게 행동할 때, 다른 사람들에게 우리 자신의 모습을 보여주고, 우리가 어떠한 가치를 따르는 사람인지 확인시켜줄 수 있다. 그럼으로써 우리 각자의 리더십에 대해 좋은 평판을 계속해서 유지해나가게 된다.

우리는 중소기업의 최고경영자와 함께 일했던 적이 있는데, 그는 이사회와 의견이 맞지 않는 사람이었다. 결국 이사회는 최고경영자를 해고했고, 그는 실망스럽고 혼란스러운 상태에서 자신의 경력을 걱정할 수밖에 없었다. 하지만 그는 자신의 감정을 추스르기 위해 노력했고 회사의 결정을 단호히 받아들였다. 이사회는 그의 반응에 놀라지 않을 수 없었고, 안심하게 되었다.

이사회 구성원들은 전직 최고경영자를 위해 그를 극찬하는 내용을 담아 여러 장의 추천사를 써줬고, 각자의 인적 네트워크까지 활용해 그에게 새로운 일자리를 찾아주고자 했다. 만약 그 최고경영자가 어려운 시기에 부정적인 반응을 보였다면 이와 같은 도움을 얻게 되지 못했을 것이다.

스파크는 책임감 있는 사람일뿐 아니라 책임감을 발휘할 기회를 만들어내는 사람이기도 하다. 현실을 직시해보라. 사람들은 대부분 자신의 문제를 이야기하기 위해 회의에 참석하지 않는다. 대부분의 회사들이 빠른 업무 흐름을 유지해나가고 있기에 특정 문제에 대한 논의가 일어나기 어렵고, 그 문제들을 해결하기 위한 어떠한 기회도 만들어내지 못한다. 그 문제를 통해 교훈을 얻고 개선할 기회 또한 없는 것이다.

이는 24시간 교대근무를 하는 사업체의 모습과도 유사하다. 직원들이 오후 2시부터 밤 10시 사이에 근무하고, 밤 10시부터 새벽 6시 사이에 다른 직원들이 교대로 근무하면 이들의 대화는 주로 업무 수행에 초점이 맞춰진다. 그래서 업무 절차나 개인적인 문제와 관련된 부분을 낱낱이 파헤치기는 어렵다.

혹은 직원들이 업무에 너무 집중한 나머지 그들의 동료 직원이나 고객과 소통하는 방식에 문제를 제기하지 않는 경우도 있다. 어떤 기업이든지 좁은 시야를 갖게 되는 경우가 흔하다.

당신이 스파크가 되는 여정에서 책임감을 증진시킬 수 있는 가장 좋은 방법은 대화를 위한 잠깐의 시간을 만드는 것이다. 이 시간은 결과를 설명하고 문제점을 논의하는 기회가 된다. 만약 당신이 광고를 만들고 있다면, 동료들을 한자리에 모아 현재 진행 상황이 어떤지, 어떤 부분이 잘되고 있는지, 무엇이 개선되어야 하는지 논의하도록 하라.

이처럼 반성의 시간을 갖게 되면 팀의 목표 달성을 저해하는 문제가 발생하더라도 당신의 행동을 조정해 앞으로 나아갈 수 있다. 만약 당신이 스스로의 문제에 대해 기꺼이 이야기한다면, 다른 사람들 또한 자신이 한 일에 책임을 질 수 있는 분위기를 조성하게 된다.

다른 사람들이 그들의 실수와 잘못을 이야기할 때 그를 비난해서는 안 된다. 우리 모두는 인간이기에 충분히 그럴 수 있다. 비난하는 대신 그들이 앞으로 적용해나가야 하는 행동 단계를 알 수 있도록 도와라. 그렇게 할 때 상대방이 당신으로부터 배울 수 있게 되며, 성과가 나타난다.

습관
기르기

스파크가 되려면 자기 자신이나 명성이 위태로워질 위험을 감수할 용기가 있어야 한다. 하지만 일단 스파크가 되면 당신은 위험을 감수할 용기를 다시 찾게 될 것이다. 당신은 자신도 모르게 스파크들의 습관을 기르게 되고, 동료들의 탁월함을 고취시키게 될 것이다.

회사가 스파크들로 구성되면 누가 무엇을 어떻게 왜 했는지에 대한 논쟁에 빠져 누군가를 탓하는 일이 사라진다. 이들은 민첩하게 일을 처리하고, 문제에 대응하며, 미래에 초점을 맞춘다. 또한 스파크들은 외부적으로 생겨난 문제들도 피하지 않고 해결한다. 이들은 긴급한 문제에 당면했을 때 단순히 반응하기보다 능동적으로 행동하려는 마인드셋을 갖고 있기 때문이다. 남을 탓하거나 책임지지 않으려 하는 행동은 소모적이기만 하다. 이 시간을 결과에 초점을 맞추도록 할 필요가 있다.

우리 회사의 한 고객은 2005년 미시간 남서부의 노동력개발기구 이사로 취임했다. 당시 그는 지역사회에서 일자리를 창출하는 방식을 변화시켜야 했다. 그는 그 일을 하기 위한 첫 번째 업무가 팀원들의 문화적인 마인드셋을 해결하는 것임을 깨달았다.

팀원들은 지역사회에 봉사하기 위해서 자신들이 할 수 있는 일보다 할 수 없는 부분에 더 집중하고 있었다. 팀원들에게 창의적인 방식으로 일하라고 강조할 때마다 장황한 변명이 뒤따르는 경우가 많았다. 팀원들은 주정부가 보조금을 지나치게 제한했기 때문에 방법이 없었다고 변명하거나 현 상태를 유지하기 위한 방법으로 "과거에 그렇게도 해봤지만 잘되지 않았다"라는 식으로 설명했다. 심지어 직무기술서에 있는 업무만 처리하겠다고 이야기하기도 했다.

조직의 책임감 부족으로 노동력개발기구는 여전히 과거의 모습을 벗어나지 못했고, 미래에 대한 준비 또한 잘되고 있지 않은 상태였다.

그는 실망하는 대신 앞으로 펼쳐질 여정을 준비했다. 그는 조직 전체에 리더십 교육을 시작함으로써 자신의 팀원들이 스스로를 리더라

여길 수 있도록 만들었고, 그들이 마주하게 될 문제들을 해결할 수 있는 책임감 있는 마인드셋을 지니도록 했다.

리더십 개발을 모든 직원들이 반겼던 것은 아니었지만, 그 과정을 통해 고객은 조직에서 누가 리더가 될 준비를 하고 있는 스파크인지 찾아낼 수 있었다. 고객은 스파크가 눈에 들어오자 그들을 영향력을 발휘할 수 있는 주요한 위치에 뒀다. 시간이 지나면서 그는 자신의 팀이 전반적으로 변화하는 모습을 보게 되었다. 결과에 신경 쓰지 않던 이들이 지역사회에 더 나은 서비스를 제공하기 위한 자신들의 임무를 확대해나가려고 애썼다.

결국 조직 전체가 이러한 노력을 통해 완전히 새롭게 변모하게 되었고, 현재 이 기구는 국가를 대표하는 비즈니스, 인력 및 지역사회 발전을 위한 조직으로 존재하고 있다.

책임감이 발현되면서 고객이 속해 있던 조직은 번창해나갈 수 있었다. 그 기구뿐 아니라 대부분의 기업에게도 책임감을 고취시키는 일은 회사가 살아남을 수 있는 유일한 방법이다. 리드스타 또한 2008년 경제대공황 당시 책임감을 통해 살아남은 기업 중 하나다.

대공황을 겪었든 아니든, 대부분의 기업들에서 책임감이란 동일하게 중요한 요소다. 특히 역동적이고 때로 불안정한 환경에서 다수의 기업들이 겪고 있는 변화를 감안해보면 책임감이 더욱 중요해지고 있다는 사실은 분명하다.

책임감은
높은 성과를 불러 온다

코트니의 사례 대기업의 부서나 팀이라면 소기업의 사례를 활용할 수 있다. 팀이 책임감 있게 일한다면 장기적인 성공을 이끌어내면서 변화하는 시장 상황에 대응할 수 있다. 이는 바로 우리 회사 리드스타를 통해 설명할 수 있다.

20대 후반이던 나와 앤지는 리드스타를 창업하던 당시 오로지 거대한 포부만 갖고 아마추어적인 상태에서 시작했다. 그럼에도 우리의 시작은 순조로운 편이었다. (다행히도, 저축해둔 돈과 신용카드의 최대 한도액을 합쳐 자본금을 마련해 우리의 꿈에 투자할 수 있었다.)

우리는 노력과 헌신을 통해 좋은 성과를 거둘 수 있었다. 충성 고객들이 다른 회사에 우리 회사를 계속해서 추천해주면서 리드스타는 기하급수적으로 성장했다. 앤지와 나는 정기적으로 포춘 500대 기업의 고객들을 만나러 다니며 리더십 개발 프레젠테이션을 진행했고, 그러는 동안 전무이사가 우리를 대신해 사업을 관리했다.

회사가 빠른 속도로 성장하면서 규모는 작지만 강력한 팀이었던 우리도 기진맥진하게 되었다. 우리의 첫 책을 출간하고 우리 앞에 놓인 그 어떤 기회라도 잡기 위해 무엇이라도 해야만 했다. 우리는 먼저 고객을 관리하고 새로운 계약을 추진하기 위해 영업사원을 뽑기로 했다. 영업사원이 영업을 전담하게 되면, 우리 둘은 영업보다 오로지 교육 프로그램 구상에만 집중할 수 있을 것이라고 생각했고, 업무량도 줄일 수 있을 것 같았다.

새로운 직원은 다수의 성공 경험과 업적을 지닌 인물이었다. 그녀는 분명 영업에 능통한 사람이었기 때문에 우리는 자연스레 그녀의 재능이 회사에 큰 도움이 되리라는 높은 기대를 가졌다.

영업 분야 담당자를 뽑고 난 뒤 앤지와 나는 새로운 프로그램 개발에 집중할 수 있었다. 우리 프로그램에 만족하고 있던 고객들이 많았기에, 우리가 앞으로 해야 할 단계는 그들에게 판매할 새로운 상품과 서비스를 개발하는 일이라고 생각했기 때문이다.

우리는 새로운 상품을 개발하는 데 총력을 기울였다. 그러나 얼마 지나지 않아 모든 상황이 잘 굴러가고 있지 않는 기색이 눈에 띄었다.

리더십 부트캠프와 같은 공개 행사에 아무도 등록하지 않았다는 사실에서 첫 번째 조짐이 보였다. 보통은 등록자 수가 처음에는 몇 안 되다가도 행사 날짜가 가까워지면서 갑자기 늘어나는데, 이번 행사에는 단 한 명도 등록을 하지 않았던 것이다.

우리는 머릿속에 경종이 울리듯 무언가 깨닫게 되었다. 당시 우리는 행사의 수익을 회사 운영비로 사용하고 있었다. 2008년 3분기 매출이 전년도의 절반밖에 되지 않는다는 사실도 알게 되었다. 경기가 급격히 악화되면서 기업들은 교육 예산을 대폭 삭감했다. 고객들이 우리에게 전화해 교육 훈련을 하지 못하게 된 상황에 대해 하소연을 늘어놓는 경우가 많았다.

우리는 눈앞에서 급격히 하락하는 매출 상황에 어쩔 줄 몰라 하면서 스트레스를 받았다. 사업이 실패하면 어떻게 해야 할지 걱정이 되기 시작했다. 예전 직장으로 다시 돌아갈 수 있을까? 이 부채를 감당할 수 있을까?

너무나 절망적인 상태였지만 그렇다고 분별력 없이 행동할 수는 없었다. 바로 이 순간 마주하게 된 문제들을 해결하기 위해 우리는 어려운 선택을 내려야만 했다. 회사가 계속해서 운영되도록 하기 위해 앤지와 나는 월급을 받지 않고 팀원들에게 월급이 돌아가도록 했다. 우리는 자주 만나 우리가 할 수 있는 선택지들에 대해 계속해서 논의했고 멘토들로부터 조언을 구했다. 문제의 근본적인 원인을 재빨리 찾아내지 못하면 우리는 계속해서 회사를 운영해나갈 수가 없었다.

또한 우리는 다른 곳으로 원인을 돌리지 않도록 스스로를 달래야 했다. 스트레스는 신기하게도 건강에 좋지 않은 비생산적인 감정을 끌어내는 경향을 지니고 있다. 사업 부진을 영업사원의 탓으로 돌리는 편이 쉬웠을지 모른다. 매출이 극적으로 떨어졌기 때문에 분명 그녀가 제대로 일을 하지 못한 탓이라 말할 수도 있었다.

경제 상황을 탓할 수도 있었다. 여느 소기업들처럼 불황 때문에 머지않아 실패의 길을 걷게 될지도 모를 일이었다. 심지어 우리는 서로를 비난할 수도 있었다. 비즈니스 파트너십이란 마치 결혼과도 같아서 파트너와 함께 시간을 보내는 동안 일이 잘되지 않을 때 상대방 탓을 하기가 쉬웠다.

바로 여기서 우리가 해병대에서 배운 리더십 훈련이 빛을 발했다. 우리는 다른 곳으로 원인을 돌리는 대신 그 상황에서 우리 각자의 역할을 평가해야 했다. 우리의 상황을 자세히 들여다보니 잘못된 비즈니스 모델을 활용하고 있다는 것을 깨닫게 되었다. 우리는 사실 전문적인 서비스기업인데 마치 소비제품 판매기업들과 같은 영업 절차로 접근하고 있었다.

우리의 영업 절차는 법률회사의 방식과 비슷했어야 했다. 즉, 사업 파트너들이 고객을 유치하고 계약을 체결하는 역할을 책임지고, 마케팅 담당자는 지원 역할을 해야 했던 것이다.

사실 우리 고객들은 우리 둘과 개인적으로 논의하기를 바랐다. 이들은 서비스를 제공하는 대표들과 직접 만나 이야기를 나누기를 원했다. 그런데 영업사원을 고객들과 우리 둘 사이에 배치해둠으로써 판매 주기를 연장하게 되었고, 결국 고객들에게 실망감을 안겨줬다. 영업사원은 훌륭한 직원이었지만, 우리가 알아채지 못했던 부분에 의한 결함을 그녀가 메울 수는 없었다.

우리는 원래 했어야만 했던 일을 했다. 우리는 쉽지 않은 대화였지만 영업사원과 솔직하게 이야기를 나눴다. 우리 셋 모두가 지금의 계약이 어느 누구에게도 도움이 되지 않는다는 사실에 동의했다. 우리는 그녀를 극찬하는 추천사를 써줬고, 그녀는 좋은 회사에 입사하자마자 놀랄만한 영업 실적을 냈다.

앤지와 나는 우리가 잘못 판단한 부분을 파악하고, 다시 회사를 정상 궤도에 올려놓기 위해서 무엇을 해야 하는지 알아냈다. 우리는 기존 고객들에게 다시 연락을 취하고 새로운 고객들과도 인맥을 쌓아가기 시작했다. 우리는 불황의 영향을 받지 않고 교육 부분에 예산을 할당하는 산업 분야가 있는지 조사했다. 그러면서 첨단 기술 및 소셜미디어 분야에 종사하고 있는 유명인들 여러 명을 확보했다.

책임을 지고 영업 부문에 집중하면서 우리는 빠르게 상황을 바꿔나갔다. 2007년과 비교했을 때 2008년 성장률은 6.2퍼센트 높아졌고, 2009년에는 49.8퍼센트 성장률을 보였고 수익성도 증가했다.

우리는 책임 있게 행동함으로써 우리가 했던 실수를 기꺼이 직면하고, 실수를 피하기 위해 어떻게 해야 하는지 배웠다. 이 경험을 통해 우리는 회복력을 갖출 수 있게 되었다. 우리가 교훈을 얻기까지는 어렵고 무서운 과정이었지만, 그 교훈은 우리에게 반드시 필요한 것이었다.

그 누구도 앞으로 어떠한 문제가 생길지 항상 예측해낼 수는 없다. 하지만 우리 모두가 일상적으로 상호작용할 때 책임감 있게 행동한다면 지속적으로 적응력을 키워갈 수 있을 것이다. 지속적으로 실수를 파악하고 문제점들을 공개적으로 논의하며 우리가 배운 교훈들에 적응함으로써 분명 우리는 계속해서 실수로부터 배워나가게 될 것이다. 책임감 있는 사람이 되기 위한 능력을 꾸준히 키워나갈수록 당신과 당신이 속해 있는 팀은 성공에 성공을 거듭하게 될 것이다.

SPARK ACTION

책임감 있는 스파크가 되기 위한 행동은 다음과 같다.

- 책임감을 갖고 이끌어나감으로써 당신이 다른 사람들에게 기대하는 행동을 몸소 보여주도록 하라.
- 문제를 받아들이고 인정하도록 노력하라. 문제점을 부정하거나 무시하거나 문제가 당신에게 닥칠 때까지 기다리지 마라. 당신이 문제를 빨리 해결하면 할수록 기대하던 결과를 빠르게 얻어낼 수 있다.
- 함께 일하고 있는 팀이 실수를 용인할 수 있는 팀이 되도록 노력하라. 가장 좋은 팀은 문제를 공개적으로 토론하고 그로부터 배운 교훈들을 앞으로의 일에 적용한다.

TO DO LIST

책임감 있는 리더가 되는 일이 항상 쉽지만은 않지만, 상당히 보람 있는 일이다. 문제가 발생했을 때 우리는 본능적으로 문제를 강력하게 거부한다. 우리는 어려운 상황에 단순히 반응하기보다 스스로의 반응을 의식적으로 선택함으로써 이 문제들을 극복해내는 법을 배울 수 있다.

당신이 스파크가 되는 가장 빠른 방법은 책임감 있는 리더가 되는 것이라고 우리는 믿고 있다. 우리는 당신이 자신의 삶에서 보다 책임감 있는 리더가 되는 방법을 찾을 수 있도록 다음과 같은 방법을 제안한다.

- **책임감 그리드** 책임감으로 문제가 해결된다. 당신이 해결하고 싶은 문제를 이해하기 위해서는 당신이 경험하고 있는 어려움에 대한 검토부터 시작하라. 그 어려움 가운데 직접 통제할 수 있는 부분은 무엇이며, 어떻게 주도적으로 그 상황을 해결할 수 있는지도 파악하라. 이러한 연습은 스스로가 통제할 수 없는 부분에 초점을 두기보다 취할 수 있는 행동에 초점을 맞출 때 당신이 실현하고자 하던 성공에 보다 더 가까이 갈 수 있다는 사실을 이해하는 데 도움이 된다.

- **팀의 책임감** 어떠한 문제가 팀을 어렵게 만들고 있는가? 이렇게 구체적으로 알아보면 당신이 속한 팀의 성과에 제약을 가져오는 어려움을 파악할 수 있다. 또한 이는 팀이 할 수 있는 일이 무엇인지 찾고 해결책을 실행해나갈 수 있도록 브레인스토밍하는 데 활용되는 방법이기도 하다.

당신이 겪고 있는 어려움들을 해결하기 위한 행동들을 생각해볼 기회를 가졌다면, 이제 의도한 바대로 행동하는 법을 배울 준비가 된 것이다.

5장 의도한 대로 행동하라

스파크는 명확한 비전을 갖고 일관된 선택을 내림으로써

자신이 추구하려는 성공을 달성해낸다.

현재 사소해 보이는 선택들이 미래에 열망하게 될 성취에

큰 영향을 미친다는 사실을 스파크는 알고 있다.

당신은 자신이 내리는 결정에 의해 만들어진 사람이다. 당신의 삶의 질, 관계를 통한 힘, 당신이 겪고 있는 스트레스의 수준, 직업적인 만족도 모두가 당신의 인생에서 오늘날까지 했던 모든 선택의 결과다.

당신의 삶은 어떠한가?

각자의 삶을 되돌아볼 때, 해결되지 않은 일에 집중하기보다 당신이 만들어낸 위대한 결과물들을 먼저 생각해보라. 지평선을 향해 멀리 바라봤을 때 무엇이 보이는가? 개인적으로, 직업적으로 당신의 비전을 달성하기 위해 현재 의도적으로 행하고 있는 바가 있는가?

비전은 소중하다. 당신의 인생과 경력에 대해 생각할 시간을 갖고 목표를 향해 나아가는 일은 중요하다. 그 이유는 무엇일까? 인생이란 늘 예상치 못한 일들로 가득 차 있기에, 당신이 지향하는 바가 없다면 당신은 결국 제자리걸음만 하게 될 것이다. 물론 당신은 제자리걸음을 하는 동안에도 바쁘게 지내겠지만, 그 움직임은 앞으로 나아가는 것이 아니다.

스파크들은 더 나은 미래의 모습이 어떠한지 미리 그려보는 사상가이자 행동가들로, 이들에게 '행동'이란 매우 중요한 요소다. 늘 생각만 하고 실천하고자 애쓰지 않는 몽상가들이 이 세상에는 너무나 많다. 스파크는 자기만의 질서와 규율, 끈기를 통해 자신들을 차별화시켜나가는 이들이다. 이로써 자신의 삶과 커리어를 주체적으로 이끌어가고, 자신과 타인이 바라는 변화를 일으킨다. 또한 이들 스스로에게는 이와 같은 성공이 매우 의미 있는 경험이 된다.

이 모두가 훌륭해 보이지 않나? 그렇다면 과연 우리 자신과 스파크가 되기 위한 능력 사이에 존재하는 차이는 무엇일까? 우리는 일반적으로 다음과 같은 문제들 가운데 하나 정도를 갖고 있다.

- 더 나은 삶이 어떠할지 상상하지 못함
- 우리를 꼼짝 못 하게 하는 (그리고 스파크가 되지 못하도록 막는) 일상에 빠져 있음
- 목표를 향해 나아가는 데 필요한 의사결정을 내리지 못함

다행스럽게도 이러한 문제들은 적절한 전략을 통해 극복해낼 수 있다.

비전의 결여

션의 사례 내가 40대 중반이던 시절, 먼발치에서 보면 모든 것을 갖춘 듯 보였지만 사실 나는 틀에 박힌 생활을 하고 있었다. 내 곁에는 아름

다운 아내와 훌륭한 두 아이가 있었고, 우리는 플로리다 해안 근처 수영장이 딸린 집에 살고 있었다.

조종사로 23년을 근무한 나는 부러워할만한 경력을 쌓은 조종사이기도 했다. 하지만 당신이 만약 실제 내 삶을 관찰하기 위해 일주일 동안 나를 그림자처럼 따라다녀 본다면 조종사의 삶이 매력과는 거리가 멀다는 것을 알게 될 것이다.

나는 매주 경차를 끌고 (오토바이는 아니다) 공항까지 가서 셔틀버스를 타고 보안 검색대를 통과한 뒤 비행기에 올라탄다. 그런 뒤 비행기를 조종해 목적지에 도착하면 또 다른 셔틀버스를 타고 호텔에 들어가 잠을 잔다. 대부분의 동료들과는 다르게 나는 파티를 즐기러 가지 않는다. 잠자리에 들고, 다음날 아침 일찍 일어나 신문을 읽는다.

장거리 비행을 나와 여유로운 오전을 즐기는 동안 나는 우리 가족을 생각하면서 대부분의 시간을 보낸다. 그러고 나면 어느새 유니폼을 입고 똑같은 일상을 반복할 시간이 되어 있다.

대부분의 직장인들이 그렇듯, 나 또한 틀에 박힌 삶을 살고 있었다. 그렇게 사는 편이 편안하고 안정적이었기에 내 가족과 나는 계속해서 그런 식의 삶을 살아왔다. 하지만 과연 그렇게 사는 삶이 만족스러웠을까?

그때는 이렇게 묻는 것이 중요하지 않다고 생각했기 때문에 당시의 나는 스스로에게 이런 질문을 던져보지 않았던 것 같다. 그리고 솔직히 내 삶이 달라질 수도 있다는 비전을 갖고 있지 않았다. 나는 오로지 안정적인 커리어를 유지하는 데 초점을 맞추고 있었다. 내가 직업적으로 성공하기 위함이라기보다 우리 가족의 생활을 유지하기 위한 것이었다.

어른이 된 이후 지금껏 내 삶을 차지하고 있던 조종사로서의 경험과 기술을 어떻게 다른 부분에 적용시킬 수 있을지 상상해본 적이 없다. 물론, 코트니와 이야기를 나누기 전까지는 그랬다.

우리의 성이 똑같기 때문에 사람들은 늘 우리에게 부부가 아닌지 묻는다. 사실 우리는 부부가 아닌 친척이다. 코트니는 내 남동생의 부인이다. 가족 모임을 갖던 날, 나는 코트니가 리드스타라는 회사를 설립했고 회사를 성공적으로 운영하고 있다는 이야기를 들었다. 그 이야기를 들으니 솔깃해졌다.

"무얼 하신다고요?" 나는 그들의 대화에 끼어들었다. 그런 뒤 그녀의 이야기를 들었고 자세한 내용을 알기도 전에 그녀의 사업에 관심이 생겼다. 코트니는 전국을 돌아다니며 유능한 전문가들을 만나고 꽤 유명한 기업들에게 리더십 트레이닝 프로그램을 만들어 제공하고 있었다. 내가 하고 있는 일보다 훨씬 재미있어 보이는 일이었다.

나는 그녀에게 좀 더 자세한 부분까지 물어봤다. "리드스타가 제공하는 부분은 리더십의 어떤 측면인가요? 일반적인 트레이닝 프로그램은 어떤 거죠? 어떤 고객들과 함께 일하고 있나요?" 그리고 우리는 군 시절 이야기를 공유하면서 리더십을 어떻게 배웠고, 그 이후 리더십을 어떻게 적용해오고 있는지 이야기 나누었다.

그녀와 대화를 마칠 때쯤, 코트니가 내게 질문을 던졌다. 이 질문은 계속해서 내 머릿속을 떠나지 않았다. "아주버님, 트레이너가 되겠다는 생각을 해보신 적은 없으신가요? 참 잘하실 것 같거든요!" 그 말을 들었을 때 처음 들었던 생각은 내가 그동안 줄곧 훈련을 가르쳐온 사람이었다는 사실이었다.

조종사로 일하는 동안 나는 계속해서 훈련을 담당해왔다. 공군에서 내가 했던 일들 가운데 가장 좋았던 것은 바로 새로운 조종사들을 가르치고 비행중대에서 성공적으로 근무하기 위한 방법을 알려주는 것이었다. 델타항공에서 근무했을 때도 새로운 노선을 맡게 된 조종사들에게 도움을 줬다. 그 순간까지도 훈련을 시키는 일이 내 경력에서 중요한 부분이라고 생각해본 적이 단 한 번도 없었다. 분명 내 능력에 대한 나 스스로의 평가는 다양한 측면에서 이뤄지지 못하고 있었다.

코트니는 내게 완전히 다른 커리어가 펼쳐질 수 있다는 가능성을 열어줬다. 그리고 놀랍게도 나는 그 가능성을 더 알아보고 싶었다. 우리의 이야기가 끝나갈 즈음, 나는 이렇게 말했다. "제수씨, 혹시라도 제가 리드스타에서 일할 기회가 있거나 도움이 필요하면 언제든 연락주세요."

여러분도 예상했겠지만 몇 주 뒤 코트니가 내게 연락을 해왔다. 자신과 앤지가 해병대 기지에서 군무원들에게 커뮤니케이션 기술을 교육할 예정인데, 훈련 담당을 내게 맡기겠다고 했다. '과연 그 일을 내가 맡아 잘해낼 수 있었을까?' 교육 과정의 주제에 대해 좀 더 공부하고 난 뒤, 나는 자신감을 갖고 준비해나갔다.

이 주제는 내가 일했던 경험과 내가 알고 있는 배경지식을 잘 활용할 수 있는 것이었다. 그 기회를 마다않기로 한 나는 교육에 필요한 것이면 무엇이든 찾아 준비했다. (물론 교육 과정에 대한 준비만 해야 했던 것이 아니다. 나는 해병대원들이 내게 던질 농담에 대처할 준비도 해야 했다. 모든 군대를 통틀어 육체적으로 가장 고된 훈련을 하는 해병대는 공군의 경우 '앉은 채로 비행만' 하기에 육체 훈련이 적은 것에 대해 농담하기를 좋아한다. 나는 해병대가 공군을 놀려대는 것에 적절히 반격할 준비를 하려던 참이었다.)

코트니는 교육 과정을 위한 지침서를 내게 보내줬다. 그리고 그 과정을 맡을 준비를 확실히 하도록 교육 전날까지 준비해야 할 매일매일의 일정까지 함께 보내줬다.

일정의 첫 번째 날, 나는 상상도 못 할 정도로 긴장하고 있었다. 마치 기말고사를 앞둔 학생처럼 느껴졌을 정도다. 나는 새로운 것을 배운다는 사실 자체만으로도 흥분되었다. 하지만 이 순간 가장 특별했던 것은 그전에는 전혀 상상도 할 수 없던 일을 하고 있는 나 자신의 모습을 보게 된 것이다. 매우 유쾌한 순간이었다.

마침내 워크샵 날이 다가왔고, 나는 완벽할 정도로 준비가 되었다. 행사 당일 아침, 나갈 준비를 하면서 이런 생각이 들었다. '성인이 된 후 처음으로 유니폼을 입지 않은 채로 일터로 향하다니.' 게다가 모자도 쓸 필요가 없었다.

그렇게 강의실에 도착한 나는 수많은 사람들과 마주했다. 이들은 5시간 동안 비행기를 탈 채비를 하고 있는 피곤한 얼굴의 승객들과 달랐다. 얼굴에 웃음을 띠고 있었으며, 교육을 매우 기대하고 있는 것처럼 보였다. 그날의 교육은 단 하루 동안 진행되는 것이었지만, 내가 새로운 직업을 찾게 되었다는 사실을 깨닫기에는 충분했다.

지금 생각해보면 조금 우습긴 해도, 바로 그 순간이 나 자신이 또 다시 스파크를 경험하게 된 순간이라고 본다. 강의가 끝난 뒤 나는 코트니에게 곧장 전화를 걸어 내가 진행한 교육이 어떠했는지 물었다. 참석자들이 나에 대해 좋은 평가를 해줬다고 그녀가 이야기했을 때, 나는 가급적 평정심을 유지하기 위해 애썼다(마치 대학수능시험에서 만점을 받은 것처럼 기분이 날아갈 듯 좋았음에도).

그런 뒤 곧바로 아내에게 전화를 걸어 이렇게 이야기했다. 오랫동안 일을 하면서 이렇게 흥분되는 감정을 느낀 건 처음이라고. 그리고는 이렇게 덧붙였다. "잘 들어봐. 비행기 조종도 재미있는 일이야. 하지만 벌써 꽤나 오랜 기간 그 일을 해왔잖아. 여기서 교육을 진행하는 일은 비행기 조종과는 다르게 완전히 새로운 방식으로 보람 있는 일이야."

앤지와 코트니가 계속해서 사업을 키워나가는 동안 어려운 일을 마주하게 되거나 강의를 진행할 프리랜서가 필요할 때마다 내게 연락을 해오곤 했다. 이런 일들이 계속해서 생기자 우리 셋 모두 내가 리드스타에 합류할 시간이라는 사실에 동의하게 되었다. 그 제의를 받아들인 이후부터는 그 일 외에 다른 어떤 일도 해볼 생각이 들지 않았다.

과거를 돌이켜보니, 내가 '틀에 박힌 생활'을 하고 있던 것은 비전이 결여되어 있었기 때문이었다. 비록 나는 대학에 다닐 때 일찌감치 비행기 조종사의 길로 뛰어들었지만, 한 발 한 발 23년의 경력을 쌓아가는 동안 내가 어떤 길을 향해 가고 있는지 머리를 들어 앞을 바라볼 기회를 갖지 못했다.

나와 비슷하게 살아온 사람들이 많다는 것을 나는 알고 있다. 나는 이렇게 말하는 직장인들을 수없이 만나왔다. "이 일을 하려고 엄청난 계획을 미리 세워놓은 건 아닙니다. 어쩌다보니 기회가 생겨 이 일을 하게 된 거죠." 그들의 이야기는 나의 경우와 매우 흡사하다. 공군에서 복무했을 때나 항공사에서 일했을 때 모두 그랬다.

일단 조직에 들어가면 앞으로 발맞춰 걸어가면서 조직 내의 책임과 역할들을 맡게 된다. 그러다보면 스스로를 위해 개인적인 비전을 생각하거나 이 다음에는 어떤 일을 하고 싶은지 고민해보기 위해 잠시도 멈출 시간 없이 무엇을 하고 어디로 가야 하는지 지시사항이 내려지기만을 기다리기 쉽다.

이따금 내가 10년 전에 의도적인 목표를 지니고 일을 했었다면 내가 어떤 목표를 달성하고 어떤 위치에 서 있었을지 생각해본다. 하지만 지금까지의 삶에 후회는 없다. 단지 그렇게 했다면 어땠을지 조금 궁금할 뿐이다. 하지만 그로 인해 부모로서 나는 우리 아이들에게 한 가지 결정을 내리기 전에 다양한 선택지를 알아볼 것을 단호히 강조하는 편이다.

나는 리드스타에서 일하면서 다양한 산업 분야에 종사하며 성공을 경험한 여러 전문가들을 만나 그들을 관찰할 기회를 가질 수 있었고, 자신의 삶에 가장 만족하며 사는 사람들은 바로 자신의 커리어를 책임지고 이끌어가는 이들이라는 사실을 분명히 알게 되었다. 이들이 바로 스파크다. 자신의 눈앞에 펼쳐져 있는 진로를 존중하지만, 또한 자기자신이 바라는 방향으로 나아갈 수 있는 개인적인 비전을 소중히 여기는 이들이다.

중요한 것은 바로 당신에게 동기부여가 되는 비전이 필요하다는 점이다. 비전이 있다면 당신은 그것에 집중할 수 있고 비전을 놓치고 있다는 느낌이 들지 않게 된다. 그보다 더 중요한 것은 비전을 가짐으로써 그 비전을 실현시키는 것이 가능해지고 비로소 완전히 새로운 차원의 성공을 경험할 수 있다는 점이다.

물론 개인적인 비전이 놀라울 정도로 가치 있는 것이기는 하지만, 앞서 말한 이 모든 것보다 그 비전을 상상하고 개발해내며 실행하는 일이 상당히 어려울 수 있다는 사실에도 전적으로 동의한다.

미래에 대한
상상

우리는 대부분 미래를 상상하는 것을 어려워한다. 특히나 나이가 들면서 우리가 경험하게 될 변화를 과소평가하기도 한다. 하버드대학교 사회심리학자 댄 길버트 교수는 이러한 현상을 '경력의 막다른 길 환상(자신이 앞으로 더 성장하거나 발전할 가능성이 없다고 믿는 심리적 환영_옮긴이)'이라 부른다. 그는 TED 강연에서 이 개념을 설명하기도 했다.

길버트 교수는 우리가 지난 몇 년간 얼마나 성장했는지 측정해볼 수 있고, 그로써 우리의 미래 모습을 가정해볼 수 있다고 이야기한다. 우리는 마흔에서 예순이 되는 기간 동안에, 열 살에서 스무 살 사이에 겪었던 변화만큼 급격한 변화를 겪지는 않겠지만, 상당한 성장을 이룰 수 있는 존재다. 다시 말하면, 우리는 결코 자신의 현재 모습을 완성된 모습이라 생각해서는 안 된다. 우리는 여전히 진행 중인 상태다.

우리가 '경력의 막다른 길 환상'을 믿게 되면 새로운 목표나 주요한 변화의 가능성을 생각하기보다 우리의 잠재력을 제한한다. 그렇게 되면 우리는 각자의 커리어나 삶 속에서 리더가 되지 못한다. 그럼으로써 스파크가 될 수 있는 중요한 기회를 놓치게 될지도 모른다.

앞으로 3년 뒤의 모습이나 자신이 되고 싶은 모습을 생각하지 않는 신입사원들은 자신의 커리어 개발을 위해 현실적이며 의도적인 행동을 취하지 않을 가능성이 크다. 매일 똑같은 우울한 연구실에 갇혀 막다른 길에 다다른 것만 같다고 느끼는 연구자들은 상황이 어떻게 나아질지, 또는 상황이 나아져야만 한다는 사실을 전혀 상상하지 못한다. 그렇기 때문에 그 상황을 벗어나기 위해 어떠한 노력도 하지 않는다. 참 안타까운 일이다.

삶의 우여곡절을 겪는 모든 순간마다 반드시 당신의 삶에 대한 명확한 비전을 갖도록 하는 것이 우리의 목표는 아니다. 그보다 비전이란 당신이 무언가를 얻기 위해 노력하는 일이며, 자신이나 타인의 기대치를 높이기 위한 기회라 할 수 있다.

하지만 그럼에도 무작정 비전에 뛰어들려 하기 전에, 지나치게 크고 대담한 꿈을 꾸는 일은 자제해야 한다. '선택의 과부하'에 걸리기 전에 생각을 정리할 필요가 있다. 너무 많은 선택지와 가능성이 존재하면 어지럽고 복잡하게 느껴질 수 있으며 의도치 않은 결과를 만들어낼 수도 있다. 예를 들면, 결코 현 상태를 유지하고 싶지 않다고 해도 결국 기존 상태를 고집하게 되는 경우가 있다.

배리 슈워츠 교수는 이를 선택의 역설이라고 부른다. 그가 자신의 저서 《선택의 심리학》에서 설명한 것처럼, 결정해야 할 사안이 너무 많아지면 우리는 불안해지고, 이로써 우리는 원치 않는 압박에 시달리게 된다. 우리는 너무 많은 선택지들에 직면하면 두려워하며 잘못된 것을 선택하고, 그 선택이 잘못된 길로 빠지게 할 방향으로 우리를 몰고 간다.

그렇기 때문에 결국 우리는 익숙하며 안전한 길로 향하게 되는 것이다. 50가지 다른 맛의 아이스크림을 파는 가게로 걸어 들어가 항상 같은 아이스크림을 고르는 것도 이와 같은 이유에서다. 어릴 때 가장 좋아했던 맛을 고르고 마는 것이다. 새로운 차를 구입하려고 할 때, 조금 알아보고 나서는 원래 타던 차의 새로운 모델을 고르는 것도 이와 같은 이치다.

이런 선택은 잘못된 것이라기보다 더 나은 선택일 가능성이 높다.

당신이 가진 미래에 대한 비전을 견고하게 만들어 보다 크게 생각하고 방향을 정할 수 있는 방법이 있다. 이 방법은 당신이 가진 특정한 목표나 관심사, 늘 하고 싶었던 일들, 예를 들어 해외에서 살아보기, 프리랜서로 일하기, 또 다른 전문적인 직업 갖기와 같은 것들을 생각하는 것에서부터 시작한다.

우리의 과거와 우리가 갖고 있는 기억들 모두가 미래를 위한 중요한 참고사항이 된다. 그렇기 때문에 당신의 미래가 어두컴컴하게 느껴진다면 자신에게 이렇게 질문해보라. '내가 늘 하고 싶어 했던 일이 무엇인가?' 그런 다음 오랜 시간 동안 당신의 주변에 맴돌았던 생각들에 주의를 기울여보라. 당신이 현재의 상황에 곧바로 적용할 수 있는 여러 가지 생각들이 분명 떠오르게 될 것이다.

우리가 "현재 직업을 그만 두고 인생을 변화시키세요"라는 식의 사고방식을 옹호하는 것은 아니라는 사실을 염두에 두기 바란다. 그보다 우리는 당신이 비전을 생각해내고 목표를 달성하기 위해 보다 의도적으로 행동하는 데 어떠한 변화가 필요한지 알려주고자 한다.

대부분에게 직업적으로 이루고 싶은 꿈을 찾아내는 일은 쉽지 않다. 꿈을 찾기 위해서는 의식적으로 노력해야 하며, 책을 많이 읽는 것이 도움이 된다. 특히 평소에 끌리지 않던 분야의 책을 찾아 읽음으로써 다양한 정보를 얻을 수 있도록 노력해보라.

예를 들면, 당신의 분야와 완전히 다른 분야의 책을 찾아 읽으며 다른 시장에서 이슈가 되는 것이 무엇인지 알아보라. 다른 지역이나 다른 나라의 뉴스 사이트에 들어가보라. 어떤 소식이 올라와 있는가? 당신이 평소 존경하는 회사나 잘 알지 못하지만 더 알고 싶은 회사의 뉴스레터 구독을 신청하라.

혁신적인 아이디어는 창의적인 방식으로만 나오는 것이 아니다. 혁신이란 새로운 아이디어를 만들어내기 위해 기존의 아이디어와 흩어져 있는 아이디어들을 연결하는 것이다. 누구든 그렇게 할 수가 있다. 더 많은 아이디어를 내고 더 많이 연결하기 위해 흩어진 아이디어들부터 연결하기 시작하라.

다음 단계는 당신의 생각과 아이디어들을 글로 적어보는 것이다. 글쓰기는 아이디어를 명확히 하는 과정이다. 한 수도승은 "글로 적어내려갈 기회가 생기기 전까지 우리가 진정으로 아는 바는 하나도 없다"라고 말했다. 이는 매우 값진 충고다.

가장 성공적인 스파크들은 항상 성공한 다른 사람들로부터 지침을 구한다. 당신의 비전을 개발하기 위해 당신이 존경하는 사람들로부터 영감을 받는 것도 좋은 방법이다. 멘토들은 당신이 개인적인 비전을 만들어 나가는 데 도움이 될 좋은 아이디어들을 제공해줄지도 모른다. 멘토가 되어달라는 부탁은 사랑하는 사람에게 하는 프로포즈처럼 부담스러운 일이 아니다. 멘토가 되어줬으면 하는 사람에게 한쪽 무릎을 꿇고 힘들 때나 좋을 때나 함께 걸어가 달라는 부탁을 하는 게 아니지 않은가.

멘토가 되어달라는 부탁을 어색하지 않게 하는 가장 쉬운 방법은 그 사람이 자신의 커리어를 이야기하도록 이끄는 것이다. 함께 식사라도 한다면 더할 나위 없다. 대부분의 사람들은 자신의 경험을 누군가에게 말하는 것을 좋아한다. 그것이 직업이나 경력에 관한 것이라면 더욱 그렇다.

만약 멘토가 되어줬으면 좋겠다고 생각했던 사람이 당신을 만나주지 않는다고 해도 걱정할 필요 없다. 아마도 그는 당신에게 좋은 멘토가 되어줄 수 없는 사람이었을 것이다.

션이 겪었던 커리어의 변화를 생각해보라. 그는 비행기 조종사로 틀에 박힌 삶을 살고 있었지만 우연히 코트니가 하는 컨설팅 업무를 접한 후 내면에 자리하고 있던 스파크로서의 모습을 되찾았다. 게다가 자기 자신에 대해 더 많은 것을 알게 되었다.

그는 수년 동안 트레이닝을 해왔고 커뮤니케이션 기술을 갖고 있었을 뿐 아니라 자기 삶의 또 다른 챕터로 넘어갈 채비를 하고 있었다.

그리고는 바로 그 챕터로 뛰어든 것이다. 스파크들은 바로 이렇게 행동한다.

네트워킹 또한 매우 도움이 된다. 하지만 어떤 사람들은 인맥이라는 것 자체를 불편해하기도 한다. 인맥 형성이라고 하면 대부분 호텔에서 열리는 컨퍼런스에 가서 펜을 하나 들고 이름표에 이름을 적고 오는 정도로만 생각하기 때문이다.

물론 이러한 네트워킹 행사도 있지만, 당신이 이러한 형태를 원하지 않는다면 더 편안한 방법을 택하면 된다. 온라인상에서 사람들과 만나 인맥을 쌓거나 그들과 그들의 경력을 통해 당신이 배울 수 있는 질문들을 던져보는 것이다.

멘토와의 관계에서와 마찬가지로, 효과적으로 관계를 맺는 사람은 항상 자신의 이야기를 하기보다 상대방의 이야기를 잘 들어주는 이들이다. 성공지향적인 사람과 일상적인 대화를 나눠보면 당신이 미래에 할 수 있는 일에 관한 훌륭한 아이디어들을 떠올릴 수 있게 된다.

단, 창의적인 태도와 풍부한 상상력을 갖추는 것이 먼저다.

인맥이 큰 도움이 되는 경우를 우리는 수없이 목격했다. 로렌은 비공식적인 네트워크 전문가인데, 그녀는 자신의 네트워크를 통해 커리어에 커다란 변화를 경험했다. 그녀가 영업 조직에서 회계 관리자로 일하고 있을 때, 자신이 늘 다른 산업 분야의 전문가들과 대화를 나눠왔다는 사실을 알게 되었다.

　　그녀가 그들과 나누던 대화는 엄밀히 말해 비즈니스와 관련된 것이 아니었다. 그녀는 다른 사람들이 어떻게 각자의 역할을 찾게 되었는지 듣는 것을 좋아했다.

　　그녀는 자신의 고객들과 상호작용하면서 그들 대부분이 전문지식을 향상시키기 위해 시간제 학교에 다니고 있다는 사실을 알게 되었다. 이들은 분명 자신의 커리어에 열정을 가진 이들이었고, 자신이 일하는 분야에 관한 지식을 개발하기를 원했다.

　　이러한 사실은 그녀로 하여금 자신이 스스로의 일에 열정적인지 아닌지 생각해보게 만들었다. 자신의 일에 그다지 열정적이지 않다는 대답이 나오기까지는 오랜 시간이 걸리지 않았다. 자신의 관심사를 좀 더 깊이 생각하다보니 글쓰기가 떠올랐다. 이미 그녀는 예술 석사학위를 갖고 있었지만 현재 가진 직업의 안정성을 뒤로하고 글쓰기에만 전념하겠다는 용기까지는 지니고 있지 못했다.

　　로렌은 지금의 상황을 뛰어넘어 전업작가로 일하기 위해서 무엇을 해야 하는지 생각하기 시작했다. 그러면서 자신의 꿈을 실현하기 위해 큰 위험을 감수했던 이들과 대화를 나눴다. 그 가운데에는 그녀가 다니는 요가학원의 강사도 포함되어 있었다. 그녀는 기업에서 요가 수업을 진행하던 사람들과 함께 설립한 요가 협동조합을 운영하고 있었다.

　　로렌은 그녀에게 이렇게 물었다. "선생님께서는 어떻게 이 일을 시작하셨나요?" 강사는 자신의 꿈을 이루기 위해 보조 수입을 얻을 수 있는 부분이 없는지 찾아봤다고 털어놓았다. 강사의 말을 듣고 로렌은 이런 생각을 했다고 한다. '나도 시간제 요가 강사로 일하면서 전업작가가 될 수 있겠구나. 그러면서 내 작품을 팔아 돈을 벌게 되기 전까지는 검소하게 사는 거야.'

신중하게 고민하던 끝에 로렌은 자신의 목표에 전념하기 위해 재정적, 감정적, 그리고 다른 측면에서도 준비를 시작했다. 첫 번째 단계로 그녀는 우선 자신이 바라던 직업에 한발 더 가까이 다가가야 했다.

그녀가 회사에 사직서를 내고 완전히 새로운 일을 시작할 수 있는 용기와 자신감, 재정적인 부분까지 모두 갖추는 데에는 몇 년이라는 시간이 걸렸다. 하지만 이제 그녀는 낮 시간에는 글을 쓰고 저녁에는 요가 강사로 일하고 있다. 이렇게 일하는 시간이 자신이 꿈꿔왔던 것이며, 그녀 자신에게 의미 있는 성공을 가져다줬기에 로렌은 이를 자랑스럽게 생각한다.

행동할 수 있는 용기

개인적인 비전은 스파크 개발의 핵심이다. 행동할 수 있는 능력 또한 마찬가지다. 하지만 행동에는 항상 위험이 따르기 때문에 실행에 옮기기 어렵다. 게다가 세상은 큰 변화를 가져오거나 틀을 깨려고 하는 사람들에게 항상 호의적인 것은 아니다.

예를 들어, 변호사가 법률회사를 그만두고 교사가 되겠다고 하면 사람들은 보통 "왜 그러는 거지? 그 사람 바보 아니야?"라는 반응을 보인다. 마케팅 매니저가 완전히 새로운 접근법으로 광고를 제작하려고 하면 사람들은 대부분 "잘됐으면 좋겠네요!"라고 이야기하지만, 뒤돌아서는 그 시도를 비웃는다.

우리 모두는 군대를 떠날 때 이와 비슷한 압박감을 느꼈다. 동료들은 우리에게 공개적으로 왜 '그만두는' 것인지 여러 번 물었다. 우리 마음속으로는 군을 떠나는 것이 아니었다. 우리는 단지 군 복무를 마치고 커리어의 다음 단계로 나갈 준비를 하고 있었다.

의도적으로 각자의 비전에 맞춰 살기로 결정할 때, 주변 사람들의 의견으로 얼마나 불안정함을 느끼게 되는지 우리는 잘 알고 있다. 심지어 주변의 반응 때문에 자신이 왜 새로운 길을 가고자 생각했던 것인지 의문을 갖게 될 수도 있다. 그렇다고 주변의 반응이 행동의 변화까지 막을 수는 없다. 단지 당신의 여정을 지원해줄 새로운 네트워크를 만들어야 한다는 의미일 수 있다.

사회적인 압박감을 넘어 우리 자신, 그리고 지금껏 우리가 만들어 온 일상과 싸워나가야만 한다. 물론 우리는 계속해서 습관을 만들어내는 사람들이다. 주변 사람들이나 우리에게 그 습관이 좋은 것이 아니라 할지라도 그 습관을 없애기 쉽지 않다. 때로 이러한 습관이 우리의 삶을 망가뜨리기도 한다.

번아웃은 어디서든
찾아볼 수 있다

코트니의 사례 시간은 소중하고, 우리가 살아갈 날도 정해져 있다. 우리에게 주어진 시간을 최대한 활용하기 위해 우리는 각자의 시간을 매일매일 어떻게 보내야 하는지 생각해봐야 한다.

나는 항상 시간이 중요하다고 생각해왔지만, 실제로는 다소 왜곡된 방식으로 시간을 받아들였다. 사회가 열심히 일하는 것만을 인정하고 높이 평가한다는 사실을 일찌감치 알아차렸기 때문이다. "제임스는 이번 주에 60시간이나 일했다는데, 정말 대단해!" "프로젝트를 끝내기 위해 리사가 밤새워 일했다는데, 우리 회사의 영웅이야!" "리디아는 다른 사람들보다 앞서고 싶어 토요일까지 출근해서 일을 한다는데, 정말 열심히 하네."

열심히 일을 하는 것은 중요하다. 하지만 항상 그래야만 하는 걸까? 아무런 의심 없이 열심히 일만 하는 것이 과연 옳을까?

우리가 반드시 직면하게 되는 업무 환경의 현실은 바로 이렇다. 항상 열심히 일을 하는 것이 (사실은 그렇지 않지만) 그 순간에는 옳다고 느껴진다는 것이다. 결국 이렇게 지내다가 번아웃 상태가 누적되면서 화물 열차에 치이듯 끔찍한 순간이 찾아오는, 뜻밖의 결론을 맞게 된다.

번아웃이란 열심히 일하는 것을 감당하지 못하는 사람들에게나 해당하는 용어라고 나는 생각했다. 물론 내 태도가 거만하게 느껴질 수도 있다. 하지만 동료가 휴식이 필요하다고 말할 때, 사실 나는 그들을 이해하지 못했다. '휴식이 필요하다'라는 말은 단지 사람들이 휴가를 며칠 더 내기 위한 변명처럼 들렸을 뿐이었다. '할 일이 그렇게 많이 남아 있는데, 어떻게 휴식이 필요한 거지?'라면서 잠시 동안 일을 하지 않는 것은 오로지 게으름뱅이들이나 하는 짓이라고 생각했던 때가 있었다니 몸서리쳐진다.

열심히 일하는 것을 강박처럼 여기게 된 때가 정확히 언제였는지, 나의 자아정체성이 오로지 일에만 얽매이게 된 것이 언제인지 잘 모르겠다. 하지만 분명 리드스타 창업과 관계가 있었을 것이다. 앤지도 나도 우리 회사가 이렇게 잘될 것이라고 상상하지 못했다. 게다가 우리는 사업을 배워나가는 동시에 운영해나가고 있었기에 매일매일이 어려운 도전과 놀라움, 흥분과 좌절의 연속이었다 해도 과언이 아니다. 결국 우리의 사업을 안정적인 궤도에 올려놓기까지 대략 5년이라는 시간 동안 우리는 그렇게 지냈다.

사업을 시작하고 5년차가 되자 앤지와 나는 모든 일들이 익숙해지기 시작했다. 우리는 사무실을 운영하고 회사를 알리며 서비스를 제공하고 재정 흐름을 원활히 하기 위해 필요한 것이 무엇인지 알고 있었다. 시간이 지나면서 이 부분들을 잘 운영해나가게 되었고, 우리가 처리할 수 있는 것보다 일거리가 더 많아졌다.

우리는 매주 고객들을 만나기 위해 이곳저곳으로 돌아다녔고 비행기를 타고 호텔을 오가며 끝없이 일하면서도 가족들을 챙겼다. 회사 업무를 지원해줄 직원들도 더 고용했다. 내가 일하던 시간이 보통 오전 7시부터 오후 5시까지였는데, 이 시간 동안 내가 맡은 책임을 모두 끝낼 수가 없었다. 그래서 나는 오전 5시에 일어나 12시간 동안 계속해서 일하고 가족들과 함께 시간을 보낸 뒤 다시 일을 하고 잠자리에 드는 습관을 들이기 시작했다. 이런 일정이 반드시 필요했다.

남편과 나 자신에게는 계속해서 이것이 일시적인 스케줄일 뿐이라고 말했지만 며칠이 몇 주가 되고, 몇 주는 몇 달로 이어졌다. 이런 스케줄이 '잠깐'이 될 것처럼 보이지 않았다. 이 스케줄이 내 일상이 되어가고 있었다.

그리고 당시에는 알지 못했었지만, 스파크의 모습에서 나는 점차 뒤처져가고 있었다.

이렇게 열심히 회사를 운영해나가면서도 나도 모르게 앤지뿐 아니라 리드스타 자체에 대해서도 크게 신경을 쓰지 않았다. 앤지와 나는 어느 순간부터 서로 이야기를 나누지 않고 있었다. 이는 전혀 고의적인 것이 아니었다. 단지 우리는 해야만 하는 일을 하며 바쁘게 지냈던 것뿐이었다.

우리 중 누구도 우리가 품었던 비전대로 살고 있는지 서로의 상태를 확인해보지 않았다. 나는 회사가 잘 굴러가도록 운영하는 일에만 집중한 나머지 회사를 더 키워가는 일에는 신경을 쓰지 못했다.

나는 회사를 제대로 이끌어가고 있지 못했다. 나는 그저 주어진 상황에 반응하고 있기만 했다. 얼마 지나지 않아 나는 이러한 생활이 내 삶을 모두 앗아가고 있는 것만 같아서 화가 났다. 내가 느끼기에만 그랬던 것이 아니라, 사실이 그랬다.

나는 마치 좀비처럼 행동하고 있었다. 완전히 지쳐 있던 어느 날, 거울을 지나치다 좀비처럼 보이는 한 사람을 마주하게 되었다. '저 여자는 대체 누구지? 무슨 일이 있었기에 저런 모습인거야?' 나는 잠이 부족했기 때문이라고 생각했다. 충분히 잠을 좀 자야 할 필요가 있다고 느꼈다.

하지만 그렇게 휴식을 취한 뒤에도 별 효과가 없었다. 내게 휴가가 필요한 게 아닌가 싶었다. 하지만 가족들과 함께 휴가를 보내는 동안에도(사실 감정적으로는 그들과 함께 있을 수 없었다) 무언가 다른 것이 정말로 필요하다는 생각이 들었다.

휴가를 마치고 돌아온 나는 컴퓨터 앞에 앉아 앤지에게 온 마음을 담아 메일을 썼다. 그녀에게 내가 감정적이고 육체적인 한계에 다다랐기에 잠깐의 휴식 없이는 일을 계속해나갈 수 없다고 솔직히 이야기했다. 8월 1일부터 내년 1월 1일까지 내 근무 시간을 현저히 줄일 생각이라고 그녀에게 이야기하면서, 솔직히 나 자신이 매우 나약하게 느껴졌고 부끄럽기까지 했다.

5개월 동안 나는 주간업무회의와 활동들에 가급적 참여하지 않기로 했다. 그러나 나는 그해 내가 맡고 있던 프로젝트는 제대로 완수해내기 위해 노력했다. 또한 우리 팀과 내가 새로운 한 해의 시작을 잘해낼 수 있도록 다음 해를 위한 새로운 사업 구상에 전념했다.

나의 부재를 우리 팀원들이 걱정하겠지만, 나는 그럴수록 매일의 업무를 책임감 있게 해내는 모습을 보여주고자 했다. 회사에서 함께하지 못하는 시간을 보충하기 위해 나는 팀원들과 함께 더욱 열심히 일했다. (나 없이도 순조롭게 회사가 운영되도록 열심히 일해준 모든 직원들에게 평생 감사의 인사를 하고 싶다.)

사실 8월 1일이 되었을 때도 여전히 일에서 물러나 스스로가 신중하게 계획해놓은 업무에서 나 자신을 멀어지게 한다는 것 자체가 참 어려운 일이라고 생각했다. 나는 천천히 새로운 일상을 만들어내기 시작했다. 바로 정해진 일정이 하나도 없는 생활이었다!

덕분에 내 인생을 위한 비전으로 다시 돌아갈 수 있었다. 나는 다시 운동을 시작했고, 오로지 가족들을 위해 가족들과 함께 지내는 시간을 가졌다. 그리고 우리 회사의 전략적인 측면을 생각해보면서 다시금 회사와 가까워지는 계기를 마련했다. 또한 관계를 새롭게 형성해나가면서 회사 확장에 주요한 역할을 했던 귀중한 계약 한 건을 성사시킬 수 있었다.

가장 놀라웠던 부분은 인생에서 잠시 쉬어가는 시간을 갖고 내 일상생활을 리셋하고 난 뒤 아내로서 부모로서 그리고 직업인으로서 더 성공적인 사람이 될 수 있었다는 사실이다. 나는 성공을 가속화하기 위해서는 먼저 의도적으로 속도를 줄일 필요가 있다는 사실을 어렵게 깨달았다. 이 기회를 통해 시간과 재능을 가장 잘 활용하기 위한 방법이 무엇인지 분명히 알게된 것이다.

그해 가을은 전문가로서 리더로서 내게 가장 귀중한 교훈을 안겨줬다. 우리 모두는 각자 능력의 최대치를 갖고 있다. 스파크들 또한 마찬가지다. 우리는 기계가 아니다.

만약 우리 스스로가 일하는 방식에 대해 어떻게 느끼는지 집중해서 살펴보고 그것이 생산적인 방법인지 확인할 시간을 가지면 우리는 결국 더 나아질 수 있다. 무조건 계속해서 일을 더 많이 하려던 내 오래된 습관은 결국 그런 방식으로 얻어진 성공이 스트레스를 낳는다는 사실을 알게 되면서 바뀌었다. 긴장을 풀고 한 발짝 물러서는 것은 절대 나약한 행동이 아니다. 이런 행동이야말로 당신이 개인적으로 그리고 직업인으로서 필요한 반직관적인 힘의 예라 할 수 있다.

업무 시간을 줄였던 몇 달이 지나고 나자, 나는 회사 업무에 전적으로 관여할 준비가 되었다. 그뿐 아니라, 내 능력을 제한하는 장벽을 극복했다는 사실 때문에 활기찬 상태가 되었다.

번아웃은 실제로 존재한다. 그리고 번아웃을 겪게 되면 당신은 비전대로 살지 못하게 된다. 당신의 스파크 여정에서 당신이 스케줄을 조정하며 살아가겠다는 책임감을 갖기 시작하면, 바로 그 사안에 집중해야 한다. 물론 어려운 일이 될 것이다. 우리는 "네, 더 일할 수 있습니다"라거나 "네, 이 일에 자원하겠습니다", "네, 저는 토요일에도 나와서 일할 수 있습니다"라고 말하는 것을 좋아하기 때문이다.

우리가 이런 식으로 모든 할 수 있다고 해버리면 우리 자신의 삶으로부터 멀어지게 될 수 있다. 결국 이렇게 대답하는 전략이 일상적인 것이 되어버리면, 우리는 더 이상 "아니오"라고 대답할 수 없게 된다.

사람들은 '아니오'라고 대답하는 것을 싫어한다. 이는 우리 자신에게 한계점이 존재한다는 사실을 인정하는 것이기 때문이다. 하지만 '아니오'라고 말하는 것이 스파크에게는 비밀 병기가 될 수도 있다.

지나친 업무 강도가 성공을 위한 인생 전략이 아니라는 사실을 깨달았을 때 나는 '아니오'라고 말했어야 했다. 그래도 나는 번아웃에 완전히 빠지기 전에 멈춰 서서 이렇게 물었다고 확신한다.

'내가 하고 있는 모든 일들이 반드시 필요한 것들인가? 내 가족과 비즈니스 관계들, 내 사업들이 지금 괜찮은 상태에 있나? 지금 이 삶이 내가 꿈꾸던 삶인가?' 나는 다시 정상적인 궤도에 오르도록 해줄 변화가 가능하다는 것을 알고 있었다.

그 이후 나는 야망에 찬 직업인들에게 '아니오'라고 말하라고 가르치고 있다. 이들이 자신의 삶을 의도적으로 살고 중요한 결정을 내릴 수 있도록 자신의 우선순위와 비전을 파악하도록 돕고 있다. 그리고 무엇을 시작해야 하고 무엇을 그만해야 하는지 이해하도록 돕고 있기도 하다.

당신이 단 한 번 아니라고 말한다면 또 다시 이야기하는 것은 어렵지 않은 일이 된다. 스스로 인지하기도 전에 당신이 일상의 틀을 깨고 새로운 패턴을 만들어낼 수 있게 될 것이다. 이로써 당신의 성과 수준이 향상될 뿐만 아니라 당신의 목표에 더 가까이 다가갈 수 있는 새로운 능력을 갖게 될 것이다.

의도적으로
노력하기

모든 일은 결정을 하면서 시작되며, 그런 다음에는 행동이 수반된다. 그렇지 않다면 우리 고객이 이야기했던 것처럼, 어떤 일을 하더라도 "의도적으로 해야 한다."

보스톤사이언티픽Boston Scientific의 부사장 앨런 미참은 회사의 직원들에게 의도를 갖고 각자의 삶을 살아나가라고 강조한다. 그는 직원들에게 이렇게 말한다. "여러분이 무슨 일을 하고 있든, 무슨 일을 하려고 하든, 의도적인 삶을 살아가세요. 환자들과 상담을 할 때나 새로운 제품을 의사들에게 소개할 때, 휴식을 취할 때도 그렇게 해야 합니다."

앨런은 만약 자신이 가족들과 함께 축구 경기를 보기로 했다면 그 시간에만 오롯이 전념한다고 이야기하면서 자신이 중요하게 생각하는 것들을 설명한다. 강연을 할 기회가 생기거나 영업 컨퍼런스를 준비할 때도 마찬가지다. 목적을 갖고 의도적으로 행동할 때 오롯이 그에 집중하며 그 순간에 존재할 수 있기 때문에 가장 큰 기쁨을 얻고 그 경험에서 얻는 바가 생긴다는 사실을 그는 알고 있었다.

그는 자신의 직원들에게 종종 이렇게 이야기한다. "만약 여러분이 하루 20시간을 근무하려고 한다면 그렇게 하십시오. 만약 하루 휴가를 낼 생각이라면 휴가를 내고 쉬는 겁니다. 여러분이 의도한 대로 살게 되면 최선을 다하게 될 것입니다. 그리고 개인적으로나 직업적인 부분에 후회를 안은 채로 여러분의 인생을 뒤돌아보는 일은 없을 겁니다."

이 정도 헌신은 당신이 인생에서 바라는 발전을 이루기 위해서는 반드시 필요하다. 아마도 당신은 사람들이나 팀, 혹은 회사가 무언가를 하겠다고 호언장담하지만 실제로 그를 위해 노력하지 않아서 실패한 경우를 본 적이 있을 것이다. 아무도 거들떠보지 않는 판매 전략이나 프로젝트, 새로운 사업 계획, 교육을 받거나 직업을 바꾸겠다거나 다이어트나 운동을 일상적으로 하겠다는 결심이 이러한 예가 될 수 있다. 회사가 사업성이 없는 신기술에 투자하거나 아무도 지지하지 않는 정책을 만들어낼 때 들이는 노력과 돈, 시간을 한번 생각해보라.

자신에 대해서도 생각해보라. 당신이 결정을 내리기 위해 감정 혹은 그 밖의 에너지를 들였으나, 정작 그 결정을 실행하려는 노력은 하지 않았던 일들이 있지 않았나. 만약 당신이 스스로를 위해 생각했던 변화를 경험하고 싶다면, 당신이 성공할 수 있는 맥락을 만들어내는 것이 무엇보다 중요하다.

변화
계획하기

앤지의 사례 해병대에는 훌륭한 교훈을 얻을 수 있는 격언들이 많이 있다. 그중에서 내가 가장 좋아하는 말은 "계획이란 변화를 위해 필요한 참조점이다"라는 말이다. 당신이 각자의 비전을 발전시켜나가고 행동하려는 노력을 강화할 때 다음 단계에 대한 계획 초안을 준비해야 한다. 계획이 없다면 당신은 어쩔 줄 몰라 허둥댈 것이다.

그렇다고 당신이 실패하게 된다는 이야기는 아니다. 하지만 솔직히 말하면 대부분은 스스로의 미래에 맞서기 위해 반드시 집중해야 할 만큼 노력하고 있지 않다. 계획이 없다면 집중하지 못하고 곧 산만한 상태가 되어버린다.

나는 첫아들 저지를 낳고 기를 때 이를 경험했다. 스스로가 '일하는 엄마'인지 아니면 '엄마로서의 일'을 하고 있는 것인지 구별하기 어려웠다. 나는 이 두 가지 역할을 균형 있게 해내기 위해 고군분투하고 있었고, 언제 무엇을 해야 하는지 결정하는 일부터 쉽지가 않았다.

나는 두 가지 역할 가운데 하나에 집중하기보다 두 가지를 동시에 해보려고 애썼다. '회사 일은 아기가 자는 동안 하면 되지 않을까?' 해병대에 근무하는 남편 매트가 퇴근하고 아이를 돌봐주면 주말에도 일을 할 수 있을 것 같았다. 실제로 재택근무를 하면서 아들이 낮잠을 자는 동안에도 나는 아들 곁에서 계속해서 일을 해나갈 수 있었다. 미팅 때문에 멀리 떠나야 할 때는 매트가 휴가를 써서 아이를 돌보거나 가족이나 친척에게 아이를 잠시 맡겼다.

나는 엄마로서 내 생활 방식에 맞는 회사를 이끌어나가고 싶었다. 하지만 코트니와 마찬가지로 기업의 운영자로서 나는 회사를 더 키워나가고 싶기도 했다. 이 두 가지 생각은 항상 상충했으나, 솔직히 이야기하자면 나는 이 문제를 해결하기 위해 구체적인 노력을 들인 바가 전혀 없었다. 그랬기 때문에 나는 엄마나 회사 대표 어느 한쪽의 역할에 완전히 전념하지 못하고 두 역할 사이를 맴돌았다.

결국 나는 온전히 집중하지 않은 엄마이자 회사 대표가 되어버렸고, 두 가지 역할에서 모두 최선을 다하는 데 성공하지 못했다. (내가 아내로서의 역할을 어떻게 했는지는 이야기할 필요도 없을 것 같다. 단지 이해심 많은 남편을 만난 것을 감사하게 여길 뿐이다.)

나 스스로가 삶의 균형을 잡지 못했기 때문인지 행운의 여신이 내 손을 잡아줬다. 당시 매트가 콴티코 해병대 기지에서 국방부까지 출퇴근을 하는 중이었고, 우리 가족은 그 기지에서 살고 있었다. 그러던 어느 날 밤, 매트가 퇴근해 돌아와서는 중대한 이야기를 꺼냈다. 그가 종신직을 제안받았다는 것이다. 하지만 안타깝게도 이라크로 파병을 나가야 하는 자리였고, 1년 내내 그곳에서 지내야만 했다.

나는 (과장이 아니라 정말로) 큰 충격을 받았을 정도로 놀랐다. 이렇게 될 가능성이 있다고는 전혀 생각해보지 못했다. 우리는 현재 살고 있는 집으로 이사한 지 얼마 되지도 않은 상태였고, 매트가 현재 맡고 있는 임무는 1년도 채 되지 않았다. 그는 3년간 다른 곳으로 발령 나지 않을 예정이었다.

게다가 그는 최근 이라크와 아프리카에 파병되었다가 돌아온 상태였기에, 나는 그가 더 이상 해외로 나가지 않으리라 추측했다. 앞으로 몇 년간은 그와 떨어져 지낼 일이 없다고 생각했던 것이다. 그런데 이게 무슨 소리인가? 18개월 된 아기가 있는 상태에서 1년씩이나 남편과 떨어져 지내야 한다니. 게다가 이라크 전쟁이 발발한 이 위험한 시기에 그곳에 가야 한다고?

지나쳐도 너무 지나치다는 생각이 들었다. 하지만 해병대에 이야기할 수 있는 부분이 아니었다. 원래 해병대와는 일자리 제의를 협상하는 것이 불가능했으며, 예의를 갖추고 미리 일자리를 알려주는 법도 전혀 없었다.

매트가 없는 동안 나 자신과 매트가 어떻게 감정적으로 견뎌낼 수 있을지 며칠 동안을 깊이 생각해보며 시나리오를 만들어봤다. 그러면서 이미 내 앞에 놓인 이 모든 책임들을 어떻게 관리해나갈 수 있을지도 고민했다. 나는 1년 동안 혼자서 아이를 키워야 했고, 사업을 운영해야 했으며, 집안일 등을 모두 해내야 했다.

결국 내가 내린 첫 번째 결론은 이 모든 일을 나 혼자서는 해낼 수 없다는 것이었다. 나는 미시간주의 부모님 댁 근처로 이사하기로 결정했다. 부모님은 내가 일을 하기 위해 집을 비우는 동안 저지를 봐줄 수 있을 것이었다. 또한 저지가 두 살이 되면서 슬슬 낮잠을 자지 않으려 하기 시작했기에 내가 세워둔 일과가 더 이상은 들어맞지 않게 될 것이었다. (그리고 솔직히 말하자면 이 일과가 시작부터 들어맞지 않았던 것이 사실이다.) 나는 저지가 낮 동안 지낼 훌륭한 어린이집을 찾았다.

미시간주에 있는 우리 집은 좁아서 재택근무를 할 수 있는 공간이 없었다. 그래서 나는 분리된 작업 공간을 마련하기로 했다. 내가 찾아낸 공간은 전에 일했던 공간만큼 넓거나 미적으로 괜찮아 보이는 장소는 아니었지만 근무지로는 적절한 공간이었고 사실 다른 대안도 없었다.

나는 과거 18개월이라는 시간 동안 제대로 세우지 못했던 계획들을 단 며칠 만에 세우게 되었다. 매트와 눈물을 흘리며 이별의 순간을 갖고 난 뒤, 저지와 나는 새로운 인생을 향해 한 걸음씩 움직여나갔다.

당시의 상황을 생각해보면, 그 상황에서 내가 안도하는 모습에 너무나 놀랐다. 내 일과 삶을 동시에 전개해나가기 위해 의식적으로 노력하면서 나는 갑작스럽게 내가 해야 하는 모든 역할들에 집중할 수 있게 되었다. 아들을 어린이집에 보낸다는 모성애적인 죄책감을 느꼈다가, 우리가 함께 있을 때면 저지에게 충실한 시간을 보낼 수 있다고 느끼게 되면서 그 죄책감은 만족감으로 바뀌었다.

어찌할 바를 모르던 삶이 점점 순조롭게 흘러가게 되면서 나는 과거에 책임을 미루던 모든 역할들에 대해 새로운 자신감이 생겨났다. 게다가 중요한 사실은 그 당시에 과거보다 더 높은 수준으로 성공을 경험하고 있었다는 점이다. 더 이상 멀티태스킹의 신화를 좇지 않았기 때문에 이 일이 가능했다. 이 신화는 한 사람이 동시에 여러 가지 일을 동일한 최고의 수준으로 해낼 수 있다고 주장하는, 전혀 근거가 없는 신화다.

남편과 떨어져 보냈던 2년이라는 시간이 쉽지는 않았지만, 나 자신의 개인적인 모습을 발견해낼 수 있었던 귀중한 시간이었다. 나는 내가 결정한 사안들을 위해 최선을 다하고 내 선택을 지지해나갈 수 있는 생활 방식을 만드는 일이 얼마나 중요한지 알게 되었다.

다른 사람들도 그런 것처럼 이러한 아이디어들을 적용하는 일은 늘 쉽지 않다. 하지만 이제는 계속해서 이렇게 노력해나가기 위해 신경 쓰고 있다. 내가 무슨 일을 하든지 성공과 만족감을 경험하고 싶기 때문이다. 다시 말해, 나는 새로운 노력들을 실천하기 전에 이 노력들이 나와 내 일상에 어떠한 의미를 가져다줄 것인지 늘 먼저 생각한다.

더 나은 삶을 향해 반드시 필요한 변화의 과정을 거치며 어려움을 겪는 사람이 나 혼자만이 아니라는 사실을 알고 있다. 내 친구들이나 동료들, 고객들도 이를 위해 애쓰는 모습을 봐왔다. 기업가가 되기 위해 열망하는 이들이 훌륭한 사업계획안을 갖고는 있지만 주변에 있는 투자자들의 관심을 끌지 못한 경우도 있고 다음 단계로 승진해나가기를 희망하지만 자기 자신을 보다 유능한 후보자로 만들기 위해 인맥을 형성하거나 추가적인 교육을 받는 등 필요한 일에 시간을 쓰지 않는 이들도 있다.

물론, 삶에는 우여곡절이 존재하는 것이 당연하다. 우리는 언제든 우여곡절을 겪게 될 것이다. 이러한 삶의 전환적인 일들 가운데 일부는 의도적으로 행동하는 데 걸림돌로 작용할 수도 있다.

스스로 장애물을 만들어내지 않는 이상, 여러분은 자기만의 방식으로 미래를 형성해가는 스파크가 되는 길에 안착하게 될 것이다. 그럼으로써 자기만의 방법으로 자신의 삶을 이끌어나가는 사람이 될 것이다.

SPARK ACTION

당신이 지향하는 가치관에 부합하는 의사결정을 내림으로써 미래의 자기 삶을 존중하도록 하라.

- 현재 당신이 서 있는 위치와 당신이 되고 싶은 모습 사이의 불일치를 조정하라.
- 당신 스스로가 성장하는 일에 전념하고, 스파크로 발전해나갈 수 있도록 해주는 도전을 찾아나서는 데 서슴지 말라.
- 당신이 원하는 변화를 만들어내기 위한 계획을 세워 오로지 목표에만 전념할 수 있도록 하라.
- 자신의 능력에는 한계가 있다는 사실을 인정하라. 번아웃 상태가 오지 않도록 유의함으로써 몇 안 되는 중요한 경우에만 '예스'라고 말할 수 있어야 한다.

TO DO LIST

이 장은 자신에 대한 비전, 당신의 비전을 개발하는 방법들, 당신이 의도대로 행동하지 못하게 하는 일들을 피하는 법 등 당신에 대해 다루고 있다. 다음은 당신이 노력과 행동을 바탕으로 비전을 실현하기 위해 지금부터 시작할 수 있는 일에 어떤 것이 있는지 알려준다.

- **비전** 비전을 구상하는 일은 당신이 단기적으로나 장기적으로 자신의 목표를 알아볼 수 있는 기회를 제공할 것이다. 그리고 당신이 현재 세우는 작은 행동 계획들을 통해 비전을 성취해나갈 수 있도록 도울 것이다.
- **번아웃** 우리가 현재 따라잡고 있는 속도는 의도치 않게 우리가 추구하는 성공을 방해할 수 있다. 당신이 거의 번아웃 상태에 온 것처럼 느껴지는가? 번아웃 상태가 발생하는 것을 즉시 방지하기 위해 당신이 취할 수 있는 다양한 행동 계획을 실시하라.
- **실행 계획** 당신이 계획을 세워 개인적으로나 직업적으로 집중했던 때는 가장 최근에 언제였나? 가장 중요한 의사결정을 내리는 데 도움이 되는 습관을 만들어라.

일단 의도적인 행동 계획을 곰곰이 생각해봤다면, 이제 다음 장으로 넘어갈 차례가 되었다. 다른 사람들을 도와 이들도 스파크가 될 수 있도록 이끌어줄 방법을 배울 준비가 된 것이다. 리더들이 나서서 자신의 팀원들에게 도움을 줄 때, 팀원들이 경험하는 동지애의 수준은 완전히 다른 차원이 되며, 이로써 커다란 효과가 나타난다.

6장 먼저 도움을 주는 사람이 되어라

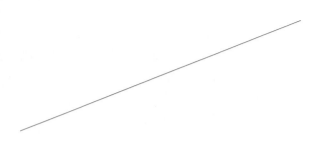

스파크는 항상 다른 사람들의 요구를 파악하고

그 요구에 맞는 조치를 취하는 사람이다.

이렇게 외부에 초점을 맞추게 되면 사람들과의 관계가 돈독해지고

동지애가 생기며 오랜 인연을 쌓는 일이 가능해진다.

인간은 집단을 갈망하는 존재다. 오늘날 지식경제사회의 모습을 생각해보자. 당신이 어떤 사람이며 어떤 일을 하고 있든, 사람들과 함께 일을 하고 있기 때문에 인간이 집단을 갈망한다는 사실은 긍정적인 측면이 된다.

팀으로 묶이든 여러 지역에서 모인 동료들과 함께하든 특별 프로젝트팀이든 관계없이 우리는 계속해서 다른 사람들과 짝을 지어 협동하고 훌륭한 결과물을 만들어내기 위해 노력하고 있다.

당신이 속한 팀의 특성과 한 팀으로 행동하고자 하는 의지 여부에 따라 함께 일하는 것이 쉬울 수도 어려울 수도 있다. 하지만 스파크들은 자신의 팀을 최대한 활용하기 위해 팀원들을 도와야 하며, 팀원들에게 먼저 그 방향을 보여줘야 한다는 것을 알고 있다.

팀을 구성하는 것은 어려운 일이다. 우리는 모두가 각기 다른 사람들이기 때문에 사람의 성격에 따라 팀 구성 또한 달라진다. 각자 경험한 삶은 상당히 다르며, 우리에게는 경쟁하려는 욕구와 우선순위가 있고, 우리가 추구하는 목표가 잘못 정해질 때도 있다. 이 모든 것들이 팀 구성 과정을 복잡하게 만들고 집단을 이루려는 우리의 욕구를 저해하기도 한다.

하지만 이러한 이유들 때문에 팀워크가 불가능한 것은 아니다. 사실, 우리는 각자를 가치 있고 소중한 존재로 여겨주고 존중해준 훌륭한 팀에서 일해본 경험이 있다. 다양성이 제대로 발휘되지 않고 사람들이 효과적으로 모이지 않았던 팀에서 일하며 좌절을 겪었던 적도 있다.

그렇다면 과연 무엇 때문에 일하기 쉬운 팀과 어려운 팀이 나뉘는가? 그것은 바로 서비스 리더십의 존재 유무, 보다 정확히 말하자면 서비스 리더십의 부재 때문이다.

스파크들은 서비스를 통해 팀을 이끌어나간다.

서비스 리더십이란 군을 제외한 집단에서는 거의 배울 수 없는 개념이자 거의 이야기되지 않는 개념이다. 하지만 우리가 군 복무를 하고 있던 도중뿐 아니라 제대를 한 후에도 서비스 리더십은 성공하기 위해 반드시 필요한 개념이었다.

서비스란 타인의 성공을 위해 그를 대신해 이타적인 행동을 보이는 것이다. 서비스란 이기적이지 않은 행동의 본질이다. 당신이 스스로 이타적으로 행동할 때, 당신은 개개인을 하나의 팀으로 모으는 스파크가 될 수 있다.

서비스 리더십은 간단한 방법으로 증명할 수 있다. 예를 들면, 장교로서 우리는 각자의 접시를 채우기 전에 부대원들이 먼저 음식을 먹을 수 있도록 마지막에 식사를 하라는 지시를 받는다. 이러한 행동은 우리가 각자의 욕구보다 팀원들의 욕구를 먼저 채워주려 한다는 것을 나타낸다.

또한 우리는 '대기명령 강의'를 제공하라는 지시를 받는다. 이 강의는 우리 팀에게 어떠한 순간에든 교육을 할 준비태세가 되어 있다는 것을 의미한다. 팀원들의 휴식 시간에도 언제든지 교육을 통해 함께 발전할 준비가 되어 있다는 것이다.

이러한 행동은 우리의 역할이 서로를 발전시키도록 돕고 함께 성장하기 위한 것임을 확인시켜준다. 서비스는 해병대의 격언 가운데 하나에도 잘 나타나 있다. "첫째로 임무를 완수할 것, 늘 사람을 먼저 챙길 것." 이는 수행 결과와 사람 두 가지 모두가 중요한 우선순위라는 것을 분명히 나타낸다.

당신의 직장에서 서비스란 동료가 어떻게 일을 하는지 살펴보고 확인하는 정도로 여겨질지도 모르겠다. 혹은 누군가에게 전적으로 집중하거나 그 누구도 하고 싶어 하지 않는 평범한 일을 해주는 것 정도로 알고 있을 수 있다.

중요한 것은 바로 이것이다. 당신이 다른 사람을 도와주고 있을 때 이들이 보살핌을 받고 있다고 느끼면, 이들은 안전하게 보호받고 있다고 생각한다. 그러면서 당신의 헌신을 직접 경험하게 된다. 그렇게 되면 이들은 또한 자신에게 덜 집중하고 자기가 속한 팀과 팀이 실행하고자 하는 결과에 보다 집중하게 될 수 있다.

서비스란 본능에 반하는 행동이기도 하다. 우리는 남들에게 서비스를 해주기 위해 태어난 사람들이 아니다. 우리는 그와 반대로 꽤나 이기적인 존재로 태어났다. 어린아이들은 아침에 일어나면서 '오늘은 엄마를 어떻게 도와드릴까?'라는 생각을 하지 않는다.

서비스는 반문화적이기도 하다. 서구사회는 매일매일의 일상이 완벽히 자기중심적인 메시지로 가득 차 있는 곳이다. "네 방식대로 해." "나 자신만을 생각해야 해." "넌 그럴 자격이 있기 때문이야."

열심히 노력하고 상황을 판단하면 우리는 나 자신으로부터 다른 사람들에게로 초점을 옮겨갈 수 있다. 하지만 그렇게 한다고 본능이 사라지는 것은 아니다. 본능은 그 자리에 그대로 존재한다. 그러나 본능을 적절한 수준으로 인식하고 조절하게 되면, 당신은 혼자서 성취할 수 있는 결과보다 팀이 성취하는 결과가 훨씬 더 크다는 사실을 그 즉시 알게 될 것이다.

바로 이것이 스파크처럼 행동하는 모습이다.

스파크가 하는 모든 행동들과 마찬가지로, 남에게 도움을 주는 일은 신중해야 한다. 당신이 도움을 주겠다고 결정할 때, 그 노력이 다른 사람의 성공과 어떻게 연결될 것인지 그 즉시 알 수는 없다. 하지만 분명 언젠가 그렇게 될 것이라고 우리는 확신한다.

**코카콜라
대위**

앤지의 사례 해병대는 정말이지 흥미로운 조직이다. 이를 뒷받침해줄 과학적 근거는 사실 없다. 하지만 이 세상에서 자신이 속한 조직의 로고를 문신으로 새긴 사람이 가장 많은 곳이 바로 미 해병대다.

왜 해병대원들은 이렇게까지 하는 걸까? 물론, 술 한잔 하고 호기롭게 문신을 하겠다고 결정하는 해병대원들도 많을 테지만, 분명 술 때문만은 아닐 것이다.

해병대원들이 문신을 하는 것은 해병대라는 조직에 대한 자부심과 헌신을 가지고 있기 때문이다. 이 자부심과 헌신은 임의적인 선택의 결과로 얻어진 것이 아니다. 해병대가 '자기 자신보다 남을 돕는 일'에 초점을 맞추고 있기에 가능한 것이다. 그리고 서비스는 해병대 입대 첫날 교육받는 마인드셋이다.

내가 중위로 임관했을 때 이미 스스로를 서비스 리더라고 믿었다. 하지만 그것이 완벽한 사실은 아니다. 나는 스물한 살에 불과했고 여전히 나 자신에 몰입해 있던 상태였다. 당시 나는 서비스 리더십을 배운 적이 있었지만, 개념적으로만 이해했던 것 같다. 내가 서비스 리더십 자체를 몸소 경험해보기 전까지는 이 개념을 제대로 알지 못했다는 것이 사실이다. 앞서 이야기한 것처럼, 해병대에 대해 배우기 위해 고군분투하며 6개월간 머물렀던 해병대 기초학교에서 나는 서비스 리더십을 실제로 경험하게 되었다.

교관들이 얼마나 도전의식을 불어넣는 사람들이었으며, 그들이 해병대 기초학교를 얼마나 다이나믹하게 만들었는지는 앞서 이야기하지 못했었다. 솔직히 말하자면, 이들은 모두 강인한 사람들이었다. 무엇보다도 이들 대부분은 육체적으로 위협적인 모습을 하고 있었다. 이들은 단백질 파우더를 즐겨 먹는데다, 매일같이 체육관에 가서 고난이도의 훈련을 받았다. 오로지 공격적이기만 한 사람들도 있었다. 한번은 단검 훈련을 받다가 눈이 멍들고 코피까지 난 적도 있다.

하지만 이들이 아무리 강인하고 험악해 보인다 해도 하퍼 대위와 대적할 수 있는 사람은 없었다. 추측건대 그는 해병대에서 가장 목소리가 큰 인물이었다. 그는 자신의 이미지를 강화하기 위해 직위나 이름으로 불리는 것을 원치 않았다. 진짜 그랬다. 그는 자신을 '코카콜라'라 부르라고 우리에게 분명히 말했다.

그는 진짜 남자였고, 그 사실은 정말이지 의심할 여지가 없었다. 코카콜라 대위의 키가 168센티미터 정도였다고 해도, 그 누구도 그의 키가 그 정도밖에 안 된다고 생각하지 못했을 것이다. 그는 마치 자신이 2미터도 넘는듯한 폼으로 걸어 다녔기 때문이다.

그는 해병대에서 내 선임참모였다. 그에게 최우선 과제는 해병대 기초학교를 졸업한, 즉 해병대에서 복무한 사람들 모두가 최고 수준에 도달할 때까지 밀어붙이고 도전하도록 만드는 일이었다. 그런 그의 기대에 부응하지 않으려는 (혹은 부응하지 못하는) 사람들은 다시 집으로 돌아갈 수도 있다고 그는 우리에게 일러두었다.

코카콜라 대위가 위협적으로 하는 이야기를 진지하게 받아들였던 나는 결코 그런 사람이 되지 않겠다고 다짐했다. 내가 아무리 열심히 군 생활을 한다고 해도 코카콜라 대위의 레이더망에 애초부터 걸리지 않는 편이 나을 것 같았다. 나는 그가 동료들의 성과에 대해 '상담'해주는 모습을 본 적이 있었기에, 내게도 그렇게 불같이 화내는 사태를 만들고 싶지 않았다.

나는 훌륭한 해병대원이 할 수 있는 일이라면 뭐든지 했다. 내게 유리한 상황을 만들기 위해 위장술을 활용했던 것이다. 우리가 운동장에서 훈련을 할 때 그가 근처를 지나가면 최선을 다해 내 모습을 숨기려고 했다. 강의실에 있을 때는 그가 나를 보지 못하게 하려고 주로 키가 큰 동료들 뒷자리에 앉았다.

그때까지만 해도 나는 그의 관심을 다른 곳으로 돌리는 일을 아주 잘해내고 있다고 생각했다. 그러던 어느 날, 200명이나 되는 동료들과 함께 강의실에 앉아있는데 교관에게 행정실에서 온 메모 하나가 전해졌다. 그가 메모를 확인하더니 곧장 나를 가리키며 이렇게 말했다. "중위, 하퍼 대위에게 가보도록."

나는 마치 한 대 맞은듯한 기분이 들었다. '내가 뭘 잘못했지?' 나는 그의 사무실로 걸어가며 느꼈던 당시의 두려운 마음이 아직도 기억난다. 그의 사무실에 도착한 나는 노크를 하고 지시대로 이곳에 왔다고 말했다. 그는 사무실 안으로 들어오라고 말했다. 나는 재빨리 그의 책상 앞으로 걸어가 차렷 자세를 취했고 무슨 이야기를 들어도 꿈쩍 않을 수 있도록 정신적으로 무장했다.

코카콜라 대위의 말에 나는 짐짓 놀랐다. "여기 앉아보게." 그는 단호한 어조로 지시했다. 내가 자리에 앉자, 책상 뒤쪽에 있던 그가 내가 앉은 의자 바로 옆으로 다가오더니 무슨 말인가 꺼낼 준비를 하면서 내 쪽으로 몸을 기울였다.

"앤지" 이전에는 한 번도 들어보지 못한 목소리 톤으로 그가 말했다. 낯설게도 그의 목소리가 연민 어린 목소리처럼 들렸다. 곧장 나는 '세상에, 내가 테스트에 통과를 하지 못한 거구나' 하고 생각했다. 하지만 그는 계속해서 이렇게 말했다. "중위에게 전해야 할 정말 슬픈 소식이 하나 있어. 방금 중위의 어머니께서 전화를 하셨는데, 할머니께서 돌아가셨다고 하는군."

그리고 그는 잠깐 말을 멈추고는, 갑작스러운 소식을 접한 내게 잠시 생각할 시간을 줬다. 내 눈에 눈물이 가득 찬 것을 보자마자 그가 부드러운 어조로 물었다. "중위의 가족을 위해 내가 지금 바로 해줄 수 있는 일이 뭐가 있겠나?"

코카콜라 대위의 질문에 답하기도 전에, 그는 이미 자신이 준비해둔 일들에 대해 내게 말하기 시작했다. "우선, 중위가 곧바로 숙소로 가 짐을 쌀 수 있도록 문밖에 중위를 데려다줄 동료가 기다리고 있다네. 그가 레이건 국립공항까지 태워줄 테니 공항 카운터로 가서 내가 예약해둔 티켓을 받도록 해. 중위의 부모님께도 전화 드려놓아서 그분들이 자네의 도착 시간을 알고 계신다네. 공항으로 자네를 데리러 나오실 거야. 훈련 담당관에게도 이야기해둬서 당분간 자네가 자리를 비운다는 걸 그도 알고 있어. 하지만 자네가 돌아오면 그간의 훈련을 따라잡을 수 있도록 일대일 훈련을 맡아줄 걸세. 앤지, 이것 말고 내가 도와줄 수 있는 부분이 혹시 더 있을까?"

내가 생각할 수 있었던 것은 '이것 말고 다른 게 더 있을 수 있겠나' 하는 것이었다. 그는 이미 정말 많은 일을 해줬다. 내가 도움이 필요하던 그 순간, 그는 내 친한 친구가 할 수 있는 것보다도 더 많은 일을 준비해줬다. 게다가, 이것이 전부가 아니었다.

"앤지, 일단 집에 도착하면 훈련을 많이 놓치게 될 거란 생각이 들기 시작할 걸세. 그래서 빨리 돌아와 다시 훈련을 받아야겠다고 생각하겠지. 하지만 부탁인데, 집에서 가족들과 충분히 시간을 보내고 돌아오길 바라네. 해병대는 아주 흥미로운 조직일세. 우리는 자네 없이 지금껏 222년을 버텨왔어. 그러니 자네 한 사람 없이 한 주쯤은 더 버틸 수가 있다네. 자네가 부모님 곁에 있어드리는 것만으로도 부모님께 위안이 될 거야. 자, 이제 집으로 돌아가서 지내다가 준비가 되면 그때 돌아오게."

슬픔을 느끼던 와중에도 나를 그렇게 신경 써주는 이가 있다는 사실을 알게 되었기에 깊은 안도감을 얻었고 위안 받는 느낌이었다. 코카콜라 대위는 우리 가족과 내가 함께 시간을 보낼 수 있도록 뒤에서 온갖 마법을 부린 듯 모든 일을 처리해놓았다.

마침내 집에 도착한 나는 집으로 돌아오게 된 것에 조금은 안도했다. 그런데 지금도 잊을 수 없는 일이 하나 더 있었다. 바로 내가 도착하고 몇 분 뒤, 우리 집으로 꽃 배달부가 찾아온 것이었다. 그는 내가 지금껏 살면서 봤던 꽃다발 중 가장 큰 꽃다발을 전해줬다.

나는 함께 전해진 카드를 열어봤다. 물론, 그 안에는 코카콜라 대위의 서명이 있었고 해병대 기초학교의 해병대원 전체의 서명까지 남겨져 있었다. 그렇게 먼 곳에서 나를 위해 신경 써준 그 마음에 나는 감동받았다. 그리고 나를 그토록 보살펴주는 조직에서 일을 하고 있다는 사실이 너무 자랑스러웠다. 바로 그날 해병대에 대한 내 충성심은 10배쯤 늘어났던 것 같다.

그 이후로도 당시의 경험에 대해 꽤 여러 번 생각해보게 되었다. 바로 이것이 스파크로서 받았던 중요한 리더십 교육과도 같았기 때문이다. 코카콜라 대위는 리더가 되기 위해서는 강인해질 수도 있고 공격적일 수도 있으며 까다로운 기준을 가져야 할 수도 있다는 것을 내게 알려줬다. 하지만 공감하지 못하거나 동정심이 없고 배려하고 보살필 줄 모른다면 리더의 자격이 없는 것이라는 사실도 알려줬다.

훈련에 복귀한 뒤 코카콜라 대위에게 훨씬 더 많은 관심을 기울이게 되었다. 그가 지난 일로 내게 꽤나 깊은 인상을 남겼기 때문이다. 그 대위는 내게 도움이 필요할 때 누구보다도 큰 역할을 해준 훌륭한 리더였다. 하지만 내가 그를 더 유심히 살펴봤더니, 그가 내게만 그러한 태도를 보여줬던 것이 아니라는 사실을 알게 되었다.

그는 항상 남을 도와주는 역할을 자처하고 있었는데, 상황에 따라 그의 모습이 다르게 보였던 것뿐이었다. 예를 들어, 그는 왜 그렇게 기준치에 엄격했을까? 그는 전시 상황을 대비해 우리를 훈련시키고 있었기에 우리에게 엄격할 수밖에 없었다. 그럼으로써 심각한 상황을 마주했을 때, 우리가 최선을 다할 수 있도록 이끌어주려던 것이었다.

대체 나는 왜 항상 그로부터 숨어 다녔던 걸까? 그는 늘 그 자리에서 모두를 지켜보고 있었는데도! 대위는 우리가 어느 곳에 있는지 늘 신경 쓰고 있는 사람이었다.

나는 코카콜라 대위로부터 진정한 서비스란 사람들의 요구에 맞춰 자기가 할 수 있는 최선을 다해 돕는 일임을 배웠다. 또한 남을 돕는 일은 아주 작은 행동으로도 가능하다는 것을 배웠다.

코카콜라 대위가 내게 베풀었던 일을 다시 생각해보면, 그는 내가 집으로 돌아가 가족들과 지낼 수 있도록 모든 준비를 마치는 데 30분 정도의 시간을 들였을 것이다. 하지만 그 30분이라는 시간을 투자한 결과가 어떠했는지 생각해보라. 그는 그 짧은 시간을 통해 내 평생의 충성과 헌신을 얻어냈다.

나는 해병대에 대한 자부심을 드러내려고 문신을 했던 적은 단 한 번도 없다. 하지만 해병대 정신을 드러내기 위해 해병대 스티커와 티셔츠는 여러 벌 갖고 있다.

서비스란
어떤 형태인가

서비스가 다른 사람들의 요구를 충족시키는 일이라 한다면, 우리 모두가 요구사항을 갖고 있으며 그 요구사항은 사람들마다 각기 다르다는 사실을 알아두는 것이 중요하다. 다른 사람들에게 도움을 주기 위해서는 인간의 기본적인 욕구를 먼저 이해하는 것이 도움이 된다.

인간의 기본적인 욕구에 대해서는 지금까지 수많은 연구가 이뤄져 왔다. 그 가운데 에이브러험 매슬로우 박사의 이론은 가장 획기적이면서도 유명한 이론이다. 그는 1940년대에 인간 욕구의 계층 구조에 관한 논문을 발표했다. 이 개념은 차후에 생리적 욕구, 안전에 대한 욕구, 사랑과 소속감에 대한 욕구, 존중감에 대한 욕구, 자기실현의 욕구라는 피라미드 형태로 만들어지게 된다.

자기실현의 인본주의 심리학에 따르면, 자신의 성장과 발전에 집중하는 단계인 자기실현 단계가 모든 인간의 목표다. 그러나 자기실현 단계에 도달하기 위해서는 가장 기본적인 욕구부터 충족시켜나가야 한다.

인간으로서 우리의 욕구는 절대로 고정되어 있지 않다는 사실을 아는 것이 중요하다. 욕구는 각 단계별로 그리고 우리가 속해 있는 환경에 따라 변한다.

심지어 이 욕구들은 시간마다 변할 수도 있는데, 이는 개념화해보

– 매슬로우 5단계 욕구이론 –

면 알기 쉽다. 예를 들어, 당신이 회의를 하는 도중 배가 고팠던 적이 있거나 다른 나라를 여행하다가 길을 잃어 당황스러웠던 적이 있었다면, 당신은 자기존중에 초점을 두고 있었던 것이 아니다. 당신은 이 두 가지 경우에 각각 기본적인 생리적 욕구와 안전에 대한 욕구를 충족시키는 데 초점을 맞추고 있었던 것이다.

　일단 이 욕구들이 충족되고 나면 더 높은 단계의 욕구를 충족시키기 위해 나아갈 수 있다. 중요한 인생의 사건을 한번 생각해보라. 만약 당신이 실직한 적이 있거나 병든 부모를 간호했던 적이 있다면, 그 기간 동안 당신의 주요 관심사가 직업적인 성취나 취미는 아니었을 것이다. 이러한 생각들이 당신의 사고 체계에서 사라지는 것이 아니라 긴급한 일이 아니기 때문에 멀리 있는 것처럼 느껴진다.

매슬로우의 욕구 단계는 당신이 직업과 삶을 성장시키고 싶을 때 참고하면 도움이 될 것이다. 사실, 이 단계를 통해 당신이 스파크가 되지 못하게 방해하는 요인이 무엇인지 알 수도 있다. 당신은 이 다섯 가지 욕구 단계 중 어느 단계에 속해 있는가?

매슬로우의 욕구 단계는 서비스 리더가 되고자 노력하는 스파크에게 더 없이 유용하다. 이를 통해 당신의 친구나 가족, 동료, 심지어는 상사에 이르기까지 당신 주변의 사람들을 이해할 수 있기 때문이다.

주변 사람들에게 도움이 되기 위해서는 그들이 지닌 욕구들이 어떤 것인지 먼저 알아내고, 그들의 욕구를 충족시키기 위해 당신이 개인적으로 도울 수 있는 방법은 무엇인지 파악해야 한다.

남을 돕는 행위는 화려하거나 멋져 보이지 않는 행위이기도 하며, 많은 돈이 들지도 않는다. 당신의 친구가 새로 시작한 사업을 이웃들에게 소개해줄 수도 있고, 동료의 승진 면접 준비를 도와주는 일처럼 간단하고 쉬운 방법으로 남을 도울 수 있다. 또한 다른 사람의 이야기를 적극적으로 들어주는 일처럼 매우 단순한 방법도 있다. 이는 요즘처럼 바쁘게 돌아가는 사회에서 좀처럼 쉽게 하기 어려운 일이다.

지금껏 당신이 겪었던 리더십은 아마 '지나쳐가는 리더십'이었을 것이다. 당신을 지나쳐갔던 사람들은 "잘 지냈어?"라 물었지만, 그 질문이 집요하게 대답을 원하지는 않았을 것이다. 스파크가 되어 다른 사람들에게 영향력을 미치기 위해서는 다른 사람들이 하지 않는 일을 해야 한다. 즉, 잠시 멈춰 서서 상대방의 이야기를 적극적으로 듣는 것이다.

다른 사람들에게 도움을 주고 그들이 지닌 잠재력을 이끌어낼 수 있도록 돕는 것은 보람된 일이다. 실제로 그렇게 하면 우리는 행복해진다. 도움을 주는 행동을 하면 우리 뇌의 갈망과 쾌락 보상의 영역이 활성화된다는 MRI 촬영을 통한 연구 결과가 이미 잘 알려져 있다. (그렇다. 이 영역은 우리가 초콜릿을 먹을 때면 기분이 좋아지는 영역과 똑같다.)

우리의 행복이 중요한 이유는 건강이나 좋은 인간관계, 직업적인 성공, 목표 달성과 같은 다양한 삶의 측면들과 연관이 있기 때문이다.

개개인이 남을 돕기 위해 노력하면 주변 사람들도 긍정적인 행동을 보이기까지 그리 오랜 시간이 걸리지 않는다. 이러한 파급효과는 다른 사람들을 돕는다는 본질적인 가치를 넘어 비즈니스에서 발생하는 긴급한 과제를 해결하는 데도 종종 활용될 수 있다.

우리는 자원 관리 서비스회사이자 리드스타의 오랜 고객사인 슐룸베르거Schlumberger와 함께 일해왔다. 그 과정에서 우리는 신입사원들로 구성된 한 부서에서 안전사고가 늘고 있다는 사실을 확인하게 되었다.

슐룸베르거의 임원 가운데 한 명인 마크 오번은 만약 신입사원들이 해야 할 업무와 해서는 안 되는 업무가 무엇인지 잘 알고 있는 기존 직원들로부터 멘토링을 받을 수 있다면 안전 수칙을 더 잘 지켜나가면서 업무 전반적으로 보다 긍정적인 경험을 할 수 있을 것이라고 생각했다.

우리 회사는 마크와 함께 멘토링 프로그램을 개발하기 시작했다. 이 프로그램은 멘토가 될 수 있는 직원들을 위한 교육이었다. 신입사원들인 멘티들에게 도움이 되기 위해서 기존 직원들이 어떻게 해야 하는지 알려주는 교육이었다.

멘토들은 반드시 관리자나 감독관일 필요는 없었지만, 반드시 스파크들로 구성되어야 했다. 이들은 자신이 조직의 변화를 위해 진정한 해결책을 제공해줄 수 있다고 생각하는 사람들이어야 했다. 멘토들은 자발적으로 훈련을 받고 추가적인 기회를 마련해서 신입사원들이 각자의 역할에 보다 잘 적응할 수 있도록 도왔다. 우리는 멘토-멘티 관계에서 어떠한 도움을 줄 수 있는지 다음과 같은 아이디어를 제시했다.

- 자신의 멘티에게 자신을 소개하고 멘티에 대해 개방형 질문을 던져 멘티를 잘 알아둘 것
- 자신의 멘티가 일을 하는 데 필요한 안전장치를 준비하도록 돕고 난 뒤 그가 장비를 갖추고 있는지 확인하고, 그 장비를 갖추는 데 어려움이 생길 경우 해결할 수 있도록 도울 것
- 가능하다면 멘티와 함께 일해보면서 그의 업무 과정을 살펴볼 것 (그리고 필요할 경우에 코칭하기)
- 함께 식사하고 쉬는 시간을 보내면서 멘티가 외롭게 느끼지 않도

록 할 것

- 비공식 모임에 항상 멘티를 초대해 멘티가 동료 직원들과 만날 수 있는 기회를 만들어줄 것
- 멘티가 잘한 일에 긍정적인 격려를 해주고 멘티의 방식대로 따라 줄 것
- 멘티가 기업문화의 불문율을 잘 이해하도록 도울 것
- 멘티가 전혀 들어보지 못했을 특정 용어 및 표현들에 대해 설명해 줄 것

간단한 것처럼 들리지 않는가? 하지만 때로는 가장 간단한 것들이 등한시되는 경우가 많다. 특히나 직접적으로 전달되지 않을 경우에 그러하다. 우리가 슐룸베르거와 멘토링 프로그램을 시작했을 때, 멘토들로부터 이들이 신입사원들을 위해 취할 수 있는 행동들이 담긴 이 프로그램이 얼마나 유용한지 즉각적인 반응을 얻었다.

또한 우리는 멘티들로부터 '바보같은 질문들'에도 답해주는 멘토가 존재한다는 사실에 감사하다는 이야기를 들었다. 이들은 자신들을 늘 지켜봐주는 멘토들이 존재한다는 사실이 얼마나 큰 도움이 되는지 모른다고도 말했다.

문화적인 변화가 긍정적으로 일어나는 모습을 지켜보는 것에 흐뭇해하던 마크로부터 멘토들이 신입사원들을 키우는 일에 보다 관심이 생겼고, 그들이 장기적으로 안전하게 업무를 해나가고 게다가 직업적인

성공을 향해 나아가는 일까지 돕고 있다는 이야기도 들을 수 있었다.

보다 강력한 팀을 만들기 위한 방향으로
관점 바꾸기

때로 남을 돕는 행위는 인간 관계의 어려움을 헤쳐 나가는 데 가장 중요한 역할을 하기도 한다. 예를 들어, 당신이 지속적인 고객 유지에 어려움을 겪고 있다고 하자. 서비스 리더십은 고객 유지를 위해 당신이 하고 있지 않은 일이 무엇인지 생각하도록 도움을 줄 수 있다.

당신이 계속해서 동료와의 갈등을 겪고 있다면 자신이 아니라 동료가 당신과의 관계에서 무엇을 필요로 하는지 생각해보라. 그렇게 한다면 당신과 동료의 관계가 얼마나 발전하겠는가. 혹은 당신과 상사의 의견이 서로 일치하지 않는다고 생각해보라. 당신은 아마도 상사와 그의 가족들의 상황을 전혀 고려해보지 않았을 것이다. 상사는 배우자와의 관계에서 문제를 겪고 있을 수도 있고, 회사의 고위층으로부터 엄청난 압박을 받고 있는 상태일 수도 있다.

당신이 다른 사람의 관점에서 생각할 때, 그들과 공감할 수 있다. 그리고 이를 통해 상호작용을 할 때 보다 사려 깊게 생각할 수 있다.

남을 돕기 위한 노력은 오로지 당신의 상상력과 상황을 주도해나가려는 의지에 의해 만들어진다. 당신이 속한 환경에서 다른 사람을 도울 방법을 찾을 때는 이렇게 생각해보는 것이 좋다. 당신이 매일매일 연락하는 사람들에 대해 생각해보고 스스로에게 다음과 같이 물어보라. 아마도 당신은 이 질문들에 대한 몇몇 답은 알고 있을 것이지만, 모든 답을 알고 있지는 못할 것이다.

- 그들의 환경은 어떠한가?
- 그들은 왜 이 직업이나 회사를 선택했는가?
- 그들의 가족이 어떤 상황인가?
- 그들의 관심사는 무엇인가?
- 그들을 행복하게 만드는 것은 무엇인가?
- 무엇이 그들의 원동력이 되어주는가?
- 이 관계를 위해 내가 추가적으로 할 수 있는 일은 무엇인가?

마지막 질문이 가장 답하기 어려울지도 모르겠다. 우리는 종종 다른 사람에게 도움을 줄 수 있는 부분을 과소평가하거나 그 도움을 반드시 내가 줘야 한다고 생각하지 않는다. 그리고 나보다 나이가 많은 사람이나 직장 경험이 많은 사람에게 도움을 줄 수 있다는 생각을 어색하게 느끼기도 한다.

어떻게 하면 이러한 어색함을 없앨 수 있을까? 남을 돕기 위해 당신은 자신의 의도에 충실해야 한다. 만약 당신이 다른 사람을 위해 가치 있는 일을 해줄 수 있다고 생각한다면 당신의 동기는 그 사람을 돕는 일이고 당신이 초점을 맞춰야 할 것은 단지 도움을 주는 일뿐이다.

이 부분이 바로 중요한 열쇠다.

진정으로 남을 돕는 일은 상대방을 애지중지 여기거나 무엇이든 허락하는 것이 아니라 상대방에게 권한을 주는 것이다. 애지중지 여기는 일은 상대방을 아기처럼 다루는 것이나 마찬가지로, 가짜 칭찬을 해주고 그들이 들어야 할 정직한 피드백을 주지 않는 일이다. 무엇이든 허락하는 것도 이와 마찬가지의 역할을 하며 기준을 낮추도록 만들어서 상대방이 그 낮춰진 기준에 맞추도록 한다. 뭐든지 허락을 받고 일해온 사람은 결코 당신으로부터 완전히 독립할 수 없기 때문에, 결국 당신과 상대방 모두에게 해로운 영향을 미칠 수 있다.

권한을 부여하는 일은 자원을 제공하고 정보를 주며 상대방이 성공적으로 일을 완수할 수 있도록 돕는 일 모두를 포함한다. 예를 들면, 우리는 지금껏 도움을 받지 못해 어찌할 바 모르던 임원들을 수없이 만나왔다. 효과적인 계획 수립부터 관련 정보들을 취사선택하는 일까지 임원들을 위해 도움을 줬던 일들은 이들이 원활하게 업무를 운영해나가도록 했다.

우리는 대화하는 방식만 가지고도 직원들 사이에서 눈에 띄는 사람들도 여럿 만나봤다. 이들은 이야기를 전하는 사람뿐 아니라 받아들이는 사람에게도 매우 의미 있는 정보를 전달했다. 어려운 피드백을 전달함으로써 동료들을 돕는 직원들도 봐왔는데, 이러한 관계는 숨겨 왔던 불편한 문제까지 드러낼 만큼 서로를 아끼고 있었기 때문에 가능 했다.

상대방을 돕는 일은 하나의 습관과도 같다. 이 습관을 만들기 위해 서는 남을 돕는 행동을 방해하는 업무 환경이 존재한다는 사실을 먼저 알 아둬야 한다. 하지만 적절한 전략을 마련해둔다면 이와 같은 장애물들은 스파크로서 팀을 결속시키려는 당신을 절대 방해하지 못할 것이다.

혼자서 해낼 수 없는 일을 어떻게 함께 해낼 수 있을까

코트니의 사례 나는 운 좋게도 리더십이 존재하는 훌륭한 팀에서 계속 일해왔다. 아마 당신도 이러한 경험을 해본 적이 있을 것이다. 특정 팀 에서 일하는 것이 다른 팀에서 일할 때보다 훨씬 나을 때가 있다.

내 업무 경력을 돌아보면 가장 훌륭했던 팀들(적당히 훌륭한 팀이 아닌)이 분명히 떠오른다. 오늘날까지도 내가 그 팀의 일원이었을 때 어떠했는지 기억날 정도다. 그 훌륭한 팀에서 나는 내 동료들이 나를 아껴주고 있다는 느낌을 받았고, 상사는 내 계획을 존중했으며, 매일의 업무가 조직의 성공과 직결되어 있었다.

직장생활 초기, 래셔널소프트웨어Rational Software에서 판매 책임자로 일할 수 있는 엄청난 기회가 내게 찾아왔다. 이 일은 내가 해병대를 전역하고 처음으로 했던 일이다. 열심히 일한 결과를 보상받을 수 있는 팀과 함께 일하는 것은 정말이지 고무적인 경험이었다. 상사부터 지원 조직의 직원들까지 서로를 위해 일하는 모습을 보면서 동지애를 강하게 느낄 수 있었다.

상사였던 마크가 어느 날 오후 내게 다가와 영화 티켓을 내밀며 이렇게 말했던 것이 아직도 생각난다. "코트니, 그동안 정말 열심히 일했으니 잠깐 쉴 시간도 있어야죠. 오늘 일찍 퇴근하도록 해요." 마크가 내가 영화 보러 가는 걸 좋아한다는 사실뿐 아니라 내가 업무로 인해 스트레스를 받고 있다는 사실까지 알고 있다는 것이 놀라웠다. 근무시간에 잠시 쉴 기회를 얻어서 잠시 어깨가 가벼워졌다.

영업부장 린다와 행정보조이던 지네트도 기억난다. 이들은 우리가 하고 있는 일이 어떻게 진행되고 있는지 면밀히 주시했고 우리 팀과 내가 갖고 있지 못했으나 우리에게 반드시 필요한 자원을 지원했다. 덕분에 우리 회사는 엄청난 성공을 거둘 수 있었고 결국 IBM이 우리 회사를 인수했다. 나는 제품과 실적이라는 결과뿐 아니라 우리 회사의 문화가 당시 기업 인수에 큰 영향을 미쳤다고 생각한다.

모든 레벨에서 리더십이 부족했던 환경에서 일했던 경험도 있다. 최고의 조직이 아닌 팀에서 일하는 동안 나는 종종 좌절감과 분노, 불안감을 느꼈다. 이러한 팀에서 팀원들은 사소한 일로 끊임없이 다퉜고,

상사들은 일관성이 없었으며, 언제 배신당하게 될지 모르는 상태였기 때문에 서로를 경계했다.

어떤 이들은 이 같은 조직을 '유해한 환경'이라 칭했고, 또 어떤 이들은 건강하지 않은 조직이라고 불렀다. 해병대에 있을 때 "상태가 좋지 않은 배 한 척이 함대를 침몰시킨다"라는 이야기를 들었던 것이 생각난다. 그런데 이와 같은 환경에서도 해결책은 존재한다. 바로 서비스 리더십이다.

나는 대형 법률회사에서 잠시 일했던 적이 있다. 회사는 서비스 리더십이 정말로 부족한 곳이었다. 그 회사에서 일하던 당시 나는 매일 고립되고 단절되어 있으며 사람이라기보다 소모품처럼 여겨지고 있다는 생각을 했다. 비록 내 동료들은 똑똑한 사람들이었지만 그들에게 리더십을 배울 수 있는 기회는 주어지지 않았다.

이 회사에서 리더십이란 권력과 지위를 말했다. 만약 당신이 높은 직급을 갖고 있다면 그 회사에서 리더가 될 수 있었다. 그리고 리더가 된다는 것은 당신이 원하는 대로 행동해도 된다는 것을 의미하는듯했다. 고함을 지르며 다른 사람들을 모욕하는 일부터 학창 시절 운동장에 모여 험담을 하던 것처럼 행동하는 일까지 이들은 자기 마음이 내키는 대로 사람을 대했다. 그 외의 사람들은 그런 대접을 그냥 견뎌내야만 했다.

운이 좋았는지 나는 선배들이 쏟아내는 분노를 직접 견뎌야 했던 경우가 없었지만, 직원들을 좌절하도록 만드는 기업문화로 인해 많은 동료들은 결국 회사에 대한 마음을 접고 회사를 그만뒀다. 회사의 경영진은 젊은 변호사들이 긴 업무 시간을 견디지 못해 회사를 그만뒀다고 생각했지만, 사실 이러한 이유로 회사를 떠난 직원은 거의 없었다.

이들이 회사를 그만둔 것은 대부분 리더십 행동과 가치를 이해하지 못하는 리더들과 함께 일하며 느꼈던 어려움 때문이었다. 재능 있고 야망에 부푼 젊은 변호사들이 회사를 떠나는 모습을 보니 안타까웠다. 개중에는 아예 변호사라는 직업을 그만둔 이들도 있었다. 내 생각에 이러한 스파크들은(결국 스파크가 되었을 이들은) 서비스 리더십을 경험했더라면 계속해서 일할 수 있었을 것이다.

컨설턴트로서 나는 다양한 고객 환경에서 다양한 서비스 리더십을 관찰해볼 수 있었다. 내가 다양한 산업 분야를 넘나들며 일하고 있기 때문에 고객들은 다른 산업 분야에 대해서 내게 묻는다. 이들이 내게 "최고의 고객은 누구입니까?"라는 질문을 할 때면 나는 특별히 좋아하는 고객이 있다는 것을 드러내지 않으려 한다.

하지만 분명 눈에 띄는 고객들이 있게 마련이다. 예를 들면, 내가 해충방제회사 오르킨Orkin과 함께 일했을 때, 남편에게 오르킨의 가족친화적인 환경에서 일해보고 싶어서 그 회사에서 아르바이트라도 해볼 기회가 있으면 좋겠다고 농담을 던진 적이 있다. 해충 관리가 그리 매력적인 일은 아니지만, 오르킨의 기업문화는 너무나 인상적이었다. 사실 오르킨은 내가 지금껏 본 기업들 가운데 가장 강력한 서비스 리더십을 갖추고 있는 회사다. 이 리더십은 회사를 구성하는 중요한 요소 가운데 하나임이 분명하며, 이 회사의 가치를 잘 드러내고 있다.

지겐펠더Ziegenfelder는 가족경영기업으로서 우리의 또 다른 고객사다. 3대에 걸쳐 냉동 디저트를 생산하고 있는 이 회사의 공장을 찾았을 때, 직원들 서로가 도움을 주기 위해 노력하는 모습이 분명하게 느껴졌다. 사람들은 서로를 아끼고 있었고, 서로를 아끼는 마음은 전 직원과 경영관리팀에도 전해졌다. 이들은 차가운 냉동고에서 각자의 일을 수행할 때조차도 계속해서 일을 마무리하기 위해 자신의 직무가 아닌 다른 직원의 일까지 해냈다.

사실 나는 강력한 리더십이 존재하는 곳이라면 모든 곳에서 일해보고 싶은 마음이 든다. 대부분이 그러리라고 생각하는데, 지금까지 리더십이 부족한 곳에서 일하며 그 회사를 그만두고 싶어 한(혹은 실제로 그 회사를 그만둔) 개인적인 경험이 대부분에게 있기 때문이다.

이러한 경험들과 연관된 감정의 범위는 상당히 클 수 있지만, 공통분모는 바로 리더십의 부재일 것이다. 다시 말하자면, 사람들은 회사를 그만두는 것이 아니라 지금껏 함께 일해온 사람과 더 이상 함께 일하지 않기로 결정하는 것이다.

하지만 이런 회사들을 다르게 생각해보도록 하자. 이 회사들 모두가 일부러 비참한 근무 환경을 만들어내려고 노력하는 나쁜 사람들로 가득 찬 나쁜 기업은 아니다. 단지 이 회사들에는 서비스 리더십을 발휘하지 못하도록 하는 장애물들이 공통적으로 존재하고 있다.

가장 분명한 장애물은 바로 자각이다. 대부분이 서비스 리더십에 대해 알지 못하고 있다. 어떤 이들은 서비스 리더십이 효과적인 방법치고는 너무 간단한 것이라고 여긴다. 이는 마치 전문가들이 사업을 운영하는 데 서비스 리더십 자체를 그다지 중요하지 않다고 여기는 것과 마찬가지다.

이들은 적극적으로 듣고 공감을 표현하며 함께 일하는 사람의 개인적인 이야기를 알아가는 데 시간을 갖고 다른 직원에게 어떻게 가치를 더해줄 수 있는지 방법을 찾아내는 활동들을 중요하게 여기지 않는다. "그건 인사부에서 해야 할 업무죠"라며 다른 사람이 할 일이라고 생각해버리기 쉽다.

두 번째 장애물은 속도다. 바쁘고 복잡한 스케줄 속에서 다른 사람들을 위해 시간을 보내려면 특별한 훈련과 집중이 필요하다. 우리 모두는 퇴근하기 전에 모든 일과를 마무리하고 싶어 한다. 하지만 모든 일을 완성하기 위해 노력하는 동안, 때로 우리 자신에게 이렇게 질문하는 것을 잊곤 한다. "우리가 회사와 우리 팀에 중요한 일을 하고 있는가?"

사람들은 급변하는 환경에서 속도를 특히 중요시한다. 서비스 리더십을 책임진다 하더라도 시간이 부족한 것에 대해 변명할 수가 없다. 어떻게 해도 우리는 너무나 바쁘다.

세 번째로 건전하지 않은 경쟁을 들 수 있다. 이는 내가 맡고 있는 프로젝트에서 예상치 못한 방식으로 종종 나타났다. 그 가운데 눈에 띄는 예가 한 가지 있다. 잘 운영되고 있었던 소기업의 경영진을 위해 컨설팅을 진행했던 일이다.

우리는 급변하는 산업 환경에 맞춰 그들의 전략 개발을 도우려 했지만, 컨설팅을 시작하자마자 직원들이 보상체계에 불만을 갖고 있다는 사실을 알게 되었다. 직원들이 일했던 업무시간에 대한 월급을 받고, 그들이 수행한 성과와 수익을 분명히 하는 복잡한 보상체계를 만들기 위해 엄청난 노력을 들였음에도 마치 사람들은 보상체계에 공정성이나 형평성이 없다고 느끼는 것 같았다. 나는 우리가 보상체계 문제를 해결하지 전까지는 전략에 대한 논의를 이어갈 수 없다는 사실을 알았다. 바로 그 지점에서 모든 일이 흥미로워졌다.

기업 경영진들은 매달 20만 달러 넘게 월급을 가져갔고, 직원들에게는 최대 1만 달러가 넘는 월급을 줬던 경우는 없었다. 경영진들의 월급이 아마도 천문학적인 숫자라 할 수 있을 것이다. 하지만 그 월급의 액수가 내 관심을 끈 것은 아니었다. 기업 경영진들의 수입이 매달 비슷한 반면 직원들의 수입은 매달 변동이 크다는 사실에 나는 주목했다. 나는 이렇게 물어야 했다. "그렇다면, 과연 문제가 정확히 무엇일까?"

내 관점에서는 다음과 같은 사실이 분명해 보였다. 직원들은 매달 최고가 되기 위해 경쟁하면서 누가 보상을 가장 많이 가져갈지 확인하고자 애쓰고 있었다. 그러한 과정에서 그들이 놓쳤던 것은 바로 함께 일하고 협업을 통해 보다 높은 수익을 창출해내며 리더십이 정말로 필요한 긴급한 곳이 어디인지 알아내는 데 시간을 보내며 집중하는 일이었다.

다시 말해, 그들은 조직을 이끌고 있었던 것이 아니었다. 그들은 직원들에게 불필요한 경쟁을 시키는 것이었다. 나는 그들에게 이 사실을 분명히 지적했다. (컨설팅을 하면서 가장 즐거운 순간 중 하나는 바로 권력을 가진 사람들에게 진실을 이야기할 수 있는 기회가 생긴다는 것이다. 사실, 우리 고객들은 솔직함을 가장 중요하게 생각하는 경우가 많다.)

우리는 팀워크와 긍정적인 문화, 자기 자랑을 할 수는 있지만 팀 문화는 사라지도록 하는 월별 경쟁을 놓고 어느 방법이 보다 가치 있는가에 대한 토론을 벌였다. 경영진들은 팀워크의 가치가 값을 매길 수 없을 정도로 소중하다는 사실에 한 명씩 동의해나갔다. 시간이 지나면서 경영진들 모두가 보상을 복잡하게 만들지 않기로 하고 월급을 균등하게 나누기로 합의했다. 결국 회사의 성과는 훨씬 좋아졌고 직원들 간의 갈등도 사라지게 되었다.

우리는 각자의 몫을 챙기는 일에 급급하기 쉽다. 우리는 늘 본능적으로 파이의 가장 큰 조각을 찾으려 하지 않는가. 하지만 우리가 마인드셋을 확장시키고 서비스 리더가 될 때, 우리는 가장 큰 파이 조각을 얻는 일에만 급급하지 않게 된다.

실제로 우리는 보다 효과적으로 협동할 수 있는 위치에 선 우리 자신의 모습을 발견하게 되며, 우리가 처음 생각했던 것보다 커다란 성공을 이루기 위해 다른 사람들과 함께 협업을 해나간다. 그렇게 하면 다른 사람들이 경쟁에서 이겼을 때, 결국 우리도 이기게 되는 것이다.

남을 돕는 일이 항상 쉬운 것은 아니다. 다른 사람의 요구를 첫 번째로 여기고, 모든 이들을 성공으로 이끌기 위해 내가 할 수 있는 일이 무엇인지 생각하려면 개인적으로 상당한 노력이 필요하다.

하지만 우리는 당신이 도전하기를 바란다. 위험을 감수하고 시도해보는 것이다. 일주일 동안, 적어도 10분간 의도적으로 시간을 투자해 자신에게 서비스 리더십을 실험해볼 수 있는 기회를 만들어내자. 휴대전화에 일정을 정해놓고 필요하다면 미리 알람을 켜두라.

당신의 사소한 노력들이 더해지는 결과를 본다면 아마도 놀라게 될 것이다. 장담하건대 당신이 마주하게 될 결과는 그 습관을 계속해서 이어나가도록 동기를 부여해줄 것이다.

도움을 주는 데 필요한 주요 법칙들

서비스 리더십을 키우기 위한 방법들을 생각해보기 전에 고려해야 하는 몇 가지 주요 사항들이 있다.

먼저 다른 사람들을 돕는 진정한 스파크가 되기 위해서는 주변 사람들이 필요로 하는 것을 먼저 생각해봐야 한다. 코카콜라 대위가 그랬던 것처럼 다른 사람이 먼저 도움을 요청할 때까지 기다리지 말고 당신이 도움을 줄 기회와 방법을 찾았을 때 곧바로 도와주면 된다. 누군가가 힘들어하는 모습을 보이면 무언가 다른 일이 일어날 것을 기대하지 말고 먼저 그 사람에게 다가가도록 하라.

우리가 금융 서비스회사와 함께 일했을 때, 설계사 가운데 한 명이 남편이 세상을 떠나 혼자서 두 딸을 양육해야 한다는 이야기를 우리에게 한 적이 있다. 그러면서 그녀가 자신의 팀으로부터 너무나 큰 선물을 받았다고 덧붙여 말했다. "내가 지금 너무나 힘들게 일하고 있으니 조금만 도와주면 좋겠어요"라는 말을 그들에게 하지도 않았는데, 직원들 스스로가 계속해서 작은 일들을 도와줬다는 것이다. 이미 회사에 대한 충성심이 높았던 그녀는 그 일을 겪고 난 뒤 충성심이 10배는 더 커졌다.

우리 회사의 한 고객이 CEO에게 프리젠테이션을 해야 하는 날, 갑작스럽게 어린이집에 아이를 맡길 수 없는 상황이 된 적이 있다. 그는 딸을 회사로 데리고 왔고, 그가 프리젠테이션을 하는 동안 동료들은 그가 데려온 '새로운 고객'인 그의 딸을 데리고 놀아줬다. 나중에 그가 이야기하길, 기대하지 않았던 동료들이 이러한 도움을 줬다는 사실에 놀랐을 뿐 아니라 아내에게 자기 직장이 얼마나 훌륭한 곳인지 자랑까지 하게 되었다고 한다.

우리 동료들 가운데 한 명은 자기 상사가 너무나 바쁜 한 주를 보내고 있는 것을 보고 그녀에게 다가가 그가 도와줄 일이 혹시 있는지 물었다고 한다. "이번 주말까지 이 엄청난 프레젠테이션 준비를 해야 하는데, 고객을 위해 사용할 간단한 템플릿이 필요합니다. 도와줄 수 있나요? 아마 10분이면 해줄 수 있는 일일 텐데 내가 하려면 1시간쯤 걸릴 것 같아서요. 게다가 지금 당장은 그 일에 1시간이나 쓸 수가 없는 상황이거든요." 상사는 이렇게 말했다.

동료는 그 프레젠테이션에 대해 자세히 물어봤고, 상사에게 간단한 템플릿만 만들어준 것이 아니었다. 그는 몇 시간이나 들여 상사가 전달하고자 하는 핵심 메시지와 연관된 이미지들까지 찾아 완벽한 자료를 만들어냈다. 상사는 그 파일을 받아보고 그의 전문가적인 솜씨와 비주얼 효과에 감탄했다.

누구나 짐작해볼 수 있듯, 그 동료는 상사에게 큰 도움을 주고 기대치를 넘어서는 능력을 보여줌으로써 계속해서 그 상사의 팀에서 굳건한 기둥 역할을 해나갔다.

이와 같은 예시들은 당신이 다른 사람을 대신해서 할 수 있는 사소한 노력을 보여준 경우다. 이런 노력들이 당신에게 느끼는 감정과 당신이 속한 팀과 당신의 업무 경험에 대한 전반적인 질에 영향을 미칠 수 있다.

하지만 도움을 주기 위해서는 또 다른 중요한 점을 염두에 둬야 한다. 바로 당신이 도움을 줄 때 자신에게 돌아올 부분에 대해서는 그 어떠한 기대도 하지 않고 남을 도와야 한다는 점이다. 그렇지 않은 상태에서는 남을 도우려는 일을 멈춰야 한다. 스파크들은 그들이 제공하는 도움이 자신이 아닌 다른 사람들을 위한 일일 경우에 다른 이들에게 영감을 주게 된다.

남을 돕는 진정한 방법은 바로 아낌없이 주는 것이다. 그것이 전부다. 당신이 다른 사람의 삶을 보다 쉽고 즐겁게 그리고 보다 만족스럽게 만들어준 것을 보상으로 삼으라. 남을 돕는 일에 대한 보상을 생각하지 않을 때, 당신은 사람들이 반드시 해야 하기 때문이 아니라 원하기 때문에 행동하는 환경을 만들어낼 수 있다.

이렇게 남을 돕는 일은 받는 사람의 입장에서 보다 진실된 느낌을 전해준다. 조건이 따르는 선물을 좋아하는 사람은 아무도 없다.

마지막으로, 진정 남을 돕기 위해서는 포괄적으로 도와야 한다. 우리 자신과 비슷하거나 자연스럽고 친밀한 관계를 맺고 있는 사람들을 도와주고 싶은 마음이 드는 것은 당연하다. 하지만 스파크들은 모두가 아니라 일부 특정한 사람들에게 도움을 주는 일이 편파주의를 발생시킨다는 사실을 잘 알고 있다.

리더는 항상 선택된 소수만이 아닌 모든 사람들이 서로 연결되어 있다는 느낌을 받을 수 있는 환경을 만들어야 한다. 바로 그렇게 할 때,

당신이 성취해낼 수 있는 협력의 수준과 그 정신에 놀라게 될 것이다.

변덕스러운 하늘에서
승객들 도와주기

션의 사례 내가 델타항공에서 비행기를 조종하고 있다는 이야기를 사람들에게 할 때마다 그들은 비행 중 겪었던 끔찍한 이야기를 내게 들려준다. 항공로를 벗어났다거나, 아픈 환자들이 탑승했거나, 짐 가방을 잃어버렸거나, 비행이 오랜 시간 지연된 적이 있었다는 이야기들이다. 나도 그랬듯이 대부분 비행과 관련해 끔찍한 경험을 했던 적이 분명 있을 것이다.

이와 같이 끔찍한 일들이 펼쳐질 때 비행기 안의 상황이 어떠한지 우리 조종사들이 모르고 있다고 생각해서는 안 된다. 승객들이 비행 중 불편함을 겪게 되면, 우리도 그 상황을 잘 알고 있으며 할 수 있는 한 그 문제의 해결을 위해 노력한다.

다행히도 대부분의 일상적인 문제들은 곧장 전화 한 통만 걸면 쉽게 해결할 수 있다. 예를 들어, 기계 문제가 생기면 우리는 유지보수팀에 전화를 건다. 기내식이 부족할 경우에는 케이터링 부서에 연락한다. 격분한 승객이 있을 경우에는 보안팀에 연락한다.

하지만 폭풍이 몰아치기 시작하면, 그 누구도 대자연과 직접적으로 통화할 수 있는 사람이 없기 때문에 바로 그때가 가장 위험하고도 험난한 상황이 펼쳐지는 순간이다.

기상악화 때문에 비행이 지연되는 순간이야말로 승객들과 승무원들이 가장 불만스러워하는 때다. 내가 지금도 기억하는 아슬아슬했던 일화 하나가 있다. 뉴올리언스에서 있었던 일이다. 나는 애틀랜타 행 비행기를 조종해야 했는데, 날씨 때문에 출발이 30분 지연된다는 사실을 확인했다. 30분 지연은 큰 문제는 아니었다. 나는 기장과 비행기에 탑승해 비행 전 점검을 시작했고, 도착 시간을 조정했다.

출발 15분 전 승객이 탑승하는 동안 이륙 허가를 받기 위해 관제탑과 교신을 시도했다. 하지만 돌아온 대답은 애틀랜타 행 비행이 1시간 뒤로 미뤄졌다는 것이었다. 어쩔 수 없는 일이었다. 나는 이미 충분히 불편한 승객들에게 다시 한 번 반갑지 않은 소식을 전해야 했다.

나는 마이크를 들고 승객들에게 다시 비행기에서 내려 다음 안내가 있을 때까지 밖에서 대기해달라고 방송했다. (물론 승객들이 내리면서 온갖 불평을 해대는 소리가 내게도 들렸다.)

비교적 빠르게 시간이 흘렀고, 다시 탑승을 시작한 직후 (또 이렇게 될 줄 누가 알았을까) 여전히 지연 상태라는 연락을 받았다. 우리가 아주 기나긴 밤을 보내게 되리라는 느낌이 왔다. 다시 마이크를 들고 탑승한 승객들에게 안타까운 소식을 전하려던 그때 갑자기 좋은 생각이 떠올랐다. 객실 전체에 불행한 소식을 전하는 것보다는 ("저도 이 상황이 얼마나 괴로우실지 압니다. 저도 빨리 집으로 가고 싶네요. 자, 함께 힘내서 이 문제를 해결해봅시다"라며) 다른 방식으로 접근하는 것이 낫겠다고 생각했다.

'승객들에게 지금 필요한 것이 무엇일까? 지연 소식? 내가 몰랐던 것이 무엇이지? (그것도 바로 이 지연 소식이었다.) 왜 지금 내가 이 소식을 알게 되었지?' 우리가 가능한 방법은 모두 동원했다는 사실을 승객들에게 다시 확인시킬 필요가 있었다. 또 다시 출발이 지연되었다는 소식을 일대일로 전달하는 편이 좋겠다고 판단한 나는 조종실에서 나와 통로를 걷기 시작했다.

나는 승객들의 주목을 받으며 한 사람 한 사람에게 다가가 사과의 말을 전했다. 그러면서 자초지종을 자세히 설명했고 최선을 다해 승객들을 목적지까지 모시겠다고 약속했다. 승무원들은 모든 승객들을 위해 스낵과 음료를 추가로 제공할 것이며 마지막으로 우리가 출발할 수 있게 되면 곧바로 이륙을 위해 선실을 정리하고 비행을 시작하겠다고 알렸다.

그런 뒤 승객들의 질문을 받고 이들의 걱정을 해결해주기로 했다. 대부분이 항공 통제에 대한 자세한 내용과 기상악화에 대해 질문했다. 어떤 이들은 델타비행기 모형을 손주에게 주고 싶어 했는데, 다행히 우리 비행기에 남아 있는 모형이 있어 그들에게 줄 수 있었다. 심지어 나는 휴대전화 배터리가 나간 승객에게 내 휴대전화를 빌려줘서 그가 연락을 할 수 있도록 도왔다. 그러는 와중에 여러 승객들 각자가 지금껏 경험한 끔찍한 비행 경험에 대해 내게 한마디씩 했다.

나는 내가 알고 있는 모든 정보를 승객들에게 최대한 전달하려고 애썼고, 그들과 공감하고 있다는 것을 알리기 위해 노력했다. 내가 이렇게 행동하자 놀랍게도 분노에 찬 불평이 곧바로 사라졌다. 이륙하겠다는 방송에 사람들은 기뻐했고, 예정보다 7시간이나 늦게 애틀랜타에 착륙했을 때도 사람들은 큰 환호성을 보내줬다.

내가 가장 놀랐던 것은 비행기에서 내리는 승객들로부터 진심어린 감사의 인사를 수없이 받았던 일이다. 내가 공항을 빠져나가고 있을 때, 한 커플이 다가오더니 나와 승무원들에게 감사 인사를 전했다. 비록 예정된 시간보다 반나절이나 늦게 도착했지만 최선을 다해 우리를 고향에 데려다준 것에 고마워했다. 사실, 그날따라 변덕스러웠던 하늘 위를 함께 날았던 그 승객들에게 내가 더 감사할 따름이었다.

SPARK ACTION

서비스 리더십을 보여주기 위해서는 다음과 같이 행동하라.

- 지속적으로 다른 사람들의 요구를 이해하고 그 요구를 충족시키기 위해 노력하는 데 집중하라.
- 다른 사람을 도와주기 위해 먼저 다가가라. 그들이 당신에게 도움이나 지원을 먼저 요청하지 않도록 하라.
- 때로는 가장 간단한 행동이 다른 이들에게 도움이 되는 전부일 수 있다.
- 다른 사람들을 돕는 일을 생각만 하지 말고 곧바로 실천하라. 우리는 좋은 의도를 가지고 있다 해도 다른 사람을 도와줄 시간을 낼 수 없기 때문에 실천하지 못하는 경우가 많다. 다른 사람들에게 긍정적인 영향을 미치는 데 단 5분도 충분한 시간이다.

TO DO LIST

서비스 문화는 저절로 생겨나지 않는다. 모든 직원들이 서로 돕고 조직의 목표를 함께 달성해나가는 환경을 만들어내기 위해서는 스파크가 필요하다. 남을 돕는 일은 당신이 시작할 수 있고, 당신이 매일매일 해나가는 작은 행동들을 통해 팀워크가 만들어질 수 있다.

- **문화** 당신은 어떤 유형의 조직에서 근무하고 있는가? 이 질문은 당신과 동료들이 현재 경험하고 있는 문화가 어떠한 유형인지 알아보고, 당신이 경험하고 싶어 하는 문화의 유형은 어떠한 것인지 알아보는 것이다. 이 질문들을 통해 당신과 당신의 팀은 모두에게 유익하고 보람 있는 환경을 만들어내기 위해 각자 어떠한 일을 해야 하는지 논의할 수 있을 것이다.
- **리더십 실험실** 아주 약간의 도움을 주는 것만으로도 큰 역할을 할수 있다! 이 연습은 남을 돕는 행동을 습관으로 만들기 위한 것이다. 만약 당신이 의도적으로 다른 사람을 돕기 위해 일주일의 시간을 보낼 수 있다면, 당신이 다른 사람들에게 미칠 수 있는 영향력을 빠르게 파악하게 될 것이다.

남을 돕는 사소한 행위들을 통해 당신이 맺고 있는 인간관계와 팀, 문화가 모두 바뀔 수 있다. 당신이 사람들을 모아 한 팀을 구성할 수 있는 스파크 역할을 할 때 모든 사람들이 성공할 수 있게 된다.

당신이 남을 도우려는 노력을 하기 시작하면 또 다른 자질이 필요하다는 사실을 알게 될 것이다. 바로 자신감이다. 당신이 새로운 행동을 만들어나갈 때마다 약간의 자신감만 있어도 그 일을 해내는 데 도움이 된다. 다음 장에서는 자신감에 대한 이야기를 나눌 것이다.

7장

자신감으로 무장하라

당신이 얼마나 자신감을 갖고 있는지가

당신이 경험하는 결과의 수준을 결정하게 된다.

스파크는 자신의 자신감을 운에 맡기지 않는다.

다양한 경험, 교육 이력, 재능, 기술 등이 우리의 삶을 성공으로 이끌어 줄 수 있다. 이러한 경력을 통해 화려한 이력서를 만들 수도 있고, 그로 써 다양한 기회의 문을 두드릴 수도 있다.

하지만 우리를 보다 높은 성공의 고지로 이끌어주고, 인생에서 어떠한 상황이 닥쳐도 언제든 활용할 수 있는 자질이 있다.

바로 자신감이다.

자신감이야말로 절대적으로 필요한 요소다. 자신감은 각자의 능력에 대해 자신이 믿고 있는 바다. 자신감이 있다면 그 어떤 압력이 가해지는 상황에서도 각자의 능력을 발휘해나갈 수 있다. 자신감은 우리의 야망에 불을 지펴줄 뿐 아니라 도전적인 목표를 설정하도록 돕는다.

심지어 자신감은 당신의 결과에 상당한 영향을 미친다. 자동차의 왕 헨리 포드가 이야기했듯, "할 수 있다고 생각하면 할 수 있고, 할 수 없다고 생각하면 할 수 없다."

우리는 특히 위태로운 상황에 노출되어 있다고 느끼는 경우나 지금 하는 행동이 미래를 결정할지도 모른다고 느끼는 매우 긴박한 순간에 자신감을 갖기 원한다. 희망하는 회사에서 면접을 보는 경우나 계약을 성사시키기 위해 고객과 만나는 경우를 예로 들 수 있다.

이렇게 중요한 순간 자신감으로 무장하려면 먼저 자신감의 본질부터 이해해야 한다.

자신감은 자전거 타기나 저글링과 같이 단순히 기술로 연마할 수 있는 자질이 아니다. 기술이라는 것은 한번 배우기만 하면 사는 동안 필요할 때 언제든 그 기술을 다시 쓸 수 있는 것을 말한다. 이와 달리 자신감은 감정의 한 형태다. 자신감을 통해 왜 우리의 감정이 때때로 변화하는지 (혹은 자신감이 가장 필요할 때 왜 완전히 사라지게 되는지) 설명할 수 있다.

우리가 마치 롤러코스터를 타는 것과 같은 감정을 느끼는 것을 불안정한 자신감이라고 한다. 불안정한 자신감으로 가득 찬 사람은 좋은 소식을 들었을 경우에는 기분이 극도로 좋아지지만 그러고 몇 초가 지나서는 불안정한 감정에 휩싸여 기분이 갑자기 확 처지게 된다.

지금까지 이 책을 통해 이야기한 것처럼, 우리의 인생에서 통제 가능한 부분은 사실 거의 없다. 하지만 자신감은 거의 유일하게 우리 스스로가 통제할 수 있는 부분이다. 자신감이란 다른 스파크 행동 방식들과 같이 발전시켜나가고 계속해서 관리할 수 있는 영역이다.

당신의 스파크 여정에 다음과 같은 전략을 도입하면 자신감 키우기를 시작할 수 있다.

- 성공 경험
- 긍정적인 자기평가 개발
- 긍정적인 롤모델 구축
- 자신감을 저하하는 감정 관리

자신감을 키우고 개발하기 시작하면 스스로 자신의 모습을 조금씩 다르게 바라보게 될 것이다. 두려움에 가득 차 있고 불안정한 모습에서 강력한 힘을 지닌, 무엇이든 해낼 수 있는 사람의 모습으로 점차 변모될 것이다.

이러한 모습을 알아차리기 이전에 당신은 새로운 무언가를 추구하고 있다는 사실을 깨닫게 된다. 자신의 능력이 과거와는 다르게 느껴지기 때문이다. 당신은 자신감이 커지면서 의욕이 넘쳐나게 되고, 그동안 발견하지 못했던 자신의 잠재력을 찾아내기 시작한다. 게다가 한 명의 스파크가 주변에 등장하게 되면, 다른 사람들 또한 그 사실을 알아차리게 된다.

모든 사람들은 자신감 있는 리더가 진두지휘하는 팀에 들어가기를 원한다. 자신의 의견을 설득력 있게 전달하는 자신감 넘치는 스파크들은 두려움 없이 상황을 보다 나은 쪽으로 발전시킨다. 이들은 늘 현 상황에 도전하며, 자기뿐 아니라 다른 이들 또한 주도해나갈 수 있다고 믿기 때문에 불확실한 상황에서도 자신의 의지를 관철시켜나간다.

당신이 어느 정도의 자신감을 갖고 있는지 알아보기 위해서는 먼저 살면서 겪은 성공 경험을 반추해보고 어떻게 그 성공을 이뤘는지 생각해봐야 한다. 당신이 직접 성공을 이뤄냈는가 아니면 성공을 단지 경험했는가? 이 둘의 차이가 애매하게 들릴지 모르지만, 그 차이는 매우 극명하다.

한 가지 경험을 할 때마다
자신감 키우기

션의 사례 우리는 인생을 살면서 온갖 성공을 경험했다. 대학에서 학위를 받거나 상을 받거나 승진하는 경우처럼 매우 중요한 일에서 성공을 경험한 사람들이 있다. 또 어떤 이들은 이처럼 중대한 경우는 아닐지라도 멋진 파티를 계획하거나 축구 경기에서 골을 넣거나 마당의 잔디를 깎는 일처럼 사소한 일에서 성공을 경험해왔다.

당신이 경험한 성공의 크기는 상관없다.

성공을 경험했다는 사실 자체가 중요하다.

성공을 경험하는 일은 당신의 성취에 대한 내적인 반응이다. 당신이 얻어낸 결과가 당신이 노력한 덕분이라는 사실을 알아내기까지는 어느 정도 시간이 걸린다. 성공을 경험하는 일은 허세를 부리는 것이 아니다. 당신이 멋지게 해낸 일을 가지고 마치 공작새처럼 돌아다니며 자랑하거나 모든 사람들에게 자신이 얼마나 멋진 사람인지 이야기하며 자존심을 세우는 일이 아니라는 뜻이다.

성공을 경험하는 일은 조용하고 개인적이며 성찰하는 순간이고, 자신이 성취해낸 일에 대해 스스로에게 축하할 수 있는 순간이다. 당신이 무언가 의미 있는 일을 했을 때 스스로에게 이렇게 말하는 것이다. '와, 정말 열심히 해서 내가 이런 결과를 얻었구나.'

시간을 들여 당신이 이뤄낸 성과와 경험을 검토하라. 이는 어려움을 겪거나 자신감이 필요한 순간 당신을 단련하는 기준이 되어줄 것이다. 어려운 협상에 나설 때나 동료와 쉽지 않은 대화를 나눌 때도 이 시간은 분명 도움이 된다. '이 기분을 예전에도 느껴본 적이 있어. 그때도 성공했으니 이번에도 잘할 수 있을 거야!' 이처럼 참고할 수 있는 성공의 경험은 중요하거나 어려운 시기에 당신에게 분명 자신감을 되찾아줄 것이다.

성공의 경험을 강조하는 것은 내가 직접 경험했기 때문이다. 공군에서 델타항공으로 직장을 옮겼을 때, 나에게는 자신감이 필요했다. 그리고 성공의 경험을 떠올리며 자신감을 되찾았다.

어떤 이들은 F-16 전투기를 조종해본 사람이라면 그 어떤 비행기라도 조종할 수 있을 것이라 생각할지도 모르겠다. 사실 나도 그렇게 생각했다. 고성능 전투기를 조종한 뒤였기에 그보다 속도가 느리고 크기가 큰 보잉 737기를 운항하는 일은 마치 미니밴을 모는 것만큼이나 쉬울 것이라고 생각했다. 실제로 내 옆자리에 앉은 조종사가 내가 해야 할 일을 설명해줬을 때도 델타항공에서의 내 역할은 공군에서 일했던 것의 절반 정도의 노력만 들이면 되는 것이라고 착각했다.

사실은 그렇지 않았다. 나는 델타항공에서 처음 비행을 시작하기 위해 737기 비행 시뮬레이션을 하는 동안 고군분투하며 굴욕을 당했다. 이륙을 하는 데는 무리가 없었지만, 착륙은 그 어떤 승객도 경험하기 원하지 않았을 정도로 형편없었다. 또한 나는 공군에서 배웠던 것과는 아주 다른 새로운 절차들을 조종실에서 배우고 있었다. 과거에 배웠던 것을 고의적으로 잊어버리는 일은 쉽지 않았다. 게다가 새로운 기술들을 습득하기 위해 상당한 노력을 들여야 했다.

훈련을 마치고 집으로 돌아왔을 때 기대했던 것만큼 일이 순조롭게 풀리지 않았다는 생각에 나는 큰 좌절감과 실망감을 느꼈다. 당시 내 자신감이 흔들렸다고 말하는 것은 절제된 표현이긴 하지만, 다행히도 이 시기를 이겨나갈 방법이 내게 있었다. 그때까지 나는 성공의 경험을 연이어 해왔었기 때문에 과거를 반추해봄으로써 당시의 어려움을 극복해나갈 수 있었던 것이다.

집에 돌아와 잠시 신선한 공기를 마시려고 산책을 나갔다. 이때 내가 하지 못했던 일을 고민하거나 슬럼프에 빠지거나 내가 꼭 직업을 바꿔야만 했는지 의문을 갖는 대신 어려운 상황을 극복하기 위해 과거에 내가 어떻게 했는지 생각해보는 시간을 가졌다.

나는 복잡한 전투기 출격을 했던 경험이나 고등학생 시절 체육 시간에 친구들과 경쟁했던 일 등 과거에 내가 불확실하다고 느꼈거나 불안해했던 순간들을 떠올렸다. 그리고 이 힘든 시간들을 극복하기 위해 내가 어떻게 했었는지 생각했다.

내가 기억하기로 이럴 때 나는 주로 원칙에 집중하고 내 성과를 높이는 데 도움이 되는 피드백을 받아들였다.

그런 다음 어떻게 그 당시 경험했던 것과 똑같이 할 수 있을지 고민했다. 이렇게 현재 상황을 생각하고 내 관점을 환기시키는 과정을 거치면서 나는 내면의 단호한 목소리를 찾을 수 있었다. 그렇게 그 다음 날, 그리고 또 계속해서 그 다음 날들의 훈련에 대비할 수 있었다.

결국 이러한 연습을 규칙적으로 반복하면서 나는 무사히 훈련을 마칠 수 있었고, 조종실에서 자신감을 되찾은 상태로 737기에 탑승할 승무원과 승객들을 위해 비행할 준비가 되었다.

자신감을 발전시켜나가는 일이 그 자리에서 멈춘 것은 아니다. 자신감은 반드시 평생 추구해나가야 할 자질이며 우리의 경력이 길어질수록 반드시 갖춰야만 하는 자질이기도 하다. 성장하고 발전해나가면서 우리는 계속해서 더 많은 책임을 떠맡게 되고, 그 책임은 더욱 막중해진다.

우리가 겪는 실패나 실수, 기대에 어긋난 행동들은 단지 우리만의 문제가 아니다. 우리는 부양해야 할 가족들이 있고, 우리에게 의존하고 있는 팀원들이 있으며, 회사의 고용주들은 문제에 대한 답이 분명하지 않을 때 우리가 그 문제를 해결해주기를 바란다. 그렇기에 우리는 다른 사람들이 우리에게 의존할 수 있을만한 자신감의 원천을 개인적으로 갖고 있어야 한다. 그래야만 우리 자신과 다른 사람들이 겪는 불확실성과 예기치 못한 위기를 헤쳐나가는 데 도움이 될 수 있다.

무엇보다도, 이 자신감의 원천은 반드시 실제로 존재하는 것이어야만 한다.

실제로 이뤄내기 전까지
그런 척할 수는 없다

"실제로 할 수 있을 때까지 그런 척하라." 이 말은 특정한 상황에서는 효과가 있을지 모르나, 자신감 개발에 있어서 이 전략은 애초부터 결함 투성이다. 압박감을 느끼고 있을 때 실제 당신이 아닌 다른 사람처럼 행동하는 것은 당신이 바라는 모습이 되는 데 도움이 되지 않는다.

스파크로서 당신의 능력에 대한 근거 없는 믿음을 지니게 되면 자기신뢰와 자기의존이 불가능해진다. 자신감은 자기 스스로를 똑바로 바라보는 일이며, 자신의 능력을 인정하고 어려움이 닥칠 때 굳건한 기반을 다지도록 하는 것이다. 과거 성공한 경험을 가지고 있는 것만큼 확실한 본보기는 없다.

또한 당신은 인생을 살면서 정상에 오를 수 없는 경우도 있다는 중요한 진실을 마주하게 된다. 바로 이때 이와 같은 본보기가 필요하다. 자신감은 우리를 싸움터로 나갈 수 있게 하고 그 속에서 우리 자신을 지탱할 수 있도록 도울 것이다.

그렇다고 우리가 항상 이길 것이라는 뜻은 아니다. 현실에서 우리는 승진을 하지 못할 수도 있고, 해고될 수도 있으며, 경쟁에서 패배할 수도 있다. 하지만 바로 이때가 그 어느 때보다 우리의 자신감, 진짜 자신감이 필요한 순간이다. 진짜 자신감은 우리가 인내심을 갖고 좌절한 순간을 견뎌낼 수 있도록 돕는다. 우리에게 무슨 일이 일어났는지 제대로 이해하고, 그다음으로 무엇을 어떻게 할 것인지 생각하도록 하기 때문이다.

성공을 경험하기 위해서는 당신이 겪은 성공적인 순간을 자각하고 그 순간들이 바로 잊혀지지 않도록 기억해야 한다. 또한 당신의 성공을 다른 사람이나 특정한 상황 혹은 운에 의한 결과가 아니라 자신이 노력한 결과라 인정해야 한다. 재키 로빈슨을 메이저리그로 이끈 브랜치 리키는 "운은 계획에서 비롯된다"라는 명언을 남긴 바 있다. 이 명언은 열심히 일하고 충분히 준비한다면 행운이 따를 가능성이 크다는 뜻을 담고 있다.

열심히 일하고 준비하면 당신의 성공 목록이 추가될 수 있을 뿐 아니라 가면증후군을 막는 데도 도움이 된다. 가면증후군이란 엄청난 성공을 이룬 재능 있고 훌륭한 전문직 종사자들이 자신의 경력이 절정에 달했을 때 생기는 심리적 현상이다.

자신이 이뤄낸 성공이 자기의 노력 때문이 아니라 다른 사람이나 환경의 결과로 얻어진 것이라 생각하는 현상으로, 단지 자신은 다른 사람의 빛나는 순간을 우연히 자기가 차지하게 된 것이라 여긴다.

우리와 함께 일했던 한 고객은 자신에게 다가온 가면증후군을 떨쳐내기 위해 자신만의 '골드스타' 시스템을 활용했다. 이 방법은 우리가 진행한 리더십 부트캠프에 참가한 후 그녀 스스로 만들어낸 것이다.

자신감에 대해 배우는 동안 그녀는 자신이 직업적인 면에서 지금까지 성공을 경험한 적이 한 번도 없었음을 깨달았다. 게다가 그녀 자신이 성공을 찾아 애쓴 것이 아니라 자기 자신에게 성공이 그저 다가온 것이라는 생각이 들었다. 어떻게 하면 자신감을 쌓을 수 있을지 곰곰이 생각해보던 그녀는 초등학교 시절을 떠올렸다.

"저는 수업이 끝나고 집으로 돌아가 금빛 스티커를 소중하게 보관하곤 했어요. 바로 그때 제가 느꼈던 감정이 자신감이었던 거죠! 하지만 요즘 일을 하면서 이런 감정을 느꼈던 적이 없어요."

그래서 그녀는 이렇게 하기로 마음먹었다. 이제부터 자신이 잘한 일이 있거나 중요한 일을 해냈다고 생각될 때마다 마음속으로 자기 자신에게 '골드스타' 스티커를 하나씩 주기로 한 것이다. 비록 이 스티커가 눈에 보이지는 않지만, 그녀에게는 실제로 존재하는 것처럼 느껴졌다. 그리고 이것이 그녀가 계속해서 훌륭한 일들을 해내도록 하는 효과적인 방법이 되고 있다.

이처럼 자신감이 가득 차 있는 상태란 성공을 가능하게 하고, 어려운 순간에 직면했을 때 내면의 대화를 이끌어낼 방법을 의식적으로 파악할 수 있는 상태다. 이러한 행동은 다시 자신감을 쌓는 행동으로 이어져 긍정적인 자기평가를 할 수 있게 한다.

귀뚜라미 우는 소리가 들릴 정도의
침묵 속에서

앤지의 사례 코트니와 내가 자신감에 대한 연구를 하고 있을 때, 자기대화라는 개념에 흥미를 느꼈다. 자기대화는 우리가 마음속으로 중얼거리는 말이 우리의 행동에 영향을 미친다는 개념이다.

"글쎄, 자기대화라니 조금 유치하게 들리지 않아? 과연 누가 자기 스스로에게 그렇게 말을 하냐는 거지." 코트니가 말했다. 그리고 잠시 뒤 각자가 종종 스스로에게 이야기를 해왔다는 생각이 들자, 우리는 동시에 웃음을 터뜨렸다. "그래, 맞네. 맞아. 나 자신에게 이야기할 때가 정말 많았었구나." 그녀와 나는 솔직하게 인정했다.

사실 우리 대부분은 늘상 자기대화를 하며 지낸다. 우리가 그때 어떤 단어들을 사용하고 있는가? 자기발전적인 단어들인가 아니면 자기파괴적인 단어들인가? 자신감을 키우기 위해 스파크들은 긍정적인 자기평가를 하도록 자기훈련을 해나간다.

자신감을 키워가는 네 가지 자질 가운데 내가 가장 어려워하는 부분은 바로 이것이다. 나는 때로 자신의 편이 되어주지 않을 때가 있다. 이러한 모습에 간혹 놀라곤 한다. 내가 스스로에게 던지는 회의적인 말들을 인지하게 되면, 나는 그런 습관을 곧바로 고치려고 애쓴다. 하지만 그럼에도 스스로에게 내리는 기본적인 평가가 대체로 긍정적이지 않은 것이 사실이다.

이와 같은 자기평가는 분명 스스로의 자신감에 영향을 미치며, 내가 취하는 과감한 행동들에 상당한 제약을 가한다.

교육, 개발 관련 업무는 대중들 앞에서 강연할 기회가 아주 많은 일이다. 코트니와 나는 사업을 시작했을 때부터 이 사실을 알고 있었다. 하지만 이러한 사실을 알고 있다고 사람들 앞에 나서는 일이 긴장되지 않는 것은 아니다. 우리는 긴장감을 떨치기 위해 수차례 '리허설'을 가졌고, 실제 프레젠테이션에서도 서로를 격려하기 위해 모두연설을 하기도 했다.

그 가운데 아직도 생생히 기억나는 일이 하나 있다. 우리가 애틀랜타비즈니스저널 컨퍼런스에서 2,000명이 넘는 전문가들을 앞에 두고 강연을 해야 했던 일이다. 게다가 우리가 강연할 차례는 리더십 구루 존 맥스웰 바로 다음이었다.

지금까지 섰던 강연들 가운데 가장 많은 이들이 모인 자리였다. 맥스웰의 책을 읽고 그의 팬이 되어버린 내가 그와 같은 위치에 선다는 사실 자체가 부끄러워졌다. 코트니에게 이렇게 이야기했던 것도 기억난다. "우리가 이 강연을 망치지 않았으면 좋겠어." 그녀는 내 팔을 살짝 치면서 이렇게 말했다. "그런 생각을 갖고 있으면 안 되지. 무대에 올라가서 최선을 다해보자고. 우린 잘할 수 있어."

우리가 그날 멋지게 연설을 했을까? 글쎄, 그건 관중들이 결정할 일이라고 본다. 내가 느끼기에는, 솔직히 꽤나 자신감 있게 했던 것 같다. 나는 이 경험에서 내면의 대화와 긍정적인 태도를 통해 인생을 잘 풀어나갈 수 있다는 사실을 알게 되었다.

하지만 부정적인 태도를 갖고 자기의심의 대화를 하는 경우에는 잘나가던 일도 멈추게 되고 집으로 돌아가 얼굴을 숨기고 싶을 정도로 부끄러운 순간이 찾아온다.

나는 자기의심의 대화의 부정적인 영향을 직접 체험했다. 해병대에서 운영하는 비영리단체 이사회에 참석했던 때였다. 당시 나는 이사회 임원으로 활동하고 있었는데, 이사회가 진행되는 동안 의장은 모든 참석자들에게 기금 마련에 대해 다른 시각을 제시할 것을 주문했다. 그는 이렇게 다그쳤다. "우리 조직의 사명을 위해 우리가 해보지 않은 일이 무엇일까요? 우리가 고려해보지 못했던 부분을 생각해볼 수 있는 분 안 계십니까?"

그때, 내게 좋은 생각이 하나 떠올랐다. 당시 나는 조직의 성과를 끌어내기 위해 다양성을 개발하는 전략을 만들고 있었다. 이사회를 살펴보니 멤버 구성이 보다 다양할 수도 있겠다는 생각이 들었다. 나는 멤버들 가운데 유일한 여성이었고, 나이도 가장 어렸다. 그 외 멤버들은 전부 다 백인인데다 단 한 명만 제외하고 모두가 전직 해병대원들이었다.

이사회가 너무 비슷한 사람들로 채워져 있다는 사실은 명백했다. 이렇듯 비슷한 관점을 지닌 사람들이 모여 있는데 어떻게 다른 방식으로, 혁신적으로, 그리고 창의적으로 생각하는 것이 가능하겠는가?

나는 손을 들고 의장에게 말했다. "제 생각에 우리 이사회의 문제점 가운데 하나가 바로 다양성 부족인 것 같습니다. 다양성을 지닌 이사회가 재정적인 측면뿐 아니라 다른 부분에서도 더 좋은 성과를 가져온다는 사실을 입증할 데이터들이 많이 나와 있습니다. 이러한 사실은 기업들 사이에서 사실로 증명되었기에 비영리 부문도 마찬가지일 거라고 생각합니다."

내 견해를 뒷받침할만한 사실들과 수치를 이야기한 뒤 발언을 끝냈고, 내 의견을 어느 정도 강력하게 주장했다는 사실에 스스로 자랑스러워하며 조금은 더 꼿꼿한 자세로 자리에 앉았다.

나는 사람들의 반응을 기다리고 또 기다렸다. 이사회 동료 구성원들의 반응을 살펴봤지만 그들의 표정을 읽어낼 수가 없었다. 자신감이 갑자기 불안감으로 변했다. '오 세상에,' 나는 생각했다. '내가 지금 뭘 한 거지?'

훌륭한 리더이자 예의바르기로 유명한 의장은 잠시 동안의 침묵을 깨며 이렇게 말했다. "앤지, 그렇게 말씀해주셔서 감사합니다. 지금까지 한 번도 생각해보지 못했던 이야기입니다. 또 다른 생각을 가지신 분 안 계신가요?" 그가 그렇게 말한 뒤 또 다시 침묵이 흘렀다. 너무 조용한 나머지 마치 귀뚜라미 우는 소리가 들리는 것 같았다.

이사회에서는 다른 의견을 내는 경우가 드물었다. 하지만 방금 전

내가 다른 의견을 제시했고, 회의실을 침묵에 쌓이게 할 정도의 의견을 제시했다는 점 때문에 나는 불안해졌다. 내가 너무나 과감한 주장을 내놓아서 다른 이들을 불쾌하게 만들었거나 화나게 만든 게 아닌가 싶어 당황스러웠다. 내가 지금껏 조심스럽게 쌓아온 내 명성이 무너지는 것 같았다.

회의가 끝나자 나는 회원들과 대화도 나누지 않고 곧장 회의실 밖으로 나가 택시를 잡아타고는 급히 공항으로 향했다. 그러고 나서 집에 돌아가 혼자서 자기파괴적이며 불안한 생각에 사로잡힐 작정이었다.

공항 게이트에 도착했을 때, 나는 가급적 이사회 멤버들과 마주치지 않기 위해 통로에서 가장 멀리 떨어진 자리로 곧장 향했다. 하지만, 예상했겠지만, 내가 그 자리로 갔을 때 누군가와 마주치게 되었다. 이사회의 법률 자문위원이자 저명한 변호사인 존 다우드를 만났던 것이다. 그는 〈다우드 리포트〉를 통해 피트 로즈를 야구계에서 영구 제명시킨 장본인이기도 하다.

"앤지, 여기 잠시 앉아보지 그래요?" 그는 자기 옆자리를 가리키며 내게 오라고 말했다. 사실 그의 제안은 마치 명령처럼 들렸다. 솔직히 이야기하자면, 내가 회의에서 얼마나 주제넘은 짓을 했는지 그가 이야기할 것 같아 두려운 마음에 그 자리에 앉고 싶지가 않았다. 나는 그처럼 유능하고 능숙한 변호사 앞에서 내 생각을 옹호할 에너지를 갖고 있지 않았다.

하지만 평소 그를 존경하고 있던 나는 옆자리로 가 가만히 앉았다. 그랬더니 그가 곧장 이렇게 이야기를 꺼냈다. "당신이 다양성에 대한 부분을 지적해줘서 참 좋았습니다. 앤지, 당신의 말이 옳아요."

그런 뒤 그는 내 생각을 통해 자신의 삶에서 다양성이라는 것이 어떤 영향을 미쳤는지 다시 생각해볼 수 있었다며 계속해서 이야기해나갔다. 심지어 그는 우리 이사회가 주요한 부분을 놓치고 있는 것일지도 모른다면서 의장과 함께 이사회의 다양성에 대한 논의를 하겠다고 이야기했다.

그때 존과 이야기 나누면서 그의 관점을 통해 자기대화의 중요한 부분을 깨닫게 되었다. 그는 내가 얼마나 나 자신에게 엄격하게 굴었는지 깨닫게 해줬다. 그리고 내가 다른 사람들의 침묵을 나에 대한 비판이라고 너무도 빨리 단정지어버렸다는 사실을 인지하게 되었다.

이들은 단지 전에는 한 번도 생각해보지 못한 부분을 생각하거나 반성하고 있었던 것인지도 모른다. 나는 최상의 시나리오는 생각도 하지 않은 채 너무도 당연히 최악의 시나리오만을 구상해냈던 것이다.

나 자신에 대한 자신감이 필요하며, 내가 스트레스를 받거나 압박을 받는 경우가 생길 때 현재의 내적 대화가 전혀 도움이 되지 않으므로 새로운 내적 대화를 써내려가야 한다는 사실을 깨달았다. 내가 우연히 존과 마주치지 않았더라면, 아마도 나는 몇 주 동안 비참한 자기대화 속에 빠져 헤어나오지 못했을 것이다.

존과 나는 30~40분 정도 더 대화를 이어가며 각자의 인생 경험과 다양성에 대한 이야기, 가족과 해병대에 대한 이야기를 나눴다. 그와 대화를 나누면서 내게 너무나 소중한 멘토도 소개받을 수 있었다. 우리가 대화를 마칠 즈음, 그가 이렇게 말했다.

"내 친구 조와 함께 대화를 나눠봐도 좋겠군요. 조도 당신이 이야기하는 다양성에 대해 들어둘 필요가 있겠어요."

"어느 조를 말씀하시는 겁니까?" 내가 물었다.

"던포드 말입니다." 그가 대답했다.

조세프 장군, '전사 조' 던포드라면 굳이 설명하지 않아도 누구나 잘 알고 있는 인물이었다. 나는 그를 해병대 부사령관이자 해병대에서 두 번째로 계급이 높은 인물로 알고 있었다. 해병대가 이제 막 여성을 지상 전투에 투입할 것인지를 고민하던 찰나였기에, 내가 그와 만나 다양성을 논하는 일은 너무도 시기적절했다.

존은 던포드 장군에게 나를 소개했고, 장군과 함께 이야기나눌 수 있는 자리를 마련해 다양성에 대한 나의 관점을 그와 공유할 수 있도록 했다. 존은 해병대의 CEO나 다름없는 해병대 사령관과 함께 점심 식사를 할 수 있는 자리를 마련하겠다며 내게 도움을 청했다. 그들과 함께했던 자리는 활기차고 솔직하며 기억에 남는 대화가 오고갔던 자리였다.

내가 군의 최고 지휘관들에게 다양성에 대한 나의 견해를 나눌 수 있었던 일련의 일들을 되돌아보면 분명 이 모두가 자신감에서 시작된 것이었다. 비록 스스로 실수라고 잘못 판단해버린 부분도 있었지만, 스파크로서의 자질인 자신감은 내 생각을 이야기하고 내 관점을 다른 사람들과 공유하도록 이끌었다. 사실, 솔직하게 이야기했던 일이 보다 커다란 기회의 문을 열어줬다.

스파크로서 나를 지탱해줬던 것은 바로 해롭고 부정적인 자기평가를 긍정적인 자기평가로 대체함으로써 나의 자신감을 관리하도록 하는 능력이었다. 아직도 완벽하게 해내지 못하고 있지만 (여전히 노력하고 있는 상태다) 자신감을 높이기 위해 존 다우드와 던포드 장군과의 일화를 나는 지금도 종종 떠올리곤 한다.

우리가 스스로에게 말하는 단어들

긍정적인 자기평가는 우리의 생각에 주의를 기울이는 것에서부터 시작된다. 하지만 이미 계속되고 있는 꼬리를 물고 이어지는 생각들의 진행을 멈추기 어렵기 때문에 우리의 생각에 주의를 기울이는 일이 쉽지만은 않다.

바로 이 시점에서 인지 훈련이 시작된다. 우리가 내면의 목소리에 귀를 기울일 때, 우리가 스파크가 되는 데 방해가 될 표현들을 구분해

내는 일이 중요하다.

우리가 자기파괴적인 평가를 하고 있다는 사실을 발견하면 반드시 우리의 마음에게 이야기하고 그 사실을 재구성해야 한다. 예를 들어, 당신이 동의하지 않는 의견을 갖고 있는 상사와 그 문제에 대해 마주해야 할 때가 있다고 가정해보자. 스스로에게 '어쩔 수가 없어. 내 실적 평가에 대한 그의 의견에 동의하지 않는다고 해서 내가 뭘 어쩌겠어'라고 말하기보다 그런 생각을 멈추고 이렇게 다시 대본을 써보라. '내 스스로가 나 자신을 옹호하지 않는다면 그 누구도 내 편이 되어주지 않을 거야. 상사도 그 실적 평가에 내가 동의하지 않고 있다는 사실을 알아야만 해.'

스스로를 지나치게 힘들게 하고 있다는 사실을 알게 되면, 잠시 멈춰 서서 새로운 방향으로 향해보라. 이 방향은 당신이 지금까지 잘해왔던 일들을 보다 발전시킬 수 있는 길이다. 당신이 성취한 일에 대한 기억을 환기시키면, 무슨 일이 닥치더라도 그에 맞설 준비가 된 스파크처럼 느끼게 될 것이다.

스스로에게 특히나 혹독하게 대할 때가 간혹 있을 것이다. 바로 이 시기는 당신이 스튜어트 스몰리가 될 필요가 있는 때다. 〈새터데이 나이트 라이브〉에 나와 인기를 끌었던 캐릭터 스튜어트 스몰리를 기억하는가? 자기 자신을 망가뜨리기보다 '나는 충분히 훌륭하고 똑똑한 사람이니 사람들이 나를 좋아할 거야'라고 재확인함으로써 자기에게 힘을 북돋아주라.

긍정적인 자기평가를 뒷받침하는 연구가 있는데, 이 연구는 상당히 설득력 있다. 스탠퍼드대학교의 저명한 심리학자 앨버트 반두라는 자기효능감이라는 개념을 오랜 시간 연구했다. 이 개념은 어떤 일을 성공적으로 수행할 수 있는 능력이 자기에게 있다고 믿는 기대와 신념을 의미한다.

그의 연구는 관련된 수많은 연구 프로젝트들을 촉발시켰고(주로 운동선수들을 대상으로 한 연구), 대부분의 연구들은 자신감이 필요한 순간에 스스로에게 어떻게 말할 것인가를 선택하는 일만으로 결과에 상당한 영향을 준다는 결론에 도달했다.

다소 미묘한 차이처럼 느껴질 수도 있지만 "내가 이 회사에서 일하게 되었으면 좋겠다"와 "내 경력이면 이 회사에 들어갈 자격이 충분하기 때문에 난 꼭 이 회사에서 일하게 될 거야"라는 말에는 분명 큰 차이가 존재한다. 당신이 믿는 바가 당신이 성취하게 될 결과에 직접적인 영향을 미치게 된다. 자신의 내면과 적절한 대화를 한다면 좋은 결과가 따르게 될 것이다.

이처럼 필요한 순간에 자신에게 의지할 수 있는 것도 중요하다. 다음에 이어지는 전략은 자신감을 개발하기 위해서는 다른 사람들에게 의지하는 것 또한 중요하다는 사실을 알려줄 것이다.

긍정적인 롤모델들
가까이 하기

코트니의 사례 스파크 여정에는 스스로를 '특정한 곳'으로 내보내야 할 경우가 많다. 위원회를 이끈다든지, 자신이 오랜 기간 약점이라고 생각했던 부분을 개선한다든지, 민감한 주제에 관해 동료와 대면해야 하는 일 같은 경우들을 예로 들 수 있다.

성장한다는 것은 대단한 일이지만, 새로운 습관을 만들어나가고 더 많은 도전에 맞서게 될 때 우리는 분명 각자의 취약함을 경험한다. 이럴 때 당신은 위험이 어떻게 전개되어나갈지 확인해보기 위해 계속해서 불확실성을 붙잡고 씨름해나갈지도 모른다.

바로 이러한 순간이 당신의 자신감이 위태로워질지도 모르는 중요한 시기다. 또한 당신이 다른 사람의 의견에 민감해지는 시기이도 하며, 이 의견들 중 일부는 긍정적이지 않은 의견이다.

완벽한 세상에서라면 그 누구도 당신을 비판하거나 의심하려 들지 않겠지만, 우리가 살고 있는 세상은 완벽함과는 거리가 꽤 멀다. 자신의 강력하고 중요한 의견에 영향을 미칠 수 있는 순간들에 주의해야 한다. 만약 그 누가, 혹은 모두가 당신에게 영향력을 행사한다면, 당신의 자신감은 완전히 무너지지는 않을지라도 다소 약해질 것이다.

하지만 동시에 우리의 자신감은 누군가로부터 영향 받아야 할 필요도 있다. 우리의 자신감은 우리를 진심으로 아끼는 사람들로 인해 강화될 수 있다. 우리에게는 인생을 살아가면서 긍정적인 영향을 줄 롤모델이 필요하다. 그들의 조언을 통해 보다 강인해질 수 있고 인생을 더 잘 꾸려나갈 수 있기 때문이다.

드물긴 해도 긍정적인 롤모델은 실제 존재한다. 그들이 가장 큰 목소리를 내는 사람들은 아닐지라도, 우리는 반드시 그들의 목소리에 귀 기울여야 한다. 특히 우리가 들어야 할 그들의 이야기는 바로 우리가 듣고자 하는 것과 매우 다른 이야기들이다. 이 롤모델들은 당신에게 이런 이야기를 해줄 유일한 사람들이다. "상사에게 한마디 하고 싶은 마음은 알겠지만, 그렇게 하지 마세요"라거나 "그 회사에 지원해보는 게 좋겠어요. 한 단계 높은 회사처럼 느껴질 수도 있지만, 지금 당장 지원하는 게 옳은 일입니다"라고 이야기해줄 이들이다.

내 삶에서 '진실을 말해주는 이들'을 많이 만나본 덕분에 나는 큰 도움을 받았다. 이들은 자신의 의견을 굽히지 않고 내게 도전의식을 불어넣어주고, 건설적인 방향으로 끌어주며, 대안적인 관점을 제시해준 이들이다. 물론 그들이 나를 지지해주는 사람들일 수도 있지만, 나는 그런 이유 때문에 그들을 찾아가는 것이 아니다.

나는 관계 맺기에서 솔직함과 정직함을 중요시한다. 그리고 내 생각을 무조건 지지하기보다 더 나은 결과를 만들어내기 위해 올바른 방향을 제시해준 이들의 이야기에 귀를 기울임으로써 지금껏 큰 성장을 이뤄왔다.

이렇게 나를 도와줬던 사람들 가운데 하나가 바로 내 고등학교 동창의 아버지인 밥 터너다. 그는 자신의 기업을 포춘 선정 500대 기업에 매각한 이후, 전 세계에 지사를 둔 정보통신기술회사의 중역으로 자리를 옮겼다. 리드스타의 초창기 시절과 같이 내가 어려움을 겪었던 때마다 그는 매번 내게 훌륭한 조언들을 해줬다.

창업은 매우 재미있는 일이다. 앤지와 내가 리드스타를 창업했을 때 우리는 회사 이름을 정하고 로고를 만들면서, 또 웹사이트를 개발하고 우리의 비전을 이야기하면서 즐거운 시간을 보냈다.

우리는 성공하기 위한 수많은 아이디어를 가지고 있었지만, 사실 우리 회사의 장기적인 전략과 사업을 운영하는 체계를 의논한 적은 거의 없었다. 이러한 대화가 중요하지 않았다는 것이 아니라, 다른 일들만큼 흥미롭게 느껴지지 않았기 때문이었다. 지역 행사에서 우연히 밥을 만나 이야기를 나눠보기 전까지 사실 이 문제는 내 관심 밖에 있었다.

나는 밥을 만나자마자 리드스타 이야기를 하고 싶었다. 밥이라면 내 열정에 공감하고 좋은 충고를 해줄 것이라고 생각했다. 나는 그에게 다가가 우리 회사와 내 아이디어들을 쏟아 붓듯 이야기하기 시작했다. 해병대에서 복무했던 밥은 우리가 대화하는 내내 고개를 끄덕였고, 나는 그의 반응을 처음에는 이렇게 해석했다. '그래, 훌륭하구나. 그 생각 참 마음에 드네. 좀 더 이야기해봐.'

하지만 몇 분간 내 이야기를 듣다가 그는 내 말을 멈추고 이렇게 말했다. "코트니, 나는 자네와 비슷한 시기를 겪고 있는 젊은 창업자들 여럿에게 조언을 해왔다네. 내가 지금 해줄 수 있는 가장 최선의 조언은 바로 '현금의 흐름이 가장 중요하다'는 것일세. 자네의 아이디어는 확고하지만, 우선 현금 흐름에 주시해야 하네."

그런 뒤 그는 계속해서 재정 상황과 미래 예측의 핵심적인 부분을 논하며 내가 답하지 못할 정도로 깊이 있는 질문들을 했다. 대화의 분위기는 매우 심각해졌다. 나는 그와 대화를 나누고 얼마 뒤 행사장을 떠났다. 밥의 질문에 아무런 대답을 하지 못하던 상황에 나는 화가 났다. 그가 제안해준 이야기들이 감사하지 않았던 것은 아니나 그의 충고가 내가 기대했던 바와 너무나 달랐기 때문이다.

밥의 피드백에 나는 당황했다. 하지만 그의 충고는 여러 방면으로 내가 발전할 수 있는 도움이 되었다. 리드스타가 초기 단계를 지난 후, 당시 밥이 해준 조언이 매우 적절했음을 깨닫게 되었다. 우리의 웹사이트나 로고가 얼마나 멋지든 그것은 중요한 문제가 아니었다. 우리의 서비스는 웹사이트나 로고 그 자체로 판매되는 것이 아니었기 때문이다. 앤지와 나는 사업을 이끌어가는 일에 진정으로 관심을 기울이고 수익을 창출해내야만 했다.

이 시기에 나는 현금이 가장 중요하다는 밥의 충고를 계속해서 떠올렸다. 밥의 조언이 얼마나 시기적절한 것이었는지, 당시 아무런 대비책이 없었던 내가 얼마나 애송이 같았는지 생각하면 웃음이 났다.

돌이켜보니 오로지 열정적이기만 했던 당시의 나는 밥의 조언을 통해 사업 자체를 진척시키는 일에 집중할 수 있었다. 그의 조언이 얼마나 도움이 되었는지 깨달은 후 내 자신감은 커지기 시작했고, 그가 차후에 해줄 조언을 기대하게 되었다.

나는 그의 충고가 나를 과신하지 않도록 도와줬다는 점에서 훌륭한 조언이었다는 사실을 또한 깨달았다. 살면서 우리를 견제해주는 이가 아무도 없을 때 우리는 종종 자기과신에 빠지게 된다. 밥은 항상 나보다 두 걸음 앞서가고 있는 것처럼 보이며, 내가 절실히 도움이 필요할 때 신기하게도 내게 꼭 필요한 지혜를 전달해준다.

긍정적인 롤모델 찾아내기

문제는 귀중한 롤모델이 "이봐, 내가 당신을 돕기 위해 여기 와 있어"라면서 저절로 찾아오지 않는다는 사실이다. 스파크로서 우리는 직접 롤모델을 찾아나서야 한다. 롤모델을 찾아내기 위해서는 먼저 롤모델을 봤을 때 그들을 구별해낼 수 있어야 한다.

당신이 긍정적인 롤모델을 가려낼 수 있는 가장 좋은 방법은 바로 우리가 지금까지 설명해온 스파크 행동들을 생각해보고 당신이 알고 있는 사람들 가운데 그 자질을 갖고 있는 사람이 누구인지 떠올려보는 것이다. 이들은 신뢰할 수 있고 책임감 있으며 서비스지향적이고 확고한 성격을 가진 믿음직해보이는 사람들이다. 스파크 여정에서 이런 사람들이 주변에 있고 이들로부터 도움을 받는 것은 자연스러운 일이다.

당신이 주변에서 스파크 행동을 보이는 사람들을 찾아내면, 당신의 커리어가 어느 지점에 있든지 관계없이 그들과의 관계를 발전시켜 나가야 한다.

신입사원뿐만 아니라 성숙한 직장인들에게도 롤모델은 필요하다. 현재 멘토 역할을 하고 있는 사람이라고 해도 그에게 긍정적인 롤모델이 필요하지 않은 것이 아니다. 여전히 우리에게는 롤모델이 필요하며, 롤모델은 전문가 모임이나 동창회, 이사회와 같은 외부 조직들을 통해 만나게 될 수 있다.

이런 관계들은 계속해서 발전시켜나가야 한다. 스파크로서 당신이 존경하고 본받고 싶어 하는 사람과 관계를 맺어 지속적으로 만나도록 하라. 커피를 마시며 잠깐의 대화를 하든, 계속해서 이메일을 주고받든 그 방식은 상관없다.

우리 동료 한 명은 자신이 존경하는 사람들과 한 달에 두 번씩 만나 점심을 같이 하는 방법을 추천한다. 존경하는 사람들과의 대화는 특별한 목표가 있기 때문에 하는 것이 아니다. 단순히 그녀가 관계를 이어나가고 싶어 하는 사람들과 계속해서 만남을 유지해나가려는 방편이다.

마지막으로, 우리는 무엇이든 받아들이기 위해 항상 열린 태도를 갖고 있어야 한다. 만약 롤모델이 우리를 힘들게 한다면, 그것은 좋은 징조다. 우리는 발전하기 위해 불편을 감수해야 할 필요가 있다.

스파크가 되는 것은 전적으로 변화하는 일이라 할 수 있다. 하지만 우리가 아무리 변화를 원한다 할지라도 변화는 쉽지만은 않다. 우리가 자신감을 키우기 위해 노력을 집중한다면 변화를 만들어내는 일이 좀 더 쉬워질 수 있다.

자신감을 저하시키는 감정들 관리하기

코트니의 사례 지금까지 우리는 자신감을 쌓기 위해 취할 수 있는 의식적이며 의도적인 세 가지 행동 방법을 제시했다. 그 세 가지는 바로 성공을 경험하고, 긍정적인 자기평가를 발전시키며, 긍정적인 롤모델들을 주변에 두는 것이다. 이 행동들은 당신 스스로가 억지로 자신을 몰아붙이고 새로운 행동들을 실험해보며 새로운 것을 시도해볼 때 취할 수 있다. 하지만 이런 일들이 당신에게 자신감이 필요한 유일한 경우는 아니다.

때로 당신에게는 이전에 한 번도 해보지 않았던 무언가를 반드시 해야만 하지만 무엇을 해야 하는지 알 수 없는 때가 온다. 관리자 역할을 '해야만 하는' 상황에 놓이게 될 수도 있고 해고당하거나 조직 개편에서 강등되는 경험을 하게 될지도 모른다.

중요한 계획을 통해 조직을 이끌어갈 사람으로 뽑히거나, 고객으로부터 부정적인 피드백을 받게 되는 경우도 있다. 당신이 하는 사업에 경기침체가 지장을 가져다줄 수도 있고, 이혼과 같은 개인적인 문제에 부딪히게 될 수도 있다.

이 모두가 심지어 훌륭한 리더일 경우에도 내면의 자신감을 흔들어놓을 수 있는 매우 중요한 경험들이다. 이처럼 어려운 시기에는 두려움이나 걱정, 불안감 같은 자신감을 저해하는 감정들이 스며들어 스스로에게 의심을 품도록 하고 당신의 진정한 능력을 의심하도록 만들 수도 있다.

나는 여러 해 동안 기업의 중역들을 코치해왔다. 내가 내린 중요한 결론들 가운데 하나는 바로 그 누구도 두려움이나 걱정, 불안감에 영향받지 않을 수 없다는 사실이다. 이렇게 강력한 감정들은 우리가 처한 상황에서 우리에게 선택지가 없다고 느껴질 때, 그리고 우리가 어떻게 다시 정상에 오르게 될지 불분명하다고 생각할 때 생겨난다.

내 삶에서 가장 험난했던 시기에 자신감을 저해하는 감정들 각각에 시도했던 해결책들이 존재한다. 나는 이러한 해결책이 효과가 있다는 것을 증명해낸 장본인이지만, 그렇다고 이러한 해결책을 실행하는 일이 쉽다고 이야기하는 것은 아니다. 만약 당신이 감정적으로 최고조에 다다라 기민함을 발휘하지 못하고 있다면 감정의 관리가 필요하다.

남편과 나는 일란성 쌍둥이의 부모가 되었다는 기쁨도 잠시, 내 삶 전체를 뒤흔든 엄청난 소식을 접했다. 나는 감정을 관리해야 했고, 다양한 방법을 시도해 성공적으로 자신감을 되찾을 수 있었다.

우리는 두 딸이 태어나기 전에 이미 모든 준비를 마친 상태였다. 소방관이었던 남편은 아이들의 육아를 전적으로 책임지기 위해 육아휴직을 냈다. 육아 계획도 철저하게 세워뒀다. 친구들이 쌍둥이를 구분할 수 있도록 다른 색깔의 옷을 준비했고 식단과 기저귀 교환 회수, 체온 등을 기록할 수 있는 노트도 마련했다. 쌍둥이의 수면 리듬을 맞추기 위해 수면 훈련 일정까지 짰고 우리가 세운 계획이 어긋날 경우를 대비해 긴급 대책도 마련해뒀다.

우리의 계획은 처음에는 어느 정도 잘 진행되는 것 같았다. 하지만 부모가 된 지 한 달쯤 되었을 때, 모든 상황에 대비한 계획은 불가능하다는 사실을 깨닫게 되었다.

새로운 일상에 점차 적응해나가던 중, 충격적인 소식이 우리를 덮쳤다. 어머니가 백혈병 진단을 받은 것이다. 예후도 불분명할 정도였다. 내 인생은 갑작스러운 전환을 맞이하게 되었다.

당시에는 알지 못했지만, 내가 엄마로 보낸 6개월의 시간은 내가 어머니와 보낸 마지막 6개월이었다. 엄마로서 처음 경험한 온갖 기쁨과 흥분은 두려움과 걱정, 불안으로 바뀌었다. 나는 어떻게 해야 할지 몰랐다. 규칙이 있는 것도 아니었다.

어머니가 백혈병 진단을 받은 후 몇 주 동안 이러한 감정이 내 삶을 지배했다. '어머니에게 투병은 어떤 의미일까?' '얼마나 고통스러울까?' '어머니의 기분을 조금이라도 나아지게 하려면 어떻게 해야 할까?' 어머니가 겪게 될 일들을 상상하자 나는 두려워졌다. 딸들과 어머니를 위해 시간을 나눠 써야 한다는 생각에 미치자 쌍둥이에게도 안쓰러운 마음이 들었다.

지금 하고 있는 사업도 염려스러웠다. 리드스타는 성장하고 있기는 했지만 아직 작은 회사였다. 두 명의 창업주 모두 온전히 관심을 쏟지 못한다면 사업이 잘 진행되지 못할 것이 분명했다. 나는 사업이 위기에 처하는 것을 두고 볼 수 없었다.

나는 한동안 걱정에 사로잡혀 있었다. 매 순간 어머니와 쌍둥이, 리드스타를 걱정했고, 걱정하지 않을 때는 걱정하지 않는 것 자체를 걱정했다. 인생의 모든 것들이 부질없이 느껴졌다. 내가 모든 것을 생각하지 않으면 아무도 신경 써주지 않을 것 같았다.

불안감은 계속되었고, 그 감정은 내게 놀라운 영향을 미쳤다. 평소의 나는 상당히 자신감 넘치는 사람이다. 하지만 불안감은 자신감을 바닥으로 만들었다.

불안정한 순간에는 자신이 하고 있는 모든 일들이 잘못된 것처럼 느껴진다. 나 역시 그랬다. 누군가 내 귓가에 대고 딸들을 위해, 어머니를 위해, 사업 파트너를 위해, 우리 고객을 위해 최선을 다하고 있냐고 불신이 가득한 목소리로 속삭이는 것 같았다.

나는 이러한 책임들 사이에서 이리저리 끌려 다니다 끝내 찢겨져버린 느낌이었다. 어머니가 위독한데 사업을 생각하는 데 죄책감이 들었다. 가족을 부양하는 것조차 불안했다. 책임감이 내 삶을 압도해버렸다.

나는 모든 이들을 위해 모든 일을 전부 잘해내고 싶었지만, 도저히 그렇게 할 수가 없었다. 모든 일을 해내기 위해 내 온갖 에너지를 끌어모을 수도, 충분한 시간을 만들어낼 수도 없었다.

얼마 지나지 않아 나는 전면적인 자신감의 위기에 봉착했다. 내게 이 모든 어려운 문제들을 해결해나갈 능력이 있다는 사실을 믿지 않았다. 아니, 시도조차 해보지 않았다.

내가 과거에 경험했던 모든 성공 경험들이 그 당시에는 모두 무의미해 보였다. 나는 다른 사람들의 귀중한 하루는 말할 것도 없고, 나 자신의 하루도 잘 헤쳐나갈 수 있는지 확신할 수가 없었다.

어머니의 병이 악화되면서 현실이 보다 명확해졌다. 나는 계속해서 앞으로 나아갈 수 있도록 깊은 곳에서부터 힘을 끌어올려야 했다. 내게 주어진 상황을 선택할 수는 없었지만, 내 인생에서 일어나고 있는 일에 어떻게 반응할 것인지는 선택할 수 있었다.

나는 스스로에게 잔인할 정도로 솔직해야만 했다. 나는 내가 느꼈던 감정이 무엇이었으며, 내가 두려워하는 것이 무엇이었는지 생각했다. 내가 가진 두려움이 무엇인지 밖으로 꺼내보는 것만으로도 용기를 되찾을 수 있었다.

나는 주어진 상황에 단순히 반응하던 태도를 바꿔 적극적으로 대응해야 했다. 나는 이제 내가 모든 일을 혼자서 해낼 수 없다는 사실과 내게 반드시 도움이 필요하다는 사실을 알았다. 쌍둥이를 임신했다는 사실을 알고 놀랐을 때 내가 반응했던 것처럼 단순히 상황을 인정하고 실질적인 계획을 세워야 한다는 것을 인지할 수 있었다.

남편과 나는 우리 아이들과 가족들이 안전하게 지낼 수 있게, 그리고 어머니가 가능한 편안하게 지낼 수 있도록 어떻게 할 것인지 자세히 이야기 나누기 시작했다.

우리는 우리 딸들과 어머니의 일로 생겨난 '변화'를 받아들이기 시작했다. 나는 주변 친구들과 가족들에게 연락해 우리 어머니가 계신 병원에 잠깐 들러줄 것을 부탁하거나 우리 집에서 아이들을 잠깐 봐달라고 부탁했다.

주변 사람들은 직접 나서서 놀라울 정도로 큰 도움을 주었다. 또한 회사에서는 직원들에게 상당히 의지했는데, 직원들 모두가 이해심 있게 배려해줬고, 그들이 할 수 있는 한 모든 부분에서 도움을 줬다.

하지만 결국 엄마라는 역할의 어려움과 어머니의 죽음을 지켜보며 사업까지 운영해야 했던 이 모든 일들은 오롯이 나 스스로가 짊어져야만 하는 것이었다. 이 모든 것들을 떠맡을 자신감을 최대한 키우기 위해 나는 상당한 감정적인 훈련을 해야만 했다.

나는 감정 훈련을 통해 이 경험들과 그에 따른 다양한 감정들로부터 숨어버리는 것이 아니라 이 모든 감정을 받아들이고 최대한 이 감정들을 활용할 수 있었다. 하루하루 조그마한 성공을 경험하기 위해 시간을 들였다. 아이들이 한 번에 6시간 이상을 자면 어머니와 함께 병실에서 영화를 볼 수 있었고 생계를 꾸려가기 위해 업무 이메일에 답신을 보냈다.

나는 내면의 대화에도 집중했는데, 나에게 닥친 일이 힘들긴 하지만 불가능한 일이 아니라는 사실을 계속해서 스스로에게 상기시켰다. 무엇보다 내게는 살면서 불분명한 상황을 겪고 있을 때 나를 응원해주고 지지해주는 좋은 사람들이 있었다.

어머니가 돌아가시기 한 달 전쯤, 우리는 잠시나마 기쁜 소식을 전해 들었다. 어머니의 암 치료에 차도가 보인다는 소식이었다. 하지만 슬프게도 좋은 소식은 오래가지 않았다. 어머니의 심장 상태가 남아 있는 암세포를 없애기 위해 진행되는 마지막 화학요법을 견뎌낼 수 없는 정도가 되었던 것이다. 어머니는 상태가 호전되었다는 이야기를 들은 지 단 몇 주 만에 울혈성 심부전이 발생해 중환자실로 실려갔다.

어머니와의 이별이 현실로 다가오면서 이미 엄청난 시험을 겪었던 내 자신감이 더 큰 시험대에 올랐다. 어머니는 스스로 의사결정을 내릴 수 없게 되었을 때 모든 의학적인 결정을 내릴 대리인으로 나를 지정했다. 생의 마지막 날들을 보내면서 나는 어머니 간병을 함께했던 여동생과 긴밀히 의견을 주고받았고, 결국 어머니를 보내드리자는 의견에 동의하게 되었다.

나는 내 앞에 놓인 모든 책임들을 다하기 위해 전부를 쏟아 부을 수 있는 사람으로 성장했다. 뒤돌아보니 나는 그 모든 어려운 상황 속에서 할 수 있는 한 최선을 다했다.

부모를 잃은 슬픔을 겪은 사람이 나 혼자만은 아닐 것이다. 그리고 나 혼자서만 엄청난 어려움과 고통을 겪어온 것도 아니라는 사실을 잘 알고 있다. 내 이야기를 들려주는 이유는 우리 모두가 살면서 어려운 상황을 겪을 수밖에 없다는 사실을 공유하고 인정하고 싶어서다.

우리에게 이와 같은 시기가 닥쳤을 때는 그 시기에 동반될 두려움이나 걱정, 불안에 직면해야만 한다. 우리가 위험을 직면할 때 생겨나는 자연스러운 감정들이 우리가 자신감 있게 앞으로 나아가는 데 얼마나 중요한 역할을 하는지 이해한다면 우리는 그 상황들에 보다 준비된 상태로 적극적인 대응을 할 수 있다.

우리가 살아가는 동안 어려움을 겪으면서도 아무 탈 없이 지나가기는 쉽지 않을 것이다. 하지만 앞으로 다가올 피할 수 없는 문제들에 직면할 때, 보다 적극적으로 대처하고 대응해낼 수는 있을 것이다.

자신감을 저하시키는 감정들과 싸우기

우리 동료들 가운데 늘 두려움을 공개적으로 이야기하는 친구가 한 명 있다. 그의 배경을 생각해보면 이렇게 하는 것이 다소 꺼려질 수 있어

보이는 데도 그는 항상 두려움을 이야기한다.

알렉스는 해군 최고 특수부대에서 복무하면서 수많은 전투 작전을 지휘해왔다. 그리고 해군사관학교에서 미래 해군장교들의 훈련을 담당하기도 했다. 우리는 보통 전사들이란 두려움이 없는 존재라고 생각한다. 하지만 알렉스를 통해 우리는 두려움이란 감정은 어느 누구에게나 자연스럽게 생기는 것이며 본능에 의해 생겨나는 것임을 받아들였다.

우리는 두려움이라는 감정에 굴복하지 않도록 조심해야 한다. 두려움은 우리가 살아가기 위해서는 반드시 특정한 조치를 취해야 한다고 이야기하고 있는 것이기 때문이다.

알렉스는 가슴이 내려앉는 기분이 들면, 그 감정을 무시하지 않는다. 그에게 이러한 기분은 마치 분홍 깃발이 빨갛게 바뀌는 순간과 같이 중요한 경고이기 때문이다. 알렉스는 바로 이때가 용기를 보여줄 때라는 것을 안다. 용기는 두려움이 없는 상태에서 행동하는 것이 아니라 두려움에 맞서 행동하는 것이다.

용기는 육체적인 것이나 도덕적인 것 모두가 될 수 있다. 하지만 이러한 사실이 아무리 분명해도 용기란 환경에 긍정적으로 영향을 미치는 유일한 방법이기 때문에 반드시 용기를 끌어내고 실행해야만 한다.

우리는 두려움을 겪을 때 내적인 신호를 받는다. 비록 우리의 생존이 위협받는 것은 아니지만 우리의 안전이나 안정감, 장기적인 성공에 영향을 줄 수 있다. 우리가 이러한 두려움에 대한 반응을 보일 때, 우리는 그 반응에 귀 기울일 필요가 있다. 우리가 느끼는 감정에 주의를 기울이기만 해도 언제 우리가 불안함을 느끼고 있는지를 파악할 수 있고, 바로 그렇게 할 때 우리는 그 감정을 무시할 수 없게 된다.

우리는 그 감정에 맞설 줄 알아야 한다. 때로 우리 자신에게 간단한 질문('지금 당장 이 문제를 어떻게 해결할 수 있을까?')을 하는 것만으로도 이 상황에 맞설 준비는 충분하다.

자신감을 저하시키는 또 다른 감정인 걱정은 주로 스트레스에 의해 생겨난다. 걱정과 맞서 싸워나가기 위해서는 당신의 걱정이 실재하는 것인지 만들어진 것인지 판단하는 일이 중요하다. 우리의 뇌가 아무리 훌륭하다고 하더라도 이 두 가지를 구별하는 일을 어려워하기 때문이다.

때로 가만히 내버려두면 당신의 상상력은 걷잡을 수 없이 뻗어나간다. 게다가 당신이 걱정하는 일은 논리적이지도 이성적이지도 않은 문제들이다. 당신은 실제 일어날 가능성도 없는 일을 걱정하고 있거나, 당신의 능력 밖의 일을 걱정하는 자신의 모습을 곧 발견하게 될 것이다.

당신이 걱정하고 있다는 사실을 알게 되면 스스로에게 이렇게 물어보라. '이게 정말 걱정할 문제인가? 만약 그렇다면, 내가 해결할 수 있는 것인가?' 이 질문들에 대한 답은 만약 당신에게 해결 방법이 있을 경우 어떤 조치를 취해야 하는지를 파악하는 데 도움이 될 것이다.

만약 당신에게 이 상황을 해결할 방법이 없다면 스스로에게 이렇게 말하라. '나는 걱정하지 않아. 단지 염려가 될 뿐이지.' 무언가를 염려하는 것은 당신이 어려운 상황을 인지하고는 있으나 해결할 수 있는 방법이 거의 없다는 사실을 인정하는 일이다. 친구의 결혼식 날 비가 오는 게 아닐지 걱정하거나 자녀가 선택한 대학에 입학할 수 있을지 걱정하기보다는 단지 염려되지만 결과를 바꿀 수 있는 방법은 하나도 없다는 사실을 기억하라. 당신의 관점을 계속해서 유지해나가는 일이 무엇보다도 중요하다.

불안감이라는 자신감을 저해시키는 감정을 해결하기 위해서는 두 번째 자신감 형성 전략인 긍정적인 자기평가 발전을 고려해보는 것이 도움이 된다.

불안감을 느낄 때마다 당신은 내면에 존재하는 비평가를 잠자코 있도록 길들여야 한다. 당신은 자신에 대한 비판을 거꾸로 뒤집어 자신에게 칭찬을 해야 한다. 스스로를 비하하기보다 잠시 멈춰서 당신이 했던 일들과 당신이 성취한 모든 일들을 생각해본 뒤 스스로에게 나는 이 일을 할 수 있다고 말해보라. 스스로에게 이렇게 상기시키면 자신감이 회복되는 상태로 다시 돌아올 것이며, 당신이 다시 원래 하던 일에 집중할 수 있게 될 것이다.

SPARK ACTION

자신감이란 스파크라면 누구나 스스로 관리할 수 있는 감정이다. 일정한 수준의 자신감을 유지하기 위해서는 다음과 같이 행동해야 한다.

- 불안이 성공을 가져올 때가 종종 있다는 사실을 기억하라. 당신의 재능이 당신이 경험하는 성공과 정확히 어떻게 연결되는지 아는 것이 중요하다.
- 스트레스를 받을 때 자신에게 어떤 이야기를 하는지 주의 깊게 살펴라. 부정적인 내면의 대화를 고친다면 어려운 문제를 해결해나갈 때 필요한 자신감이 생겨날 수 있다.
- 진실을 이야기하는 사람들을 주변에 두라. 우리는 살아가면서 우리가 듣고 싶어 하는 이야기가 아닌 우리가 반드시 들어야만 하는 이야기를 해주는 사람들이 필요하다.

TO DO LIST

스파크로서 당신은 의도적으로 자신감을 쌓고 관리해나가야 할 필요가 있다. 다음과 같은 내용들이 자신감을 생각해보고 자신감을 키우는 계획을 세우는 데 도움이 될 것이다.

- **자신감을 느끼는 순간** 당신이 살면서 가장 성공적인 순간은 언제였나? 당시의 상황은 어떠했으며 그 성공을 경험했던 것이 언제였나? 다른 사람의 행동이 아니라 당신이 성공을 경험한 순간이 언제였는지 알아보는 과정을 거치는 것만으로도 어떠한 행동을 했는지 스스로가 알도록 하고 아직 행해지지 않은 일들을 할 수 있도록 힘을 북돋아줄 수 있다.
- **긍정적인 평가** 우리는 어려움을 느끼거나 압력을 받거나 스트레스를 받을 때 스스로에게 하는 말에 주의를 기울이지 않는다면 우리의 노력을 빠르게 약화시킬 수도 있다. 긍정적인 평가를 연습하면 당신은 부정적인 내면의 대화를 다시 쓰는 데 도움이 되는 전략을 활용할 수 있다.

자신감은 스파크로서 반드시 필요한 마지막 행동, 즉 일관성 있는 행동에 필요한 사고방식을 갖추는 데 도움이 될 것이다.

8장 항상 믿을 수 있는 사람이 되어라

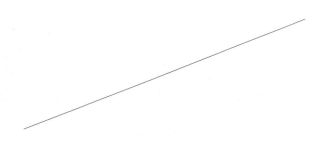

스파크는 업무에서 일관성에 대한 높은 기준을 세운다.

일관성을 얻기 위해서는 준비된 상태가 어떤 것인지 먼저 이해해야 하며,

인내가 진정 무엇을 의미하는지 알아야 한다.

또한 '각자의' 시간을 가질 용기가 필요하다.

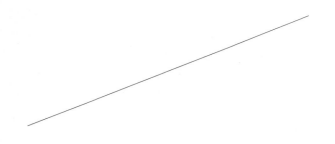

스파크가 되기 위해서는 각자의 가치관이나 의도, 신뢰성, 자신감을 잘 알고 있어야 한다. 당신이 어떤 사람인지 정확히 알고 있을 때, 그리고 당신이 할 수 있는 행동들이 무엇인지 알고 있을 때 당신은 스파크가 될 수 있다. 스파크가 되기 위해 당신은 삶의 모든 측면에서 일관성이 있어야 한다.

일관성이란 어떠한 환경에서도 우리가 지향하는 가치와 의도를 고수하는 능력을 뜻한다. 일관성은 우리를 '가끔 그런 사람' 혹은 '항상 그런 사람'으로 구분한다. '가끔 그런 사람'들의 행동은 예측할 수가 없다. 항상 '그가 제 시간에 올까?', '그가 이 프로젝트를 정해진 일정에 끝마칠 수 있을까?'라는 의문을 품게 한다.

이와 다르게 '항상 그런 사람'의 행동은 언제든 믿을 수 있다. '그녀는 정해진 기한에 맞춰 일을 끝낼 거라는 걸 난 알고 있어.' '그는 프레젠테이션을 멋지게 해낼 거라고 믿어.'

이렇듯 '항상 그런' 일관성 있는 사람이 되면 다양한 기회를 얻을 수 있다. 높은 수준을 요구하는 프로젝트와 성과가 높이 드러나는 과업들은 신뢰도가 입증된 사람들의 몫이다. 또한 일관성은 우리가 맺고 있는 모든 관계의 신뢰 수준을 높여준다. 특히 무엇보다도 중요한 관계인 나 자신과의 관계를 향상시켜준다.

스파크는 자기 자신을 믿을 수 있는 사람이어야 한다. 스파크는 그들이 하겠다고 말한 것을 예정된 시간에 해내는 이다. 당신이 스파크 행동을 발전시켜나가는 과정에 있다면 특히 일관성이 중요하다. 당신이 멘토를 찾는 데 더 많은 시간이 필요하다거나 말과 행동의 격차를 신경써야겠다고 느꼈다면 즉각적으로 일관성 있게 행동에 옮겨야 한다.

스파크가 되겠다는 당신의 목표를 뒤로 미뤄서는 안 된다. 행동을 연기할수록 목표로부터 점점 멀어져서 목표를 달성할 가능성이 줄어든다. 또한 목표들은 대부분 단 한 번 시도해본다고 이뤄지는 것이 아니다. 훌륭한 목표를 달성하기 위해서는 시간이 필요하다. 가능한 한 빨리 시작할수록 성공의 경험을 빨리 할 수 있고 스파크 습관을 만들어나갈 수 있다. 게다가 아무리 조그마한 성공을 달성한다 할지라도, 당신이 성공을 경험하게 되면 스파크 행동을 지속해나가려는 의욕과 에너지가 생긴다.

일관성의 반대말은 일관성 없음 혹은 제대로 완수하지 못함이다. 일관성이 없는 사람들은 자신과의 신뢰를 무너뜨리고, 이들의 좋은 아이디어들은 미완으로 끝나버리며, 자기의존성은 무너지고 만다.

이기는 것과 마찬가지로 지는 것도 습관이며, 그로 인한 결과는 매우 심각하다. 일관성이 없는 경우에는 곧장 기회를 잃어버리게 될 수 있고, 희망이 사라질 수 있으며, 절망으로 향하게 될 수 있다. 이러한 방향을 원하는 스파크는 아무도 없다.

더욱 심각한 문제는 자신을 신뢰하지 못하게 될 경우, 다음과 같은 중요한 질문이 따르게 된다는 것이다.

'왜 다른 사람들이 나를 신뢰해야 하는가?'

당신이 계속해서 신뢰성을 보여주고 좋은 성과를 내는 것은 다른 사람들이 왜 당신을 신뢰해야 하는가에 대한 뒷받침이 된다. 일관성을 유지하면 어떠한 환경에서든지 당신은 인기 있는 동료가 될 수 있고 다른 사람들이 항상 도움을 얻기 위해 찾는 사람이 될 수 있다.

일관성을 보여준 스파크들은 프로젝트에 선발되거나 다른 사람들이 조언을 구하기 위해 찾는 사람이 되고, 마지막 순간에 결승골을 넣고 승리를 가져오는 사람이 된다.

일관성을 키우기 위한 여정을 시작하려면 당신이 이미 갖고 있는 규칙들에는 어떤 것이 있는지 생각해보고 발전을 위해 덧붙일 부분은 무엇인지 생각해보라. 현재의 당신과 더 나은 미래 사이에는 단순히 일정한 일과나 습관이 부족하다는 차이만 존재하는 경우가 많다. 이러한 문제는 계획을 세우고 실행하면서 쉽게 해결할 수 있다.

계획대로
일하라

선의 사례 우리는 대부분 사업계획에 관여해본 적이 있다. 당신은 동료와 함께 일하고, 목표를 설정하고, 모든 사람들과 소통하면서 사업계획을 세워나간다.

계획을 세우는 일도 물론 중요하지만, 그 계획을 완수하는 것, 즉 계획을 실행하는 일이 무엇보다도 중요하다. 계획을 세우는 데 상당한 에너지를 들이면서 실제 계획을 실행하는 데 들이는 시간이 적은 경우가 종종 생긴다. 이런 일이 자주 발생하는 이유는 목표가 바뀌거나 새로운 행동들을 보여줘야 하는 불편함과 불확실함을 느끼기 때문이다. 그리고는 오래지 않아 우리는 예전의 방식으로 다시 돌아가게 된다. 그 방식이 익숙하며 우리의 자아를 위험으로부터 보호해주기 때문이다.

나는 운 좋게도 계획과 실행 두 가지를 모두 똑같이 강조하는 조직인 공군에서 '성장했다.' 나는 일찌감치 불편함에 익숙해져야만 했다. 공군이 나를 그렇게 만든 것이 분명하지만, 나 스스로 나 자신을 그렇게 만들기도 했다. 공군에서 그렇게 훈련을 받기는 했지만, 평소에도 내가 발전하기 위해서는 위험한 상황에 처했을 때 그에 대한 모든 책임은 스스로 져야 한다고 생각했다.

"우리는 매일 불가능한 것에 도전한다"라는 공군의 좌우명을 지키기 위해 나는 예리하게 판단하고 행동해야 했다. 내게 이 좌우명은 조직이 내게 기대하는 바와 나 자신이 스스로에게 기대하는 바에 대한 목표를 수립하는 것을 뜻했다. 계획을 실행하는 것은 그 다음 단계였다.

만약 내가 개발해야 할 기술에 의심이 가거나 모호한 부분이 생긴다면, 빠르게 내 계획을 돌아보고 내가 주도해야 하는 일을 명확히 판단해야 했다.

지속적인 훈련과 개발의 여정을 걸었던 것이 나 혼자만은 아니었다. 내 동료들도 이와 똑같은 방식을 취하고 있었다. 우리 모두는 똑같은 목표를 공유했다. 즉, 준비태세를 갖추는 것이었다.

준비태세란 흥미로운 개념이다. 이 개념은 기업에서는 쓰이지 않지만, 군대에서는 지속적으로 쓰이고 있다. 이 용어는 정신적으로나 육체적으로 항상 준비되어 있는 상태를 말한다. 군인 각자가 준비태세를 갖춘 상태라면 군대 전체가 준비가 된 것이며, 이렇게 될 때 그 어느 때보다 스트레스 받기 쉬운, 생명이 위태로운 전시 상황에서도 최고의 성과를 끌어낼 수 있다.

한편으로 생각해보면, 준비태세란 항상 준비된 상태와 매우 유사하다. 1990년대 초반 한국의 오산 공군기지에 주둔하고 있을 때였다. 나는 준비태세를 갖추기 위한 지속적인 훈련과 노력의 효과를 두 눈으로 확인했다.

만약 당신이 역사에 관심이 있다면, 한국전쟁이 완전히 끝난 상태가 아니라는 사실을 알고 있을 것이다. 휴전이 선언되었지만, 그 뒤로 수십 년간 (바로 지금까지도) 북한과 긴장 상태를 유지하고 있다. 비무장지대를 경계태세로 비행할 때 느꼈던 불안감은 아직도 기억에 남아 있다.

오산에는 F-16 전투기와 비무장지대 위를 비행하며 정보를 수집하는 U-2 정찰기가 배치되어 있었다. 우리는 사병들과 독립적으로 근무했고 만약 사병들에게 우리의 도움이 필요하다는 연락이 오면 곧바로 가서 그들을 지원했다.

어느 날 밤, 동료들과 나에게 위급 상황이 발생했다.

한밤중에 누군가가 황급히 방문을 두드리는 소리에 놀라 잠이 깼다. 모든 조종사들과 정비사들, 지원 요원들에게 비행중대로부터 즉시 지시가 내려졌다. 비무장지대를 비행하던 정찰기 한 대가 사라졌는데, 격추된 것으로 보인다고 했다.

나는 장비를 챙겨 비행중대로 달려갔다. 사태의 심각성이 고스란히 느껴졌다. '조종사가 잡혀 있을 가능성이 있을까?' '보복 공격까지 시간이 얼마나 남았을까?' 우리는 당시 북한과 전쟁 중인 나라는 아니었지만, 그 순간만은 마치 우리가 전쟁에 휘말린 것만 같았다.

비행중대에 도착했을 때, 이미 행동 지침과 작전 계획을 세우는 중이었다. 심각한 분위기는 아니었지만 우선순위가 정해지면서 긴장감이 극도로 고조되었다. 첫 번째 임무는 사라진 조종사를 수색하는 것이었다. 다음 임무는 공습 준비였는데, 폭격에 대비하기 위해 2,000파운드의 폭탄과 미사일을 전투기에 탑재했다.

조종사의 위치는 북한 해역으로 추정되었고 기상 상태도 나빴다. 수색 지원을 위해 출동한 육군과 해군 헬기, 해군 함대와 끊임없이 협력해야 했다. 폭풍우와 안개 때문에 야간 투시 장비를 사용해도 식별이 힘들었다. 복잡한 상황에도 불구하고 모든 군인들은 목표를 달성하기 위해 빠르게 움직여야만 했다. 게다가 비무장지대를 통과했어야 했는데, 의도치 않게 북한을 도발할 위험도 존재했다.

작전에서 내 역할은 계획을 구상하는 데 초점이 맞춰져 있었다. 비행경로와 무선주파수, 탐색 지역, 고도, 속도를 결정하고 작전에 참여한 모든 사람들에게 이를 통보해야 했다. 모든 세부 사항을 고려하기 위해 상당한 집중력이 필요했다. 게다가 이 작전은 실행 속도가 중요했고, 실수가 용납되지 않았다.

그전까지는 내가 이렇게 큰 책임을 진 사람이라고 느껴본 적이 없었다. 그럼에도 나는 잘해낼 수 있을 것이라고 자신했다. 나와 내 동료들은 이 순간을 위해 끊임없이 훈련을 받은 것이다.

우리는 준비태세가 되어 있었다.

우리는 계속해서 작전을 확인했고 목표를 달성하기 위해 끊임없이 소통했다. 검증 과정이 끝나고 마침내 작전을 개시했다. 나는 무선트래픽 채널을 맞추고 임무 수행 과정에 귀를 기울였다. 모든 팀이 명확하고 결단력 있게 소통했고 모든 계획을 실행에 옮겼다.

우리는 계획을 실행하는 데 어떤 비판이나 망설임도 없었다. 특히 해군 함대와는 한 번도 일해본 적이 없었는데 이렇게까지 원활하게 함께 작전을 펼쳤다는 게 놀라울 따름이었다.

마침내 조종사를 무사히 구출하고 블랙박스까지 회수할 수 있었다. 블랙박스를 회수했다는 점이 중요했다. 블랙박스 분석을 통해 정찰기가 격추가 아니라 기술적 결함 때문에 추락했다는 사실을 파악했기 때문이다. 덕분에 보복 공격의 위험과 함께 긴장감도 완전히 사라졌다.

마치 몇 시간 동안 작전이 펼쳐진 것 같지만, 사실은 단 몇 분 동안 진행된 일이었다. 보고를 위해 상황실로 다시 모인 우리는 방금 있었던 일에 놀라움을 표하기 전에 한숨부터 크게 내쉬며 안도했다.

이번 작전은 우리 중 어느 누구도 경험해보지 못한 가장 긴박한 작전이었다. 우리는 팀 전체가 이렇게 위급한 순간에 맞서 복잡한 작전을 제대로 수행했다는 사실에 깊이 감명받았다. 우리는 상황실을 돌아다니며 우리가 느꼈던 감정들을 이야기했다. 이번 작전을 진행하며 얻었던 교훈들 가운데 앞으로도 적용할 수 있는 것들도 공유했다. 우리의 전략이 적중했던 부분을 인정했고, 빗나갔던 부분도 이야기했다.

이야기를 마치고 난 뒤 우리 모두 진정한 자부심을 느낀 것은 분명했다. 잘 준비된 우리의 노력은 변덕스럽고 불확실하며 예측불가능한 환경에서 우리를 승리로 이끌었다.

이 경험은 준비태세를 갖춰야 하는 우리의 책무를 다시 한 번 확인시켜준 경험이었다. 일관성 없이는 이처럼 놀라운 업적을 이룰 수 없었을 것이라는 사실을 우리 모두가 알고 있었기 때문이다.

불편한
부분

대부분의 직업인들은 극단적인 환경에서 일하고 있지 않다. 생명이 위태로운 일을 하거나 단 한 번의 잘못된 움직임으로 국제적인 사고가 일어나는 환경에 처해 있는 것도 아니다. 하지만 우리 모두는 혼란스럽고 예측불가능하며 빠른 속도로 돌아가는 환경에서 일하고 있다. 이러한 환경은 우리가 취하는 행동이 자신이나 팀을 잘 돌아가게 하거나 무너지게 만들 수 있다고 느끼게 한다.

이와 같은 환경에서 압력이 가해질 때 당신은 스스로의 방향을 잃지 않도록 강력하고 일관된 습관을 길러야 한다.

모든 습관은 당신이 불편함을 느끼는 부분, 즉 어색하고 다르게 느껴지며 친숙하지 않은 곳에 자신을 밀어 넣는 위험을 감수할 때 시작된다. 아마도 당신은 아는 사람이 아무도 없는 파티에 혼자 가거나 무역박람회에서 처음으로 회사를 대표하는 인물이 되거나 큰 부탁을 하기 위해 잘 모르는 사람에게 접근하는 일조차 불편하게 느껴왔을 것이다. 이럴 경우 우리는 다시는 이 일을 하지 않겠다고 맹세하면서 자신이 느끼는 불편함을 없애려고 한다.

하지만 스파크들은 이러한 불분명함과 애매모호함이 성장에 반드시 필요한 일부임을 잘 알고 있다. 이들은 불편한 상황에도 끈기 있게 나아가 그들이 바라는 결과를 얻고 보다 강력한 사람이 될 수 있는 곳으로 나아간다. 이러한 회복탄력성은 일련의 행동과 인내, 끈기가 반복되면서 만들어진다.

스파크가 되겠다는 목표의 일관성을 개선하는 첫 번째 단계는 계획을 세우는 것이다. 헌신하는 것만으로는 충분하지 않다. 당신은 자신이 경험하고자 하는 변화의 맥락을 만들어내기 위해 먼저 일정을 살피고 그 계획이 당신의 목표와 부합하는지 검토해야 한다.

계획을 그대로 실행할 시간이 당신에게 있는가? 만약 조직의 성과를 관리하는 HR 위원회에서 일해보고 싶다면 먼저 당신의 업무 일정이 유동적인지 살펴야 한다. 지역사회 일을 하고 싶다면 그들의 일정에 당신의 일정을 맞출 수 있는지 엄격하게 따져보는 것이 먼저다.

행동의 의도를 제대로 살리지 못한다면 당신의 일관성 수준은 매우 낮아진다. 일관성의 수준이 떨어지면 임무를 끝까지 해내는 데 어려움을 겪게 되고, 결국 자신의 무능함을 탓하며 좌절하거나 다른 사람들을 실망시킬 것이다.

다음 단계는 계획대로 진행되지 않을 경우를 대비하는 것이다. 우리는 목표에 접근할 때 종종 '양자택일' 방식을 선택한다. 이러한 방식은 우리가 최선으로 여기는 의도를 저해한다.

출근 전 운동을 하기 위해 일찍 일어나 산책을 하기로 결심했다고 해보자. 아침에 눈을 떴을 때 비가 오고 있다면 목표를 포기할 것인가? 오전 중 제안서를 완성해야 하는데 고객이 지금 당장 물건을 가져다 달라고 요청한다면 제안서를 미룰 것인가?

우리는 목표를 실천할 수 있는 대안을 마련해둬야 한다. 반드시 해야 하는 일을 완수할 수 있는 유연한 접근과 방법이 필요하다. 군에서는 이러한 접근 방식을 '반대 계획'이라고 부른다. 당신은 아마 '플랜B'라고 불렀을 것이다.

우리는 새로운 일을 시작하는 것에 굉장한 흥미를 느낀다. 하지만 새로움에 익숙해지고 나면 흥미는 빠르게 사라진다. 일관성을 키울 때도 마찬가지다. 일관성을 키워가면서 분명 흥미를 잃게 되는 순간이 올 것이다. 이때가 당신의 노력과 에너지가 가장 필요한 순간이다.

당신은 입에 발린 말로 당신이 하려는 일을 설명할 수도 있다. 그게 가장 쉬운 방법이고 또 위트 있어 보이기 때문이다. 우리가 참석한 팀 전략 회의에서도 이러한 모습을 종종 발견할 수 있었다. 경영진은 정말 열정적으로 내년 전략을 논의했다. 하지만 몇 달 뒤 진행 상황을 확인해보면 계획은 시작조차 하지 못한 경우가 많다. 그들의 열정이 부족해서가 아니다.

의지가 부족했기 때문이다.

앤절라 더크워스는 '그릿'이라는 개념으로 사람들을 성공으로 이끄는 요인을 설명했다. 그녀는 대기업과 교육기관 등을 연구하면서 성공이란 지능이 아니라 '열정과 끈기로 장기적인 목표에 도달할 수 있는 능력'에 달린 것이라고 주장한다.

여기서 눈여겨 볼 것은 끈기가 재능이 아니라 행동이라는 사실이다. 끈기는 한 번 키웠다고 평생 가지고 갈 수 있는 것이 아니다. 끈기를 얻기 위해서는 지속적으로 노력해야 한다.

안타깝게도 이 과정에서 우리는 '안주'라는 불청객을 반드시 만나게 된다. 그 순간이 바로 다시 일관성을 되찾아야 하는 순간이다.

한층 더
노력하기

코트니의 사례 앤지와 마찬가지로 나 역시 해병대의 격언을 참 좋아한다. 훈련을 받으면서 특히나 내게 기억에 남았던 것은 바로 "평화를 지키기 위해 땀을 더 많이 흘릴수록 전쟁에서 흘리는 피가 적다"라는 말이다.

처음 이 말을 들었을 때, 정말 맞는 이야기라고 생각했다. 준비는 매우 중요하고, 훈련을 통해 우리는 준비된 자세가 된다. 하지만 무언가를 아는 것과 무언가를 행하는 것은 매우 다르게 느껴질 수 있다.

해병대 기초학교에 도착한 뒤 일정을 검토했던 일이 기억난다. 일간 일정과 월간 일정 가운데 '리허설'과 'STEX 리허설'이라고 적힌 시간이 많았다. '매우 중요한 일이니 할당된 시간이 이렇게 많은 거겠지' 하며 나는 속으로 이것이 무엇에 관한 일일까 생각했다. 하지만 이 시간이 무엇인지 알게 되고 직접 리허설 시간을 가졌을 때, 꽤나 힘든 시간이었기 때문에 그 중요성을 잊어버렸다.

리허설은 가상의 공격이나 외교적 임무에 대비해 부대이동과 대형, 운용 계획 등의 작전 계획을 수립하는 시간이다. 길고 힘든데다 단조로운 일을 반복해야 해서 무척 고된 시간이었다. STEX 리허설은 리허설보다 더 힘든 훈련이었는데, 모래Sand가 가득한 테이블Table 위에 조그마한 플라스틱 모형을 움직이는 훈련Exercise이었다. STEX 리허설을 하고 있는 우리의 모습을 시민들이 본다면 우리가 마치 놀이터 모래바닥에서 놀고 있는 아이들 같다고 생각했을 것이다.

나는 사실 곧바로 실전에 투입되기를 바랐다. 경력이 제법 쌓였기도 했고, 솔직히 말하자면 리허설은 매우 지루한 과정이었기 때문이다. 게다가 나는 육체적인 훈련을 선호한다. 해병대 모집 광고에서 흔히 볼 수 있는 혼돈의 상태를 벗어나 질주하는 해병대의 모습이 내가 원하는 훈련이었다.

하지만 나는 리허설을 통해 모든 대원들이 각자가 속한 팀이 무슨 일을 하고 있는지 인지하고 협동하기 위해서는 충분한 연습이 필요하다는 것을 알게 되었다. 연습만이 유일한 방법이었다. 이러한 연습을 통해 혼돈의 상태에서도 살아남을 수 있다.

지루한 시간을 견뎌내면서 마침내 리허설을 습관으로 만들 수 있었고, 사업을 하는 지금까지도 유지하고 있다. 사업을 운영할 때도 리허설은 중요했다. 제대 후 민간기업에서 영업팀 관리자로 일을 시작한 나는 준비가 되지 않은 상태에서는 회의를 주재하지 않았고, 이메일에 아무렇게나 회신하지도 않았다.

이러한 업무 접근 방식 덕분에 나는 높은 성과를 올릴 수 있었다. 게다가 이제는 팀원들뿐만 아니라 고객들까지도 내가 무엇을 기대하는지 알고 있다.

리드스타를 창업할 때도 이러한 접근 방식은 굉장히 유용했다. 결론부터 말하자면, 월마트가 리드스타의 첫 번째 고객이 된 것이다!

우리는 군에서 배운 교훈을 리드스타에서 적극적으로 활용하기로 결정했다. 앤지와 내가 사업을 시작했을 때는 무에서 유를 창출해야 하는 상황이었다. 우리가 해야 할 일이 무엇인지 말해줄 사람도 주변에 없었다. 우리는 모든 결정을 스스로 내려야 했다.

나는 어떤 회사가 리드스타의 고객이 될 수 있을지 알아보기 위해 신문을 읽는 것으로 하루를 시작했다. 그러던 어느 날 아침, 한 기사의 헤드라인이 눈에 띄었다. 월마트가 성차별 소송에 연루되었다는 내용이었다. 〈포춘〉이 선정한 500대 기업 중 1위 기업을 무너트릴 수 있는 역사상 최대 규모의 집단소송이었다.

기사를 읽으며 나는 월마트 지점 매니저들에게 리더십 훈련이 필요하다고 생각했다. 지점 차원에서 발생한 문제를 해결하는 데 리더십 훈련이 도움이 될 것이라는 판단이었다. 또한 이러한 사건이 회사 전체의 문제로 확대되는 것을 막을 수 있다고 생각했다.

월마트처럼 규모가 큰 회사에는 다양한 개성을 가진 개인이 모여 있다. 그들 중에는 잘못된 판단을 내리는 사람도 분명 존재한다. 조직의 모든 레벨에 강력한 리더를 배치할 수 있다면 잘못된 일이 발생했을 때 바로 시정할 수 있다.

나는 리드스타의 최고 잠재 고객사로 월마트를 선택했다.

리드스타는 월마트의 관심을 끌만한 이력이 없는 신생 회사라는 점을 고려한다면 내 선택은 매우 야심찬 목표였다. 그럼에도 나는 목표를 향해 나아갔다. 나는 변호사 이력을 살려 소송 내용을 검토했고, 대표이자 영업자이자 해병대 전역자라는 이력을 담은 홍보 시나리오를 만들었다. 모든 준비를 끝낸 후, 리드스타를 소개받을 적임자와 연결될 때까지 월마트에 계속해서 전화를 걸었다.

마침내 다양성 훈련 담당 매니저와 연락이 닿았다. 운 좋게도 그녀의 아버지는 해병대 출신이었다. 적임자를 제대로 찾아낸 것이다. 몇 분의 통화에서 그녀는 이렇게 말했다. "코트니, 리드스타가 월마트를 위해 중요한 일을 하게 될 것 같네요. 계속 이야기해보도록 하죠."

통화를 마치고 우리는 리드스타와 월마트가 함께 일할 수 있는 적절한 기회를 찾기 시작했다. 몇 번의 통화가 이어졌고, 세계 여성의 날을 기념해 월마트가 주최하는 행사에서 리드스타가 리더십 워크숍을 진행하기로 했다. 월마트라니! 나는 흥분을 감출 수가 없었다. 리드스타는 마침내 첫 번째 고객사를 갖게 된 것이다.

월마트를 첫 번째 고객으로 맞이한 후 우리는 곧바로 다음 고객사들을 받을 수 있었다. 버거킹은 리드스타의 두 번째 고객사가 되어줬고, 카디널헬스가 그 뒤를 이었다. 준비태세와 일관된 행동 덕분에 우리는 계속해서 좋은 결과를 만들어낼 수 있었다.

재미있는 사실은 내가 항상 이 공식을 기억하고 있지는 않았다는 것이다. 월마트를 고객사로 맞이하고 7년 후, 나는 구글과의 회의에 참석하기 위해 샌프란시스코 행 비행기에 올랐다. 구글과는 이미 최고 실적을 올린 사업부서의 고위 간부들을 위한 워크숍 프로그램을 개발할 때 협력한 경험이 있었다.

내가 기억하기로는 회의는 지나치게 편안했다. 지금에서야 생각해보면 내가 너무 자만했던 것 같다. 나는 계속되는 회의에 너무나 지쳐 있었다. 평소 비행기에서도 회의를 준비했던 나는 그날따라 아무런 준비도 하지 않은 채 낮잠에 빠져들었다.

우리는 다음 날 아침 구글 본사에 도착했다. 그 유명한 곳에 왔지만, 기분이 굉장히 좋지 않았다. 그 당시에는 무엇 때문인지도 알 수 없었다. 회의가 시작되었고, 나는 물리적으로 분명 그 자리에 함께하고 있었지만 정신적으로는 그 자리에 있지 않았다. 고객의 마음을 읽어내지 못했고 그들이 하는 질문에 빠르게 대답하지도 못했다. 평소와 달리 에너지가 바닥을 치고 있었다.

회의에서 나는 분명 엉망진창이었다. 내 경력의 영업 측면과 신뢰도 측면 모두에서 최악의 순간이었다. 리드스타가 고객사를 잃는 일은 다행히 일어나지 않았지만, 며칠 뒤 담당자로부터 연락이 왔고 이후로는 우리와 일하고 싶지 않다는 의사를 분명히 밝혔다. 충격이었다. 그 일은 몇 주 내내 뇌리에서 떠나지 않았다.

회의에 들어가기 전까지 일어난 일들을 되살펴보니 내가 왜 불리한 상황에 처했는지 쉽게 알 수 있었다. 나 자신을 방해하기 위해 의도적으로 준비의 중요성을 무시한 것이 아니다. 나는 나를 성공으로 이끈 근본적인 행동을 회의 직전까지도 하지 않았고, 오히려 일관성 없는 행동을 할 수밖에 없는 상황을 조성했다. 나는 '안주'를 향해 달려가고 있었던 것이다.

나는 단지 그 일을 잘해낼 수 있다고만 생각했다. 비유하자면 실력은 금메달리스트인데 연습은 하지 않은, 준비되지 않은 선수와 마찬가지였던 것이다. 내 실수는 너무나 많았다. 달력에 회의 일정을 표시해놓지도 않았고 회의를 준비할 시간도 조율하지 못했다.

준비하는 데 압박감을 느끼지 않도록 회의 날짜를 협의했어야 했을지도 모른다. 구글에서 회의 날짜를 제의했을 때, 그 주에 수많은 일정이 있다는 것을 알고도 대안을 제시할 생각조차 하지 않았다. 나는 이렇게 말했어야 했다. "유감스럽게도 그 주에는 저와 팀원들에게 다른 일정이 있어서 어렵습니다. 다음 주는 어떨까요?"

내가 할 수 있는 부분이 어디까지인지 신경 쓰지 못하고 전문가로서 그때까지 주의 깊게 지켜오던 원칙을 따르지 않은 결과, 나는 실패를 자초하게 되었다. 지금은 좋은 경험이었다고 말하지만, 사실 애초에 일어나서는 안 되는 일이었다.

이러한 실수를 요즘 사람들이 그러는 것처럼 바쁜 일정 탓으로 돌릴 수도 있다. "제가 너무 바빴거든요." 이러한 변명이 사회적으로 널리 용인되는 모양이다. 다들 잘못을 변명할 때 이렇게 둘러대기 일쑤다.

나는 이 말을 듣는 것 자체에 진력이 난다. 주변을 둘러보라. 바쁘지 않은 사람이 있는가? 바쁘다는 것이 누군가에게만 해당하는 특별한 핑계가 될 수는 없다.

스파크들은 다음과 같은 상황에서 바쁘다는 핑계를 대는 대신 자기대화를 통해 문제의 핵심을 파악해낸다.

- 계획을 적절하게 짜지 않았기 때문에 전화할 시간이 늦어졌다.
- 내 삶에 구체적인 테두리가 정해져 있지 않다.
- 이 일이 우선순위가 아니기 때문에 다시 일정을 바꾸려고 한다.
- 해야 할 일이 너무 많기 때문에 내 사정을 봐줬으면 좋겠다.

- 시간 관리를 어떻게 해야 할지 잘 모르겠다.
- 바로 이것이 내가 약속을 지킬 수 없는 이유다.

스파크로서 배우고 성장하는 유일한 방법은 행동에 대한 책임을 키워가는 것이다. 만약 당신이 너무 바빠서 일상생활을 하는 동안 타인들로부터 신뢰를 잃고 일관성을 유지해나가지 못하고 있다면, 삶이 당신을 곤경에 빠뜨리는 것이라 생각하지 말고 변화가 필요한 시간이 되었음을 인정하라. 이러한 변화를 시작하기 가장 좋은 방법은 바로 기본적인 시간 관리 기술을 활용하는 것이다.

시간을 지배함으로써
리더로서의 자질 키우기

시간은 누구에게나 평등하게 주어진다. 아무리 큰 성공을 했든 부자든 재능이 많은 사람이든 누구에게나 동일하게 하루 24시간이 주어진다. 하지만 스파크들은 각자에게 주어진 하루 1,440분을 남들과 다르게 활용해 자신들의 삶을 일반인들의 삶과 구별 짓는다.

돈이나 교육과 같은 자원들과는 달리 시간이란 다시 만들어낼 수 없다. 그 누구도 더 많은 시간을 얻어낼 수는 없다. 우리가 할 수 있는 일은 지금 갖고 있는 시간을 최대한 활용하는 것이다.

당신이 소중하게 여기는 다른 것들처럼 시간을 아껴야 한다. 자기 신용카드를 동료들에게 주고 돈을 써달라고 부탁할 리 없지 않은가. 왜 우리는 각자의 성과를 내는 데 중요한 변수가 되는 시간을 자유롭게 남들에게 내주는 것일까?

스파크들은 각자의 시간을 '지배'하고 현명하게 투자함으로써 시간 관리를 훈련한다. 간단하지만 효과적인 연습을 통해 당신은 살면서 자신과 타인을 이끌어나갈 능력을 더 많이 갖게 될 수 있다.

추천하고 싶은 시간 관리 기술 중 하나가 바로 여러분의 달력에 빈 공간을 마련해놓는 것이다. 매주 2~3시간 정도를 따로 비워놓는 것이 좋다. 비어 있는 시간을 회의나 약속을 해놓은 것처럼 여겨라. 이 시간 동안 전략적으로 생각하고 전문적으로 자기계발을 하거나 중요한 사람들이나 멘토들을 만나 함께 점심을 먹는 시간을 가져라.

비어 있는 시간은 여러분이 살면서 소중히 여겨온 활동들, 특히 긴박하지는 않지만 아주 중요한 일들을 하기에 적절한 시간이다.

빈 공간은 이메일을 확인하는 시간이 아님을 유의하라. 이메일은 일상적으로 확인하는 것이다. 하지만 불규칙하게 이메일을 확인하는 것보다 시간을 정해놓고 확인하는 것이 좋다. 하루에 두 번, 오전 중과 늦은 오후에 이메일을 확인하고 답할 것을 추천한다. 이를 통해 당신은 쏟아지는 이메일에 끌려 다니지 않을 수 있게 된다.

모든 이메일에 답하는 일을 우선적으로 하게 되면 결국 주인이 원하는 방향으로 끌려 다니는 개가 된 것 같은 느낌이 든다는 사실을 나는 경험을 통해 알게 되었다. 당신은 그렇게 되지 않기를 바란다.

각자의 시간을 직접 관리해야 한다. 다른 사람들이 당신의 시간을 관리하도록 하지 마라. 분명 당신이 다른 날보다 이메일에 주의 깊게 답해야 하는 때도 있을 것이다. 하지만 당신이 받는 이메일이 즉각적인 대답을 필요로 하는 것인지 살펴보라. 대부분은 그렇게 긴급한 답변이 필요한 메일이 아니다.

시간을 관리하는 또 다른 중요한 팁은 바로 하루 업무가 끝나갈 때쯤 다음 날 실제로 가능한 업무 리스트를 만드는 일이다. 바로 이때가 당신이 업무를 성공적으로 계속 해나가기 위해서 다음 날 어떤 일을 해야 하는지 가장 잘 알 수 있는 때다. 다음 날 반드시 끝내야만 하는 두세 가지 업무 계획을 세워 현재 수행 중인 일을 다음 날에도 계속해서 진행시켜나가도록 하라.

당신이 하고 싶은 일을 리스트에 작성하는 것이 아니다. '내일 이 일을 하지 않으면 내 평판이 나빠질지도 모르는' 그런 일들을 써내려가라.

마지막 전략은 해야 할 업무에 반드시 따라붙어야 하는 것으로, 다음 날 사무실에 도착했을 때 '최악의 일을 가장 먼저' 하는 것이다. 반드시 먼저 해야 하는 다른 일이 없다면, 가장 하고 싶지 않은 일을 먼저 하라. 그렇게 해두면 남은 하루 동안 그 골치 아픈 일을 해야 한다는 생각을 하지 않아도 된다.

우리는 종종 하고 싶지는 않지만 반드시 해야만 하는 일들 때문에 스트레스를 받는다. 경비 보고서를 작성하거나 제안서를 작성해야만 하는 경우가 그렇다. 재미있는 것은, 우리가 자리에 앉아서 이 일들을 하는 데는 생각했던 것만큼 오랜 시간이 걸리지 않는다는 사실이다. 정신을 산만하게 하는 이러한 일들을 아침 일찍 처리해버리면 정신적인 해방감을 느끼며 나머지 시간을 충실하게 보낼 수 있다.

시간 관리 기술은 이보다 더 많지만, 이 세 가지 전략이 우리가 함께 일해본 전문가들뿐 아니라 우리 저자들에게도 결정적인 역할을 했다. 이 전략들은 일관성 있게 일하기 위해 더 많은 일을 하도록 요구하지 않는다. 어쩌면 일을 적게 하는 습관을 길러줄지도 모른다.

해야 할 일 한 가지 줄이기

앤지의 사례 하루에 처리할 수 있는 일의 양에 대한 내 관점은 비현실적일 만큼 매우 낙관적이다. 나는 계획을 빡빡하게 세우는 편인데, 예상보다 길어진 전화 한 통, 예상하지 못한 교통 체증 때문에 나의 하루가 완결되지 못한 채 끝나버리는 경우도 종종 발생한다.

일정이 꽉 차 있을 때 좋은 점은 해야 할 일을 적어놓은 목록이 실시간으로 줄어든다는 것이다. 항상 시간의 압박감을 느껴야 하고, 지금 하고 있는 일에 온전히 집중하기 힘들다는 단점도 존재한다. 점심을 먹으러 가도 대화는커녕 계속해서 시간을 신경 써야 하고, 주말에 가족과 함께 해변에 놀러가도 '지금 해야 하는 다른 일들이 있는데'라며 불안감을 느낀다.

정신없이 바쁜 상태가 내 삶의 모든 기쁨을 빼앗아가고 있다는 사실을 알게 되었다. 어느 순간 내 삶은 가치 있는 일이 아니라 감당해야 하는 일로 가득 차버렸다. 게다가 계속해서 해야 할 일을 찾기만 하던 내 모습이 나의 신뢰성을 무너트리고 있다는 것도 깨달았다.

나는 눈앞의 일에도 최선을 다할 수 없게 되었다. 나는 자신과 타인에게 일관성이 없는 사람이 되어가고 있었다.

하루아침에 생긴 문제가 아니었다. 재택근무를 하면 원하는 만큼 일할 수 있다는 사실을 깨달은 순간부터 시작된 문제였다. 나는 내가 하고 있는 일이 너무나 좋았고 기존의 업무 환경과 기준을 적극적으로 탈피하면서 프로젝트를 진행하고 새로운 사업을 찾았다.

나는 말 그대로 성공가도를 달렸다. 각종 위원회와 회의, 포럼에서 참석해달라는 요청이 쏟아졌다. 다른 지역을 돌아다니며 전문가들과 만나 내가 할 수 있는 최선을 다해 일하는 것이 너무나 즐거웠다.

성장하는 것은 사업뿐만이 아니었다. 아이들이 자라면서 신경 써야 할 것이 많아졌고 내 삶은 몇 배 더 바빠지고 복잡해졌다.

결국 사단이 나고 말았다. 대학원에 가겠다는 터무니없는 생각을 실행에 옮기던 중 그전까지 아슬아슬하게 버텨냈던 나는 결국 쓰러지고 말았다. 단지 교과과정이 힘들었기 때문은 아니었다. 나는 리드스타의 대표로 일하면서 동시에 대학원 수업을 따라잡아야 했고, 엄마로서도 최선을 다하고 싶었다. 미시간 북부로 이사하면서 가입한 새로운 커뮤니티에도 적응해야 했다.

주변에서 너무 많은 변화가 일어났고, 최우선순위로 둬야 할 일들도 너무나 많았다. 나는 이 모든 일들을 제대로 해나갈 수가 없었다.

나는 회의 일정을 다시 잡기 시작했고, 회의가 임박했을 때 갑자기 다른 일정이 생겼다며 다시 일정을 미뤘다. 새로운 친구들과 한 약속도 계속해서 미뤄졌다. 그 약속보다 더 급한 일들이 생겼기 때문이었다. 심지어 나를 치유하는 유일한 시간이었음에도 아침 조깅조차 성가시게 여겨졌다. 빨리 처리해야 할 일들이 이렇게나 많은데 조깅이나 하고 있다니!

나는 일관적으로 일관성이 없었다. 내가 만들어놓은 스파크의 기준에 부응하지 못하는 삶을 살고 있었고, 나와 다른 사람 모두를 실망시키고 있었다.

당시 그렉 맥커운의 《에센셜리즘》을 읽게 된 것은 행운이었다. 깊은 감명을 받은 나는 리드스타에서 진행한 리더십 커뮤니케이션 행사에 그를 초대했다. 그의 책은 정말로 내게 말을 거는 것처럼 느껴졌다. 그의 책을 통해 나는 이전에는 한 번도 생각해본 적 없는 관점으로 세상을 바라보게 되었다. '일을 더 많이 하는 것이 아니라 덜 하려고 노력해보는 것은 어떨까?'

나는 덜 바쁘게 지낸다면 어떨지 상상했다. 솔직히 말하자면, 꿈같은 이야기라고 생각했다.

현실을 직시하는 것은 어렵지 않았다. 어려운 것은 내가 했던 행동을 되돌리는 것이었다. 내가 정확히 어떤 부분을 놓을 수 있는지 찾아내는 것이 첫 번째 단계였다. 물론 쉽지 않다는 것도 알고 있었다. 나는 달력을 보며 지난 2주간 내가 관여한 일 가운데 목표와 우선순위에 관계없는 것들을 찾았다. 내 업무와 관련 없는 회의, 덜 바쁠 때까지 미뤄도 될 점심 약속들, 팀원에게 맡겨도 되는 프로젝트로 달력이 가득 차 있었다는 것을 그때서야 알게 되었다.

다음 단계는 하지 않겠다는 결정을 내리는 것이었다. 무척 어려운 일이었다. 내가 지금 하지 않아야 할 일, 중단해야 할 일을 검토했다. 얼마 전에 가입한 지역 모임에 참석하지 않기로 결정했고, 이사회에도 연락해 대학원을 졸업할 때까지 잠시 쉬겠다고 전했다. 리드스타의 전무이사였던 리즈의 도움을 받아 회사에서도 더 이상의 프로젝트를 맡지 않기로 했다.

새로운 제안을 받았을 때 아무 생각 없이 결정하기 전에 남편의 도움을 받기도 했다. 목사님이 신도들 누구나 참여할 수 있는 자원봉사활동을 소개했는데, 너무나 매력적으로 보여서 나도 모르게 신청서를 작성했다. 가만히 지켜보던 남편은 신청서를 낚아챘다. 남편은 웃음 띤 얼굴로 고개를 저으며 이렇게 속삭였다. "앤지, 정신 차려야지." (남편은 본인의 이름으로 신청서를 작성해 제출했다.)

충동적으로 빠르게 결정을 내리려는 나를 바꾸기 위해 규칙을 몇 가지 만들었다. 나는 진정으로 염려하는 일에만 내 시간을 내기로 했다. 그리고 그 일이 무엇이든 24시간 동안 고민해보고 답하기로 했다. 사람들이 무작정 찾아와 도움을 청할 때를 대비하기 위한 규칙이었고, 실제로 매우 유용했다.

"제가 다시 연락하겠습니다." 나는 이렇게 말하기 시작했다. 이제 나는 충분히 생각할 수 있는 시간을 갖게 되었고, 신중하게 답변할 수 있게 되었다. "지금 당장은 도와드리기 힘듭니다."

나는 스스로에게 다음과 같이 질문하며 하루하루를 관리했다. '내가 지금 하고 있는 일이 내 시간을 최선으로 활용하는 것인가?' 처음 이 질문을 했을 때 놀랍게도 '그렇지 않다'는 대답이 여러 번 나왔다. 하지만 시간이 지나면서 점점 더 나아지기 시작했다.

일을 단순화하는 과정에서 내가 가장 놀랐던 점은 늘 바쁘게 사는 것이 마치 명예로운 삶인 양 행동했다는 것이다. 나는 스스로의 행동을 지나치게 엄격하게 통제했다. 해야 할 일을 한 가지씩 줄이는 데 어려움을 겪고 있다고 고객에게 이야기한 적이 있는데, 나만 그런 것이 아니라는 고객의 대답을 듣고 위안을 받기도 했다. 더 많이 일하는 것이 반드시 좋은 것은 아니라는 사실을 알면서도 이상하게 일을 많이 하는 것에 집착하게 된다고 동의하는 사람도 많았다.

일을 더 많이 하는 것이 왜 문제가 되는지 모르겠다고 말한 사람도 있었다. 하지만 다시 한 번 스스로를 깊이 들여다보니 일을 많이 하는 것 때문에 마음속에서 부정적인 자기대화를 나누고 있는 자신을 발견했다고 한다.

그녀는 전형적인 워킹맘이었다고 내게 털어놓았다. 학교에 데려다주는 차 안에서 급하게 아이들 밥을 먹였고 방과후 활동까지 챙겼다. 아이들을 행사 장소에 데려다주던 어느 날, 주차장에서 운동복 차림으로 웃고 떠드는 다른 엄마들을 보게 되었다.

그 모습을 보고 그녀는 처음에는 화가 났다고 한다. '저 사람들 좀 봐. 바깥세상에서 무슨 일이 일어나는지 하나도 신경 안 쓰고 있네. 시간이 남아도나 봐.' 그러다 잠시 멈춰 서서 스스로에게 이렇게 물었다. '내가 화를 내는 게 저들 때문일까? 근심 걱정 없이 다른 사람들과 어울리는 게 부러운 것은 아닐까?'

그녀가 느꼈던 감정은 화가 아니라 질투였다. 처음에는 그 사실을 인정하는 것이 힘들었다. 그녀는 자신이 왜 재미있게 살지 못하는지,

왜 삶에서 단 하나의 기쁜 일도 만들어내지 못하고 있는지 곰곰이 생각했다. 단순히 일이 많기 때문만은 아니었다. 그녀는 융통성 있게 업무를 할 수 있도록 배려해주는 사장 밑에서 일하고 있었다.

그녀를 가로막는 가장 큰 장벽은 바로 그녀 자신이었다. 그녀는 스케줄이 넘치도록 일을 잡고 지나치게 일을 많이 하는 사람이었다. 그녀는 행복하지 않았고, 남편도 마찬가지였다. 아마 아이들도 행복하지 않을 것이다.

그녀는 자신의 인생에서 자신만이 시간을 만들어낼 수 있다는 사실을 재빨리 받아들였다. 그녀에게는 '그냥 가만히 둘' 시간이 필요했다. 지금 그녀는 자신의 시간을 강력하게 통제하기 위해 노력하고 있다.

바쁜 일상 때문에 애써 구성한 팀을 제대로 관리하지 못했다고 고백하는 고객도 있었다. 그는 적임자를 찾는 데 상당한 시간을 들였지만, 정작 팀원을 뽑은 후에는 팀을 키우고 개발해나가는 데 시간을 들이지 못했다.

그는 자신과 팀원들과의 대화에서 이상한 점을 발견했다. 사적인 대화는 전혀 없고 단지 업무적인 대화만이 이뤄지고 있었다. 그는 모든 업무를 제대로 관리하고 있다고 느꼈지만, 사실 그가 해야 할 일은 팀을 이끄는 것이었다.

팀에서 가장 성과가 좋은 직원이 사직서를 제출했다. 그는 그날 자신의 임무를 고려하지 못하고 있었다는 사실을 분명히 느꼈다. 그는 깜짝 놀라 이렇게 물었다. "이유가 뭡니까?" 직원이 대답했다. "회사가 저에게 별로 신경 쓰지 않는 것 같습니다."

직원의 말은 그에게 경종을 울렸다. 그 말이 무엇을 의미하는지 알 것 같았다. "팀장님은 제가 하는 일에 관심이 없잖아요." 그 직원이 그렇게 느꼈다면 다른 직원들도 똑같이 느꼈을 것이다. 그에게는 분명 변화가 필요했다.

그는 먼저 자신의 일정을 재조정했다. 먼저 리더십 훈련을 위한 시간을 주중에 더 많이 배치했다. 자신의 사업에 도움이 되지 않는 회의에도 더 이상 참석하지 않기로 했다. 개별 미팅을 통해 팀원들이 만족스러운 회사생활을 하고 있는지, 혹시 이직을 희망하는 것은 아닌지 정기적으로 확인하는 시간을 마련했다.

그는 자신의 업무를 줄이고 팀원들과의 관계를 형성하는 데 더 많은 시간을 투자했다. 덕분에 모든 직원들과 동지애를 키우며 일할 수 있게 되었다.

스파크들은 해야 할 일을 줄인다면 직장에서든 집에서든 자신을 위해 정해놓은 우선순위를 모두 해낼 수 있다는 사실을 잘 알고 있다. 스파크들은 또한 높은 성과를 내는 데 반드시 필요한 회복의 시간을 찾아낸다.

인생에서 깨달음을 얻는 순간은 이 일 저 일 급하게 할 때가 아니다. 깨달음은 편안한 상태에서 폭넓고 명확하게 생각할 여유가 있을 때 당신에게 찾아온다. 한가한 시간은 당신이 스스로의 기대에 얼마나 부응하며 살고 있는지 반성하고 평가하는 시간이 되어준다. '최선을 다해 스파크로서의 자질을 실현하고 있는가? 만약 그렇지 않다면 방해 요인은 무엇인가?'

일관성과 바쁜 상태는 동일하지 않다. 오히려 양립할 수 없는 상태다. 만약 지치거나 스트레스를 받거나 최선을 다해 하루를 보내지 않는다면 당신이 일관성을 보일 방법은 없다.

당신이 해야 하는 일과 이미 하고 있는 역할의 숫자를 줄이는 것이 최선의 방법이다. 여러 가지 일을 잘하지 못하거나 끔찍할 정도로 엉망인 경우보다 일관성 있게 몇 가지 일만 최고로 잘해내는 것이 낫다.

지나치게 여러 가지 일들에 시달린다면 여러분은 스파크처럼 행동할 수 없다는 사실을 기억하라.

SPARK ACTION

일관성을 유지하는 데는 지속적인 노력이 필요하다. 일관성을 유지하는 습관을 기르기 위해서는 다음과 같이 해야 한다.

- 현재 어느 정도로 준비태세를 갖추고 있는지 파악하라. 어떤 일이 일어나더라도 단지 그 상황에 반응하는 것이 아니라 그 상황에 제대로 대응할 수 있는 상태인가?
- 당신의 신뢰도와 평판이 나빠지기 전에 자신의 한계가 어디까지인지 파악하라. 여러분은 무슨 일이든 할 수 있지만, 모든 일을 성공적으로 해낼 수는 없다.
- '해야 할 일이 적은' 상태는 당신이 직장에서든 삶에서든 가장 중요한 일에 더 많은 시간을 할애할 수 있도록 해준다.

TO DO LIST

스파크로서 당신의 평판은 하루아침에 쌓이는 것이 아니다. 시간이 쌓여 가면서 얻어진다. 인생이 당신에게 던지는 놀라운 일들과 갑작스러운 일들을 미리 준비할 수는 없지만, 당신 자신과 당신의 시간은 관리할 수 있다. 그리고 이렇게 하게 되면 일관성을 유지하고 키워갈 수 있을 뿐 아니라 당신이 자신이나 타인들과 한 약속을 지켜나갈 수 있다.

일관성이란 단 한 번 성공한 경험이 있는 사람과 계속해서 성공을 이뤄가는 사람과의 차이라 할 수 있다. 일관성은 예측 가능하며 꾸준한 사람으로 명성을 이어가는 데 반드시 필요한 자질이다. 당신의 일상적인 업무에 규율을 만들어낼 수 있기를 바란다.

- **일관성을 키우는 습관** 당신의 스케줄이 일관성 있는 행동을 보일 수 있도록 짜여 있는가? 이 훈련은 당신이 각자의 진정한 우선순위를 삶에 반영할 수 있도록 하고, 살면서 이 우선순위를 잘 실현할 수 있도록 도와준다. 또한 당신이 해서는 안 되는 행동들을 알려줌으로써 당신에게 가장 중요한 활동들에 보다 집중하도록 한다.
- **시간 관리** 우리 모두에게는 우리가 가진 시간보다 해야 할 일이 더 많은 때가 존재한다. 하지만 이러한 때가 당신에게 일상적으로 느껴진다면, 시간 관리와 업무 계획을 통해 당신의 일상을 관리해야 한다.

일단 당신이 이와 같은 활동들을 끝내고 나면, 스파크 여정의 마지막 단계인 더 많은 스파크들을 만들어내는 단계로 향하게 된다.

결론   지금 여기서 멈출 것인가

리더십이란 '관리자'로 지명된 사람들만을 위한 추상적인 개념이 아니라는 사실을 이 책을 읽으며 알아냈길 바란다. 누구든지 리더가 될 수 있다. 이 책은 독자들의 보다 훌륭한 미래를 향한 여정에 지침이 될 행동 방식을 설명했다. 리더십을 키워나가는 일에는 노력과 헌신, 집중이 필요하다. 이렇게 투자하면 분명 그만큼의 대가가 돌아온다.

당신이 스파크가 된다면 이런 모습일 것이다.

- 스스로의 가치관을 파악하고 가치관이 당신의 인생에서 활발히 작동한다.
- 모든 인간관계에서 신뢰를 얻게 된다.
- 기대에 미치지 못한 부분에 대해 책임을 지고 문제를 해결해나간다.
- 스스로의 미래를 상상하고 의도적으로 그 미래를 향한 행동을 해나간다.
- 각자가 속해 있는 그룹에서 동지애와 공동체 정신을 키워간다.
- 도전적인 일과 어려운 문제에 접근할 뿐 아니라 새로운 기회에도 자신감 있게 접근한다.
- 일관성과 항상 충만한 에너지를 갖고 집중력 있게 행동한다.

적절한 지식과 마인드셋을 갖춘 상태라면, 이제 당신은 행동할 준비가 된 것이다. 하지만 우리의 다음 질문은 바로 이것이다.

지금 여기에서 멈출 것인가?

이제 당신은 신뢰를 키워나가고 영향력을 미치면서 영감을 제공할 수 있는 행동을 알고 있다. 그렇다면, 다른 이들도 스파크가 될 수 있도록 도우려면, 어떻게 해야 할까?

더 많은 스파크들 만들어내기

이 책 《스파크》를 읽는 동안 당신은 아마도 다른 사람들이 리더십 있는 행동을 보여준다면 당신의 일터도 훨씬 생산적인 결과를 만들어내는 곳이 될 것이라는 생각을 종종 했을 것이다. 문제가 커지기 전에 팀원들이 문제를 해결해내거나 지시를 받기 전에 먼저 일을 시작하거나 문제가 통제할 수 없을 정도로 커지기 전에 효과적으로 의사소통을 한다면 어떨지 한번 상상해보라.

스파크들에게는 자신의 영향력을 확장하고 리더를 키워나갈 의무가 있다고 우리는 믿고 있다. 이를 통해 팀원들은 보다 적극적으로 참여하고 각 부서들은 보다 효과적으로 운영되며 조직은 보다 높은 수준의 업무를 수행할 수 있다.

리더십 개발은 재능 개발 또한 촉진한다. 요즘의 직장인들은 과거 세대보다 훨씬 더 많은 책임을 떠맡고 있다. 이들이 성공하는 확실한 방법은 바로 책임을 관리하는 능력과 권한을 갖추는 것이다. 당신이 타인의 발전을 적극적으로 돕는 역할을 한다면 능력과 권한 두 가지 모두를 갖추게 된다.

우리는 군 복무를 통해 리더십 기술을 배울 수 있었던 것에 감사한다. 군 복무를 마치고 민간기업에서 일할 때도 리더십 기술은 매우 유용하게 쓰이는 귀중한 무형 자질이었기 때문이다. 우리는 민간기업에서 일하면서 군에서 배웠던 리더십 기술을 비밀로 하지 않았다. 우리는 동료들이 우리가 알고 있는 리더십, 즉 스파크 행동들을 함께 공유하기를 바랐다. 이 기술들이 성공과 직결된다는 것을 우리는 알고 있었기 때문이다.

우리가 리드스타를 창업한 것도 더 많은 사람들에게 리더십을 전파하는 일에서 기회를 찾아냈기 때문이다. 우리는 더 많은 직업인들이 리더십 원칙들을 알게 된다면 그들의 일과 삶에서 더 많은 성공을 경험할 수 있을 것이라고 생각한다.

우리는 유사한 동기와 목표를 가진 스파크들을 여럿 만나왔다. 스파크들은 회계 부서이건 중소기업이건 영업 부서이건 대기업이건 어느 회사에 속해 있든 관계없이 다른 사람들과 리더십 개발을 공유하기를 원했다.

사실, 우리 회사가 기업들을 소개받은 대부분의 경우가 리더십 개발을 주관하는 인사팀을 통해 이뤄진 것이 아니었다. 리더십 기술이 자신의 조직에 보다 잘 구현된다면 좋은 결과를 얻을 수 있다고 생각했던 개개인들 덕분이었다.

개개인이 힘을 모으자 인사팀과 주요 관계자들도 힘을 합했고, 결국 인재 개발에 대한 지원이 뒤따르게 되었다. 우리의 역할은 리더십 개발에 회사가 다른 방식으로 접근할 수 있도록 돕는 일이었다.

우리는 리더십에 관한 강의를 하는 것이 아니라 조직원들의 의지와 노력이 필요한 문화적인 변화를 만들어낸다. 리더십 프로그램의 전반적인 내용을 소개하는 일은 주로 강의실 안에서 이뤄진다. 하지만 스파크를 만들어내는 책임은 고객과 우리의 몫이다. 우리는 스파크 행동을 구현하는 데 도움이 되는 경험을 스스로 찾을 수 있도록 돕고 있다.

우리는 각각의 기업에 맞는 방법을 찾기 위해 노력하고 있다. 리드스타의 리더십 프로그램은 고객의 요구에 따라 발전해왔다. 고정된 리더십 코스나 훈련 프로그램, 강의 리스트를 제공하는 것은 우리의 방식이 아니다.

우리는 고객과 일할 때 고객의 조직에 몰입해 문화를 직접 경험한다. 이를 통해 자연스럽게 고객과 조직을 파악한 후 기업에 맞는 프로그램 개발에 돌입한다. 자정이 넘은 근무 교대 시간에 덴버의 공장에 방문한 적도 있고, 알래스카 노스슬로프에서 열린 남자들의 캠프에도 참여했다. 의사들과 함께 수술실에 들어가 수술 절차를 지켜보기도 했다. 우리는 고객의 업무에서 리더십을 어떻게 발현할 수 있을지 탐색하기 위해 어떠한 일이라도 감수한다.

조직에 대한 파악이 끝나면 본격적으로 고객과의 대화를 시작한다. 고객과의 대화를 통해 우리는 숨어 있는 리더십 발현의 기회를 발견하고 활동 계획을 세우고 실질적인 방법을 찾는다.

우리의 프로그램은 리더십 원칙을 조직에서의 직무나 레벨에 관계없이 모든 직원과 공유하는 것으로 시작한다. 우리는 고객의 상황에 따라 프로그램을 다양하게 활용하는데, 보통은 3시간짜리 공개 강의와 2일간의 소규모 강의, 온라인 세미나를 제공한다.

우리의 프로그램은 오직 리더십 기술 개발에 충분히 동기가 부여된 사람만이 참여할 수 있다. 바로 이 지점에서 스파크가 등장하기 시작한다.

우리는 이러한 과정에서 어떤 직원이 적극적으로 참여하고 어떤 직원이 수동적인 태도를 보이는지 관찰한다. 우리의 목표는 수동적인 참가자들을 변화시키는 것이 아니다. 항상 성장 지향적인 사람은 없다.

우리의 목표는 리더 육성 프로그램으로는 찾을 수 없었던 리더십 원석을 찾아내 조직의 성장을 이끄는 기회로 만드는 것이다.

스파크들을 반짝이게 할 순간을 준비하라. 변화를 주도하거나 새로운 절차와 시스템을 정착하는 가장 좋은 방법은 스파크들을 초기부터 이 작업에 참여시키는 것이다. 스파크는 분명 영향력을 갖고 선두에서 다른 사람들을 이끌어갈 것이다.

리더십 개발의 마지막 단계는 리더가 경험한 변화를 조직 전체에 직접 퍼트리는 것이다. 변화를 경험한 리더가 강화된 리더십을 발현할 때 리더십 프로그램의 효과는 가장 강력해진다. 또한 리더십 개발의 신빙성과 타당성을 높여 빠른 속도로 조직 전체를 변화시킨다.

고객과 긴밀하게 협력하면서 조직의 스파크를 찾아내고 키우는 것. 우리의 일은 여기까지다. 리더십 문화를 조직으로 확산하는 일은 회사와 스파크 스스로에게 달렸다.

미래에 필요한 전략은 리더가 주도하고 동료가 주도하며 직원이 주도하는 리더십이다. 경영진은 기업문화와 일치하는 모습을 보이고, 모든 리더가 목소리를 내는 것이 변화를 이끌어내는 최선의 방법이다.

이 방법은 우리가 군대에서 받은 훈련과 비슷하다. 군대에는 인사팀 같은 조직이 별도로 존재하지 않지만 사실 어디에나 존재한다. 모든 군인 개개인이 문화를 조성하는 사람이기 때문이다. 그들은 멘토가 될 준비가 되어 있고 리더십을 가르칠 준비가 되어 있다.

우리가 군대에서 배운 가장 중요한 교훈이 바로 이것이다. 모두가 문화를 조성하는 사람이 될 것.

새로운
리더십 규범

리더십은 효과적인 문화 전략에 그치지 않는다. 리더십은 현대사회에서 반드시 필요한 전략이다. 조직의 가치를 창출하는 것은 유형의 물건이 아니라 사람이다. 단적으로 첨단기술을 보유한 기업의 시가총액이 대형 호텔 체인이나 백화점 같은 유형자산을 가진 기업의 시가총액보다 몇 배나 더 크지 않은가.

더 적은 자원으로 더 많은 일을 할 수 있게 되었지만 기업은 여전히 창의적이고 혁신적으로 문제를 해결해줄 리더가 필요하다. 좋은 결과를 얻기 위해 자신이 할 수 없는 일이 아니라 할 수 있는 일에 집중하는 스파크가 필요한 것이다.

조직 구성원에게 헌신하고 이들에게 기꺼이 시간과 자원을 투자하는 기업에서는 스파크 행동이 문제가 되지 않는다. 리더십 기술은 아주 적은 투자로도 개발과 훈련이 가능하다.

이 책을 읽은 당신은 분명 변화의 촉매제이자 청사진이 될 것이다. 당신의 작은 행동은 이제 조직의 변화를 이끌어내고, 각자가 처한 상황에서 리더십을 실현하는 방법을 제시한다. 보다 나은 리더가 보다 나은 세상을 만들어낸다는 우리의 신념에 동의한다면, 이제 본격적으로 변화의 여정을 시작해보자.